SITES ET LIEUX MYSTÉRIEUX

MARIO CENTINI

SITES ET LIEUX MYSTÉRIEUX

Histoires et légendes des cinq continents

De Vecchi

En page de garde (début d'ouvrage) : spectre de Broken à Tafraout, au Maroc
© Biosphoto / Patrick Labarbe.
En Page 7 : trace de Yéti découverte lors d'une expidition au mont Everest en 1951
© Biosphoto / Éric Shipton / Royal Georgraphical Society.
En page de garde de fin d'ouvrage : brume matinale sur les ruines mayas de Tihal
© Biosphoto / Julien Menghini.

Conception graphique et réalisation : Madras Edit - Christophe Petit

Traduction de Giusy Furno et Albane Pinault
Les cartes sont de Michela Ameli

Imprimé en France

PRÉFACE

Le progrès scientifique mène à la certitude que l'homme contemporain est le dépositaire du savoir. En réalité, nous savons peu de choses du présent et encore moins du passé. Au IVe siècle avant Jésus-Christ, Platon décrivait un pays nommé Atlantide, où la société avait atteint de très hauts degrés de civilisation. La légende raconte qu'un jour l'océan engloutit Atlantide, effaçant toute trace de ce continent merveilleux. Mais, si elle est la plus célèbre, la terre des Atlantes n'a pas été le seul lieu mystérieux de notre planète, et les passionnés peuvent aujourd'hui satisfaire leur soif de mystères archéologiques en visitant les nombreux lieux énigmatiques encore existants.

Il n'est cependant pas facile de entre les différentes informations fournies par les innombrables documents, influencés comme nous le sommes par la vision matérialiste qui domine les sociétés évoluées, et que le sociologue Max Weber appelait « désenchantement du monde », en indiquant par cette expression le refus du sacré et de l'extraordinaire. Pour pouvoir saisir le message probable, occulte, conservé dans ces lieux, il faut avant tout mettre un peu d'ordre, et ce livre nous semble atteindre parfaitement cet objectif. Il faut ordonner, décrire et informer pour permettre au lecteur de se faire sa propre idée, et de tirer ses conclusions, sans même tenir compte des hypothèses scientifiques les plus affermies.

Des différences structurelles, temporelles et culturelles caractérisent tous les lieux mystérieux ; néanmoins, j'essaierai d'accomplir un voyage virtuel à la découverte des énigmes du passé, en tentant de mettre en avant des hypothèses de résolution visant à trouver des analogies.

La physique quantique se fonde sur l'idée que, des particules élémentaires aux galaxies, il y a dans la nature une sorte de conscience. Ce concept conduit à accepter l'hypothèse d'un esprit global et universel à l'intérieur duquel se situent tous les événements. À ce propos, le physicien Erwin Schrödinger a écrit : « La conscience est le théâtre, et notamment le seul théâtre où sont représentés tous les événements de l'univers, le récipient qui contient tout, absolument tout, et en dehors duquel rien n'existe ». Si la réalité naturelle est donc la manifestation d'un principe mental universel, quel rôle y joue l'homme avec ses créations ? On court le risque de tomber dans un anthropocentrisme grossier en affirmant que l'homme est l'esprit le plus évolué du système. Mais, est-ce le cerveau qui crée l'esprit, ou l'esprit qui crée le cerveau ? Ou encore, l'esprit peut-il exister (avoir une conscience) sans le cerveau ? Pour le philosophe Karl Popper, ce qui importe le plus c'est le message, puisqu'il est impérissable et persiste donc dans le temps. C'est l'idée que, même dans un livre traduit en d'autres langues, il transmet la pensée de l'auteur. Bref, le « monde » est l'élément fondamental, car il contient l'héritage culturel du genre humain.

Chaque lieu mystérieux, avec ses monuments et ses signes, est donc porteur d'un message dont il faut découvrir la signification.

Si les signes par lesquels la nature se manifeste (dans le règne minéral, végétal et animal) étaient comme le langage d'un organisme vivant et pensant, et si l'action de l'homme favorisait des interactions dans ce sens, l'habitat (naturel, rural et urbain) deviendrait l'*habitus*, en tant que bien intégré dans l'essence planétaire, et donc principe unificateur et générateur.

Le physicien James Lovelock et la biologiste Lynn Margulis ont formulé l'« hypothèse Gaïa » selon laquelle la Terre serait un être vivant à part entière. Si cette hypothèse était correcte, à chaque lieu géographique correspondrait une région du corps physique de notre planète, et toute intervention humaine sur le territoire ne serait pas le fruit du hasard : elle serait déterminée par une interaction consciente sur le plan énergétique, comportant des niveaux de conscience extrêmement cohérents entre eux. Chaque chose est donc étroitement liée aux autres, selon des lois prédéfinies que nous ignorons encore, ou que nous avons oubliées.

Lorsque nos ancêtres érigeaient un monument, ils traçaient probablement, à travers des signes catalyseurs, le lieu d'échange entre les énergies humaines et celles de la nature, y compris les planètes et les étoiles. La relation que l'homme entretenait avec la nature et l'animisme pourrait donc contenir plus de vérités que l'on ne pense. À ce propos, l'orientation sociologique du fonctionnalisme structurel, avec l'analyse des fonctions latentes, peut expliquer qu'un rite, un lieu magique jouent au sein d'une société un rôle réussi d'intégration sociale.

Le plateau de Gizeh, en Égypte – avec les trois pyramides de Mykérinos, Kheops et Khephren – est sûrement l'un des lieux mystérieux connus les plus célébrés

par la littérature. De nombreuses hypothèses ont été formulées sur la construction des pyramides : pour certains elles seraient des « monuments magnétiques », c'est-à-dire des catalyseurs d'énergies cosmiques, sorte de circuits de résonance basés sur une représentation structurelle à l'échelle des proportions présentes dans le système solaire.
Le monument mégalithique de Stonehenge, en Angleterre, semble également confirmer l'hypothèse que les lieux mystérieux soient des « régions énergétiques vitales spéciales » de notre planète. Le plan de Stonehenge fait supposer qu'il s'agissait d'un observatoire astronomique : au début du XIXe siècle, l'astronome anglais Norman Lockyer faisait d'ailleurs remarquer dans son traité que les pierres du site étaient orientées en direction du soleil et des étoiles.
Et que dire des « lignes » du plateau péruvien de Nazca qui ressemble à une gigantesque planche à dessin dont les tracés géométriques sont visibles uniquement lors de leur survol, et qui a été défini comme « le plus grand livre d'astronomie du monde » ? Ou des géants en pierre de l'île de Pâques qui regardent les étoiles ? Très nombreux sont encore de nos jours les sites nimbés de mystère. Le mérite de l'auteur de cet ouvrage est de nous présenter ces lieux mystérieux en analysant les relations qu'ils entretiennent avec l'univers des légendes et des croyances.

VALERIO SANFO

Mesa Verde, Colorado © Biosphoto / Wil Meinderts / FotoNatura

AFRIQUE

1. Gizeh
2. Madagascar
3. Sahara
4. Mali
5. Saqqarah
6. Tell el-Amarna
7. Tombe de Toutankhamon
8. Zimbabwe

1
5
6
7
3
8
2

GIZEH

L'UNIVERS RELIGIEUX DES ÉGYPTIENS

Égypte signifie en grec « don du Nil », et rarement l'appellation d'un pays a été aussi juste et appropriée. En effet, le long cours et les crues du Nil offrirent fertilité et richesse à ces terres brûlées par le soleil, contribuant en grande partie à la splendeur atteinte par la civilisation de l'Égypte ancienne.
Dans la période comprise entre la Iʳᵉ dynastie (3200 av. J.-C.) et le début du Haut Empire (715-300 av. J.-C.), la civilisation et les traditions de l'Égypte ancienne atteignirent des niveaux qui constituent encore aujourd'hui un témoignage emblématique de la culture méditerranéenne, sous beaucoup d'aspects incomparable. L'image que la culture occidentale s'est construite de l'Égypte ancienne a été faussée par le mythe et la littérature. L'histoire du peuple du Nil ne se résume pas uniquement aux pyramides (réalisées au cours d'une brève période de l'histoire égyptienne), à la malédiction des pharaons et de Toutankhamon. Dans son long déroulement, l'histoire des Égyptiens a été ponctuée par de grandes œuvres et de grandes entreprises qui ont laissé des traces certes mystérieuses, mais qui appartiennent néanmoins à l'Histoire.
L'univers religieux des Égyptiens, complexe et structuré, a sûrement contribué à entourer de mystère leur culture. Il serait très difficile de passer en revue toutes les divinités de l'ancien peuple des pyramides : son panthéon regroupait un nombre infini d'êtres divins qui jouaient des rôles fondamentaux dans la vie des mortels. Tout était imprégné de sacralité, car tout être vivant pouvait être rattaché à l'univers des dieux et devenir un objet de culte.
Malgré sa complexité, l'univers des divinités égyptiennes était régi par une sorte d'unité harmonieuse qui le rendait à la fois différent et parallèle au monde du commun des mortels, du pharaon et des prêtres. Dans cet univers, les divinités vénérées par tous les Égyptiens cohabitaient avec d'autres divinités locales, mineures, ou ayant des fonctions spécifiques.
On reconnaît, dans la culture religieuse de l'Égypte ancienne, deux phases successives. La première est liée au monde des nomades et des chasseurs, auquel

Les pyramides à Gizeh © Biosphoto / Reinhard Dirscherl

L'écriture égyptienne

L'écriture égyptienne apparut autour de 3000 av. J.-C., et elle fut presque certainement une invention originale, même si les archéologues ont remarqué des analogies avec l'écriture sumérienne, antécédente mais plus grossière.
Lorsqu'on parle d'écriture égyptienne, on pense immédiatement à la complexe écriture hiéroglyphique, mais en réalité l'ancien peuple d'Égypte utilisait, pour écrire, trois systèmes.
Le premier type d'écriture, appelé hiératique par les Grecs, était une forme simplifiée de l'écriture hiéroglyphique et mieux adaptée au papyrus (l'écriture hiéroglyphique étant essentiellement utilisée pour les inscriptions lapidaires). Dans une époque plus tardive, une autre forme d'écriture, encore plus simplifiée et appelée démotique par les Grecs, remplaça l'écriture hiératique.
Les hiéroglyphes (terme qui signifie littéralement « gravures sacrées »), utilisés jusqu'au IVe siècle apr. J.-C., sont la forme d'écriture à laquelle on attribue la plus grande valeur symbolique.
Le mystère des hiéroglyphes ne fut éclairci qu'en 1822, grâce au travail de l'égyptologue français Jean-François Champollion qui, en analysant les inscriptions trilingues de la pierre de Rosette, réussit à déchiffrer ces signes sacrés, auxquels d'autres savants s'étaient déjà attaqués sans succès.
Les pictogrammes, ou idéogrammes, représentent des mots ou des idées au moyen de formes figurées, tandis que les signes phonétiques représentent les sons des mots : à la place de chaque mot, on représentait un sujet prononcé de la même façon que le mot qu'on voulait écrire (cette pratique était facilitée par l'habitude de négliger les voyelles). Le résultat était un système extraordinairement complexe où les signes figurés et symboliques étaient étroitement associés. Ce procédé donnait naissance à un langage qui permettait, à travers l'un des alphabets les plus évolués de l'Histoire, de représenter le sacré avec une très haute capacité d'expression.

remontent les divinités animales, domestiques et sauvages ; la deuxième, plus longue, caractérise la période où s'affirme progressivement la civilisation agricole : durant cette phase, on vénère les divinités considérées comme l'expression des éléments naturels (terre, ciel, lune, etc.).
La religion égyptienne était surtout fondée sur la conscience que chaque expression de la nature était une manifestation divine, et qu'elle méritait, en tant que telle, d'être vénérée et considérée comme une présence importante dans la vie de chaque être humain. De plus, la zoolâtrie, à savoir l'adoration des animaux divinisés, joua également un rôle important dans les pratiques religieuses des Égyptiens.
Dans cet univers religieux extrêmement diversifié, le culte des morts eut une influence considérable aussi bien sur les rites pratiqués que sur la représentation mentale. À l'origine seul réservé aux pharaons, considérés comme des divinités, le culte s'étendit ensuite aux classes plus basses, jusqu'à intéresser toutes les couches de la société.

LE DIVIN PHARAON

Le terme « pharaon » évoque dans notre imaginaire une figure imposante, mystérieuse, fascinante, très proche de l'univers divin. Ce terme, provenant de la Bible et dérivant de l'égyptien *pir-o*, qui signifie « grande maison », n'est toutefois pas le seul utilisé pour définir le roi d'Égypte. Le pharaon était également désigné avec des noms officiels composés, destinés à exalter la puissance et le prestige des rois égyptiens. Parmi ces appellations, on trouve par exemple « Roi de la Haute et de la Basse Égypte », ou encore, « Celui qui protège l'Égypte et domine les étrangers ». De plus, les enseignes du pharaon étaient souvent caractérisées par une symbologie complexe qui le reliait directement aux dieux.
Idéalisé comme un être invincible et possédant de nombreuses qualités extraordinaires, aimable avec ses sujets et implacable avec les ennemis, le pharaon était la plus haute référence des populations du Nil. On comprend donc aisément leur grande dévotion à l'égard de cet éminent personnage et, surtout, la participation collective à la réalisation des œuvres qui devaient témoigner de sa gloire.

Isis et Osiris

Dès l'époque de la perte de l'indépendance, sous la pression macédonienne jusqu'à la domination romaine, Osiris fut le dieu adoré par tous les Égyptiens. Selon certains historiens de la religion, le culte d'Osiris peut être considéré comme une sorte de « culte ancêtre » à partir duquel se développa un polythéisme complexe.
Ce culte, ainsi que celui d'Isis, gagna également le monde gréco-romain et se répandit surtout parmi les classes les plus pauvres qui voyaient, dans les instances de la religion mystérieuse des Égyptiens, la réalisation concrète de leurs attentes religieuses. On retrouve également dans le mythe d'Osiris certains thèmes typiques de la religion chrétienne, dont le concept suprême est celui de la résurrection.

Les règles dictaient qu'on s'approchait du pharaon « en flairant le sol », comme s'il s'agissait d'une divinité, d'un être supérieur auquel les hommes ne pouvaient pas adresser un regard mais uniquement des prières et des hymnes destinés à en exalter la puissance.
Tous les 30 ans de règne, les pharaons étaient célébrés par une grande fête (*Heb-Sed*), un jubilé traditionnellement considéré comme une pratique servant à accroître sa puissance et à prolonger sa vie.
À l'origine, l'ensemble des rites funéraires, plus tard appliqués à tous les hommes, avait été conçu uniquement pour les pharaons : c'était une confirmation religieuse de la reconnaissance de la nature divine du roi de la Haute et de la Basse Égypte qui, même dans l'au-delà, était séparé des autres hommes. Les imposants monuments funèbres, résidences royales d'éternité, en sont les témoignages visibles.

LE FLEUVE ET LES TEMPLES

Le Nil ayant une influence prépondérante sur la culture de l'Égypte ancienne, il est évident qu'il joue également un rôle très important dans l'organisation de nombreuses activités locales, y compris les activités religieuses. L'inondation annuelle débutait entre le mois de juin et le mois de juillet, pour se terminer entre septembre et octobre. Le rythme de la montée et de la descente des eaux déterminait le déroulement des travaux agricoles, dont les résultats avaient des retombées sur les autres activités locales.
À ce propos, il est important de rappeler que, contrairement à ce que l'on croyait dans le passé, les grandes œuvres pharaoniques ne furent pas réalisées par des esclaves, mais par des ouvriers réguliers qui, ne travaillant pas dans les champs pendant la période des inondations du Nil, étaient occupés à construire des temples et de grands tombeaux, pour la gloire du roi-dieu.
Le temple était le centre de la tradition égyptienne. L'accès à la partie la plus sacrée de l'édifice était exclusivement réservé au pharaon, qui s'y rendait tous les jours pour y accomplir des rites destinés à sacraliser le lieu et à rendre hommage aux dieux. Plus tard, les rites religieux furent accomplis par des prêtres, chacun d'entre eux étant chargé d'un temple particulier. Le temple de Thèbes était l'un des plus importants.

LES LARMES DE LA DÉESSE

La crue, qui pouvait le niveau des eaux 7 mètres, était considérée comme l'effet des larmes d'Isis, qui pleurait la mort de son mari Osiris. C'est en raison de cette aura de grande sacralité qu'on a attribué au Nil des particularités rattachées au monde divin, qui survivent encore dans l'imaginaire actuel.

LES PYRAMIDES : ARCHITECTURE ET MYSTÈRE

Les dimensions gigantesques et l'allure majestueuse des pyramides portent à croire qu'elles ont été érigées pour rappeler aux hommes l'immortalité du pharaon et surtout sa grandeur. Emblème universel de l'ancienne Égypte, ce tombeau ne fut utilisé que dans la période la plus archaïque de son histoire (comme le mastaba, premier tombeau égyptien). Constituée de quatre faces orientées en direction des points cardinaux, la pyramide est bâtie en pierre calcaire, avec parfois des éléments de granit. Les pyramides ont inspiré de nombreuses interprétations ésotériques modernes qui ont fourni à certains l'occasion de développer des théories audacieuses et sans fondement historique, et ont contribué à nimber de mystère ces étranges chefs-d'œuvre de l'architecture ancienne. Pour essayer de faire un peu de lumière autour de ce grand mythe, il nous semble important de rappeler qu'en l'état actuel de nos connaissances, il n'existe aucun lien entre les pyramides égyptiennes et les pyramides méso-américaines. Les premières ont été réalisées entre 2600 et 1789 av. J.-C., période qui s'étend de l'Ancien Empire au Moyen Empire, tandis que les deuxièmes ont été érigées entre le IIIe siècle av. J.-C. et le XIVe siècle apr. J.-C.

TROIS PYRAMIDES ET D'INNOMBRABLES ÉNIGMES

Observons de plus près ces mystérieux chefs-d'œuvre d'architecture. Depuis l'Antiquité, les hommes n'ont pas cessé de s'interroger sur les techniques adoptées pour leur construction. Hérodote essaya longtemps de découvrir la méthode utilisée pour les ériger, et d'autres

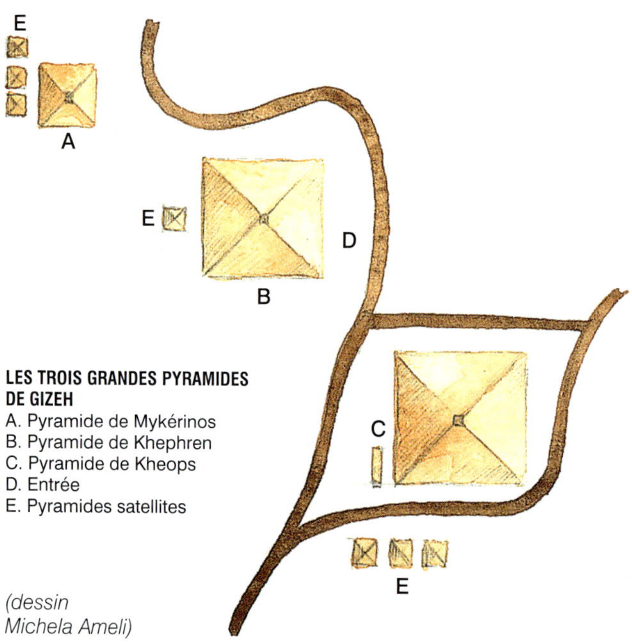

LES TROIS GRANDES PYRAMIDES DE GIZEH
A. Pyramide de Mykérinos
B. Pyramide de Khephren
C. Pyramide de Kheops
D. Entrée
E. Pyramides satellites

(dessin Michela Ameli)

après lui ont essayé de percer ce mystère, allant jusqu'à suggérer les thèses les plus farfelues, telles que l'intervention des extraterrestres ou la connaissance par les architectes égyptiens de notions totalement perdues.
Cette difficulté à comprendre les techniques de construction de ces édifices est à l'origine des multiples hypothèses avancées sur leur fonction. De nos jours, les archéologues semblent ne plus avoir de doutes : il s'agit bien de tombeaux réservés à des personnages très importants, presque toujours des pharaons. Toutefois, cette explication n'est pas entièrement satisfaisante, car les trois pyramides de Gizeh semblent trop majestueuses pour n'être qu'une simple sépulture.

LA PYRAMIDE DE KHEOPS
1. Entrée
2. Couloir descendant
3. Croisement de galeries
4. Couloir descendant directement à la salle souterraine
5. Salle souterraine
6. Couloir ascendant
7. Croisement des trois galeries
8. Puits
9. Chambre de la reine
10. Grande galerie
11. Chambre du roi
12. Chambres supérieures
13. Conduits d'aération

(dessin Michela Ameli)

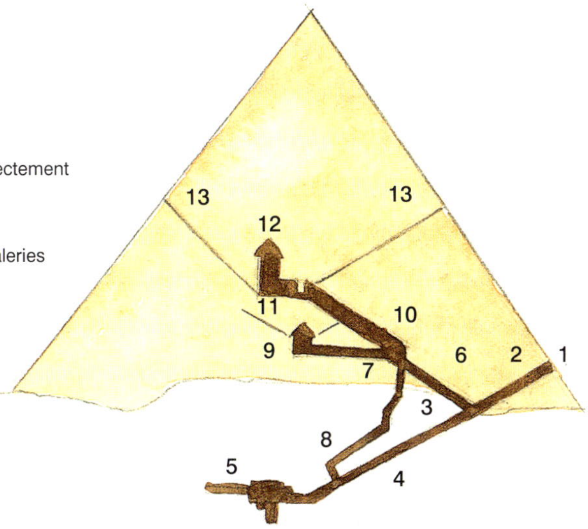

La pyramide de Kheops

Elle est sans aucun doute l'emblème de la culture des pyramides. Elle présente une parfaite inclinaison (la pointe mesure 76 degrés), sa hauteur est de 146 mètres, le côté de sa base mesure 230 mètres de long, et elle est formée de 2 500 000 blocs de pierre. De l'entrée, située comme dans toutes les pyramides vers le nord, un couloir descend jusqu'à la crypte d'où part un second chemin menant à une crypte réservée qui donne sur une longue galerie montant jusqu'à la chambre du sarcophage. La galerie et la chambre sont revêtues de granit afin de soutenir la poussée de la maçonnerie au-dessus (qui pèse 400 tonnes environ).
L'accès actuel de la pyramide n'est pas celui des origines. Il fut ouvert au IXe siècle par le calife du Caire Al Mamun qui creusa une entrée pour pénétrer à l'intérieur, convaincu d'y trouver des trésors ou, selon la tradition ésotérique, les secrets de la sagesse égyptienne. Mais le calife ne put satisfaire sa cupidité, car il ne trouva point de trésors, ni ne réussit à percer les mystères du gigantesque édifice. L'entrée originelle est située à un niveau supérieur, sur l'un des côtés de l'édifice. Selon l'historien romain Strabon, l'accès aurait été caché par une « pierre secrète », difficile à distinguer des autres, et que l'on pouvait déplacer à l'aide d'un pivot. Il est toutefois probable qu'il s'agit d'une légende.
L'entrée creusée par les hommes d'Al Mamun rejoint le couloir descendant qui mène à la crypte souterraine dont la fonction reste obscure : elle était probablement destinée à abriter le tombeau du pharaon qui, pendant la construction, fut transféré à un niveau supérieur.
Doté de la même inclinaison que celle du couloir descendant (29 degrés), le couloir ascendant mène aux chambres du roi et de la reine (cette dernière étant située avant celle du roi, dans la partie plus basse de l'ensemble). On accède ensuite à la « grande galerie » qui s'étend sur 48 mètres et monte jusqu'à la chambre du pharaon. Totalement dépouillée, elle ne présente aucune trace de décorations ni d'effigies de dieux ou de dignitaires. Sa structure très complexe a emballé l'imagination de nombreux visiteurs, qui y ont vu les traces de connaissances perdues, et même l'influence de cultures extraterrestres. Au-delà de ces interprétations fantaisistes, la grande pyramide demeure indéniablement un lieu rempli de mystère.
Le grand sarcophage en pierre fut aménagé à l'intérieur de la pyramide lorsque l'édifice était encore en

La construction de la Grande Pyramide selon Hérodote

« Vingt ans furent nécessaires pour exécuter la Grande Pyramide [...]. Revêtue de pierres taillées, polies et jointes à la perfection, la pyramide fut ainsi réalisée : d'abord une succession de degrés que certains appellent crossai *et d'autres* bomides *; quand la pyramide fut construite sous cette forme, on éleva le reste des pierres à l'aide de machines faites de morceaux de bois courts, on les élevait de terre à la première assise des degrés ; sa pierre montée là était placée dans une autre machine dressée sur la première assise ; de cette première assise, elle était amenée à la seconde et placée sur une autre machine. Car, autant il y avait d'assises de degrés, autant il y avait de machines [...]. On acheva d'abord le sommet, puis les assises immédiatement inférieures, et on redescendit jusqu'au niveau du sol. Des inscriptions indiquent combien de raifort, d'oignons et d'ail furent consommés par les ouvriers pendant la construction. Si je me rappelle bien le chiffre traduit par l'interprète qui m'accompagnait, il y en eut pour 1600 talents d'argent. Si c'est vrai, combien n'a-t-il pas fallu dépenser pour tout le reste, les outils, les autres aliments, les vêtements, pendant les vingt ans que durèrent les travaux ? Sans compter qu'il a fallu tailler les pierres, les amener, creuser le canal, ce qui n'est pas rien. »*

construction ; compte tenu de ses dimensions, il aurait été impossible de le transporter à l'intérieur de ses couloirs étroits. Cette technique insolite pour les Égyptiens s'ajoute aux énigmes de cet édifice fascinant.
Quant au pharaon, nous n'avons que peu d'informations sur sa vie, mais il est certain que son gouvernement fut puissant et centralisateur, car sans cela il n'aurait pas été possible d'ériger une pyramide dont la construction nécessita l'emploi de plus de 80000 ouvriers, auxquels il fallut assurer un certain nombre de services, tout en garantissant le contrôle total de la réalisation du projet. Selon Hérodote : « Kheops atteignit un degré de perversion tel que, se trouvant à court d'argent, il prostitua sa propre fille, lui ordonnant ainsi de gagner une certaine somme... [...]. Le règne de Kheéops dura cinquante ans et, à sa mort, son fils Khephren lui succéda. Celui-ci imita en tout la conduite de son prédécesseur. »

Extrémité de la pyramide de Kheops © Biosphoto / Olivier Sauzereau

La pyramide de Khephren

La pyramide de Khéphren – qui régna jusqu'en 2494 av. J.-C. – s'élève au sud de celle de Kheops, moins haute mais tout aussi colossale.
Nous ne possédons pas de preuves certifiant que le sarcophage retrouvé dans le tombeau est celui de Khephren. Les informations dont nous disposons sur son règne ne sont guère plus abondantes que celles sur le règne de son père, et la plupart d'entre elles reposent sur des hypothèses ou des théories.

L'intérieur de la pyramide est sobre et formé de deux couloirs : un couloir supérieur, auquel on accède par l'extérieur, et un autre souterrain. Les deux couloirs mènent à la chambre funéraire située au centre de l'édifice.

La pyramide de Khephren © Biosphoto / Michel Gunther

Le Sphinx et, en arrière-plan, la pyramide de Khephren © Biosphoto / Olivier Sauzereau

Le couloir souterrain traverse une chambre dont on ne connaît pas la fonction, et au sujet de laquelle de nombreuses théories ont été formulées. On a également cru à la célèbre « malédiction des pharaons » lorsque des visiteurs ont été saisis d'un malaise à l'intérieur de la pyramide. Plus vraisemblablement, il faut rechercher les causes de ces malaises dans la structure du tombeau qui, contrairement à celui de Kheops, est dépourvu de prises d'air. L'espace accessible à travers les couloirs est très exigu par rapport à la masse de la pyramide, constituée à 98 % par une structure pleine, entièrement occupée par les blocs de pierre. Les « traqueurs de mystères » n'en démordent pas pour autant, et affirment qu'il existe des galeries et des passages secrets entre les blocs. Aucun passage n'a toutefois été découvert jusqu'à présent.

La pyramide de Mykérinos

C'est la plus petite des pyramides de Gizeh (66 mètres de haut, avec une base carrée de 108 mètres de côté), et elle a toujours été considérée comme un peu « étrange ». Voici ce qu'écrivait à son sujet, au XIIe siècle, le voyageur irakien Abdul Latif : « La troisième, d'un quart plus petite que les autres, est en granit rouge maculé, et si dur que l'on ne parvient à le marquer avec le fer qu'au prix d'innombrables efforts. Comparée aux autres, la dernière apparaît plus petite, mais vue de près et isolément, elle inspire un sentiment d'oppression, et on ne peut pas l'admirer sans que la vue n'en soit péniblement frappée ».
Des siècles d'hypothèses et de récits ont certainement épaissi le voile du mystère et nourri l'imagination, entourant les pyramides d'une aura inquiétante. À la fois fascinants et effrayants, ces édifices imposants ont fini par faire croire à des millions de personnes qu'ils cachaient de terribles secrets. Des secrets trop importants, fruits de connaissances que les sciences contemporaines n'ont pas réussi à dévoiler entièrement.

LE SPHINX IMPÉNÉTRABLE

« Un sage me demanda un jour quelle chose, parmi toutes celles que j'avais vues en Égypte, avait suscité ma plus grande admiration. Je répondis : l'harmonie des proportions de la tête du Sphinx. Parmi les différentes parties de la tête, le nez, les yeux et les oreilles ont les mêmes proportions que l'on observe dans les œuvres de la nature [...]. Le sculpteur a pu reproduire les proportions exactes de chaque partie, n'ayant pas trouvé dans la nature de modèle pour un tel colosse ou pour autre chose de comparable ».

C'est ce qu'écrivait, au XIIe siècle, le voyageur irakien Abdul Latif, mais les archéologues modernes voient dans le visage du Sphinx le portrait de Khephren.
Encore de nos jours, les spécialistes n'ont pas cessé de débattre sur le symbolisme du Sphinx, même si le corps de lion et la tête de pharaon de cette étrange figure semblent indiquer qu'il s'agit d'un symbole solaire.
Cette immense sculpture, taillée dans un éperon de roche haut de 20 mètres et long de plus de 70 mètres, a résisté aux outrages du temps et des hommes, même si son visage a été endommagé au XVIIIe siècle par les coups de canon des Mamelouks.
Hérodote, qui a décrit minutieusement les pyramides, n'a rien écrit sur le Sphinx.
Il est probable qu'au moment où l'historien visita le site, le monument énigmatique était totalement enseveli, ce qui expliquerait son silence à ce sujet. En effet, tous les vingt ans le sable recouvre la cavité dans laquelle est situé le Sphinx, le cachant entièrement aux yeux des hommes. Cette particularité fait également partie de son mystère.

MADAGASCAR

DES HABITANTS MYSTÉRIEUX

En 1771, le botaniste et voyageur français Philibert Commerson disait de Madagascar : « Quel admirable pays. C'est la terre de promission pour les naturalistes... C'est là que la Nature semble s'être retirée comme dans un sanctuaire particulier, pour y travailler sur d'autres modèles que ceux où elle s'est asservie ailleurs ; les formes les plus insolites, les plus merveilleuses s'y rencontrent à chaque pas. » Ces mots sonnent comme une déclaration d'amour pour une terre qui a fasciné explorateurs, savants, marchands et missionnaires. Le premier mystère de cette grande île, séparée de l'Afrique par le canal de Mozambique, concerne l'origine de ses habitants.

La population malgache se compose de dix-huit ethnies différentes et, bien qu'aujourd'hui elles partagent la même langue et la même culture, elles ont gardé leurs propres traditions.

À l'origine, l'île fut peuplée par des populations arrivées d'Indonésie, auxquelles se mélangèrent ensuite des populations originaires d'Afrique orientale. Du mélange de ces deux populations est né ce qu'on appelle le « type malgache ». À moitié orientaux et à moitié africains, les Malgaches ont été considérés par certains « occultistes » comme les derniers représentants de l'ancienne race qui a peuplé le continent disparu de Lémurie.

LA GRANDE ET ANCIENNE LÉMURIE

Certains prétendent que l'île de Madagascar faisait partie de Lémurie, un grand continent disparu. Cette thèse s'est affirmée dans le passé, à une époque où l'on ne connaissait pas encore la théorie de la dérive des continents, et où l'on essayait d'expliquer la présence sur l'île des lémuriens (famille de primates proche des singes, comprenant différentes formes reflétant les différents stades d'évolution et à laquelle se rattache l'espèce humaine), et aussi d'animaux et plantes fossiles appartenant au permien et remontant à 250 millions d'années.

Tandis que les chercheurs tentent d'éclaircir le mystère de l'origine de l'homme et de tout ce qui est lié à son

Paysage de savane et de forêts sèches entre Daraina et Ambanja, au nord de Madagascar © Biosphoto / Stéphan Bonneau

Le culte du razana

La rencontre entre la culture asiatique et la culture africaine a donné naissance à de nombreux rites et coutumes de Madagascar. Parmi les plus singuliers, on trouve le rite du « razana », forme de culte des morts qui prévoit une double sépulture. Après une première sépulture « provisoire », le corps du défunt est exhumé, les os sont séparés de la chair – dans un état de décomposition avancée – et soigneusement enterrés. Selon les indigènes, les os étant la vraie « maison des défunts », ils doivent être traités avec le plus grand soin car, dans l'au-delà, ils seront le signe tangible de leur puissance.

Monument funéraire destiné au culte du razana

évolution, mystiques, ésotéristes et occultistes cherchent l'explication de la présence de créatures comme le « catta », le plus connu des lémuriens qui a élu domicile à Madagascar.
La fondatrice de la théosophie, Helena Petrovna Blavatsky, chercha elle aussi des réponses parallèles à la science, permettant de reconstruire le passé de Lémuria. Cette femme singulière, au sujet de laquelle circulaient des opinions très discordantes, affirmait que les Lémuriens étaient des hommes de grandes dimensions, plus proches des singes que de l'homme actuel. Elle ajoutait que certains possédaient quatre bras et un troisième œil derrière la tête. Ils communiquaient par télépathie et étaient dotés de pouvoirs surnaturels comme la psychokinésie. Dans son *Histoire d'Atlantide et du continent perdu de Lémuria*, Helena Blavatsky offre une image de Madagascar totalement dépourvue de références concrètes à la réalité, ouvrant des perspectives sur un univers dominé par l'imagination et le mythe. Toutefois, ses théories sur Lémuria et Atlantide ont trouvé des adeptes parmi les ésotéristes et les passionnés de mystères archéologiques. Ses thèses ont été ensuite développées : certains affirment que les Lémuriens étaient à l'origine hermaphrodites et ovipares, et que c'est seulement plus tard qu'ils se sont transformés en mammifères. D'autres soutiennent que leurs ancêtres venaient de Vénus et que, par conséquent, le catta actuel serait le descendant des… extraterrestres ! Les théories ont ainsi fleuri, et il y en a qui pensent également que les Aborigènes australiens et les habitants de l'île de Pâques seraient les derniers Lémuriens. Qu'on y croie ou pas, le mystère continue de planer.

ANIMAUX UNIQUES

Il existait dans le passé des Lémuriens de dimensions considérables et ayant une masse cérébrale assez développée. Ces caractéristiques rendraient plausible l'hypothèse que les plus anciens de ces animaux auraient pu atteindre un niveau d'évolution aussi élevé que celui de l'homme.
La plupart des exemplaires actuels sont de dimensions plus petites. Parmi les plus importants, on peut citer les ayes-ayes, de couleur noire et aux yeux globuleux, dont le corps et la queue peuvent dépasser un mètre de long.
La découverte de fossiles de dinosaures et d'un squelette de sauropode herbivore (dont d'autres exemplaires ont été retrouvés en Inde et en Amérique du Sud) a également contribué à rattacher les origines de Madagascar à une époque très reculée.
La présence de ces fossiles a stimulé l'imagination des indigènes et elle a offert aux Occidentaux l'occasion de créer de véritables légendes. Quoi qu'il en soit, ces découvertes paléontologiques, qui font aujourd'hui partie du patrimoine de Madagascar, ont forcément influencé l'imaginaire et on entend parler de temps à autre de créatures mystérieuses, semblables à de grands sauriens, aperçues par quelques témoins.

Le terrible Mokele-Mbembe

Si, à Madagascar, très peu de monde affirme avoir vu des animaux préhistoriques en chair et en os, en revanche, selon de nombreux témoignages, un dinosaure sauropode, appelé Mokele-Mbembe, se cacherait dans la région marécageuse du Congo, comprise entre les fleuves Ubangi et Sanga. Cette créature, au corps et aux pattes trapus et puissants de couleur gris-brun-roux, mesurerait entre 5 et 10 mètres. Sa tête ressemblerait à celle d'un serpent et son corps rappellerait celui d'un pachyderme (on a en effet retrouvé des empreintes, attribuées au Mokele-Mbembe, de dimensions égales à celles d'un éléphant).
Ce monstre mystérieux des marécages congolais, ressuscité de la préhistoire, serait végétarien et ne s'attaquerait pas à l'homme.
Cependant, certains indigènes racontent qu'il aurait frappé et renversé leur barque.

LE SAHARA

UN MONDE MAGIQUE DE DIVINITÉS ET D'ANCÊTRES

L'univers symbolique africain, influencé par le complexe macrocosme de la religion et des expériences rituelles, est tellement varié et diversifié qu'il échappe à toute tentative de généralisation. En effet, les pratiques et les croyances de chaque groupe ethnique ou tribu ne peuvent être comprises que si elles sont analysées isolément.
Selon les données les plus récentes, il y aurait aujourd'hui en Afrique 60 millions environ d'adeptes de religions autochtones, répartis dans plus de 40 pays. Il s'agit toutefois d'un petit pourcentage (12 % environ), tandis que le reste de la population est formé de chrétiens et de musulmans. À partir du VIIe-VIIIe siècle, avec la conquête de l'Afrique du Nord et de l'Est par les Arabes, la religion de Mahomet a fortement influencé la culture africaine. La colonisation européenne fut également déterminante, y compris pour les traditions rituelles. Cependant, elle ne s'est montrée efficace qu'à partir du XIXe siècle, lorsque le christianisme, importé du Vieux Continent sur le sol africain, exerça une forte emprise sur les cultures indigènes.
En revanche, on aperçoit des traces de l'univers religieux africain (vaudou et umbanda, par exemple) dans certains pays d'Amérique du Sud, où les esclaves noirs apportèrent leurs traditions qui, en contact avec le panthéon païen local et le panthéon chrétien, engendrèrent un syncrétisme très complexe.
Ce qui rapproche les populations africaines est sans doute leur rapport à la divinité, figure placée au centre de l'univers et qui dirige le destin des hommes. Le monde des esprits et de la nature communique avec les hommes à travers les ancêtres qui ont un rôle fondamental dans l'univers mythique et religieux africain. De nombreuses ethnies se considèrent comme l'archétype de l'Homme : les Bochimans (dont le nom, attribué par les Portugais, signifie « habitants de la savane ») se définissent, de façon emblématique, comme *san*, c'est-à-dire « vrais hommes ». Ils placent à l'origine de tout un être suprême appelé Kaggen (père), auquel s'oppose Guab, qui dirige les forces du mal et qui inspire la terreur.

Désert du Sahara, en Libye © Biosphoto / Pitamitz Sergio

Les Bantous aussi ont une haute opinion de leur groupe : *bantous* est en effet le pluriel de *ntou* qui signifie « être humain ». L'une des particularités des Bantous concerne leur organisation sociale caractérisée, contrairement à la plupart des ethnies africaines, par un système de filiation matrilinéaire. Une autre caractéristique intéressante, qui sou- ligne l'attitude des populations africaines à l'égard de la divinité, est représentée par les noms attribués à l'être suprême. Les Bantous du Congo l'appellent « Nzambi » (diffuseur de lumière), et ceux de la région orientale « Mulunga » (celui qui est au ciel). Il est Nyame (le resplendissant) pour les Ashantis, et Mawu (celui qui est au-dessus de tout) pour les Ewes. La liste d'exemples pourrait bien continuer, car chaque ethnie a sa façon de nommer le lien existant entre la divinité et une cosmogonie dominée par la lumière et dans laquelle la toute-puissance de Dieu est exprimée de façon simple mais claire.
Dans ce monde magique extraordinaire domine, comme nous l'avons déjà dit, l'ancêtre : c'est le référent principal au sein du réseau structuré mais simple qui relie l'homme à l'univers surnaturel. De nombreuses œuvres de l'art africain lui sont dédiées, sorte de mémoire visuelle destinée à créer une correspondance active entre le monde des vivants et celui des esprits.

La chaîne de l'Atlas © Biosphoto / Julien Menghini

UN LIEU SACRÉ

La plupart des connaissances que nous possédons sur l'univers magique nous vient des études effectuées par les anthropologues, suite aux recherches menées sur le terrain, parmi les différentes ethnies qui peuplent le continent noir.
Il existe cependant d'autres sources capables de nous renseigner sur la grandeur de la culture africaine dans le passé : les peintures rupestres du Sahara, dotées d'un grand intérêt scientifique et non dépourvues de mystère, illustrent la culture et les traditions d'une époque très éloignée, quand cette région était riche en eau et en végétation. Aujourd'hui, le Sahara est le désert le plus vaste du monde, environ 9 millions de kilométres carrés, soit pas loin de la siperficie du Canada ou de l'Europe. Il se déploie de l'océan Atlantique à la mer Rouge, séparé de la Méditerranée par une étroite

DERRIÈRE LE MASQUE

L'art du masque est très développé parmi les populations africaines non nomades de la forêt et de la savane. Il est sans aucun doute l'un des arts plastiques les plus évolués, où les artistes font souvent preuve d'une étonnante créativité. Étroitement liée aux pratiques rituelles, magiques et religieuses, la réalisation des masques est l'une des activités principales des populations sédentaires. Le rôle fondamental et l'origine très ancienne du masque dans la culture africaine nous sont confirmés par les peintures rupestres des Bochimans et des peuples installés dans le Tassili et dans les Ennidi, avant la désertification du Sahara.
Le regard occidental perçoit les masques africains comme des objets profondément troublants, évoquant des images et des figures générées par l'inconscient. Chez les différents groupes ethniques, les masques sont fabriqués par des artisans ainsi que par des membres de sectes, qui les utiliseront ensuite dans de nombreuses cérémonies.
Considérée comme une activité rattachée à l'univers des esprits et des ancêtres, la fabrication des masques est accompagnée de nombreux rituels (sacrifices, jeûnes, pratiques religieuses, etc.). Une fois réalisé, le masque est sacralisé à travers des rites spécifiques qui le rendront apte à la fonction rituelle à laquelle il est destiné.
Exposé à une usure très rapide, le masque doit être reconstruit assez souvent. C'est pourquoi il existe, pour sa réalisation, un éventail large et varié de solutions formelles, témoignage de la grande créativité des populations africaines dans les œuvres réservées aux rites et aux pratiques magiques et religieuses. C'est peut-être en raison de cette particularité que les masques sont des objets de collection très prisés par de nombreux Occidentaux.

bande de végétation. Cet espace immense, aujourd'hui l'une des régions les plus désolées de la terre, n'a pas toujours eu l'aspect que nous lui connaissons. Voici plus de 200 millions d'années, au début du mésozoïque, une dense végétation tropicale recouvrait ce territoire où des dinosaures vécurent et disparurent. Le processus lent et inexorable de dessèchement commença durant le pliocène, il y a quelques millions d'années, mais la conformation actuelle est assez récente et remonte à 2 000-3 000 ans avant notre ère.
Depuis un million d'années, l'homme a vécu dans le Sahara en y laissant des témoignages précieux pour les paléontologues, qui ont placé en Afrique l'origine du premier hominidé. Depuis 12 000 ans environ, jusqu'à 4 000 ans avant notre ère, l'homme trouva ici un milieu de vie que l'on peut définir favorable, comprenant de vastes savanes, des cours d'eau, des arbres et des lacs.
Toutefois, jusqu'à la fin de leur établissement, les hommes ne connurent pas l'écriture, et toutes les informations que nous possédons sur eux nous proviennent des nombreuses représentations et peintures rupestres présentes dans une vaste région désertique et dans la chaîne de l'Atlas.
La plus grande concentration de ces œuvres se trouve à Hoggar, Air, Tassili, Tibesti et Ennedi. C'est en Algérie que l'on recense le plus grand nombre d'œuvres rupestres et, dans une moindre mesure, au Mali, au Nigeria et au Tchad.

LES PEINTURES RUPESTRES

L'art rupestre du Sahara nous a laissé des témoignages sur la pratique de la chasse en Afrique dans la préhistoire. Parmi les représentations les plus intéressantes, il y a la chasse au rhinocéros, animal particulièrement apprécié pour sa chair, mais très redouté pour sa puissance. Sa capture avait d'ailleurs quelque chose de sacré et d'initiatique.
La mythologie bâtie autour de cet animal était essentiellement liée à la valeur attribuée à sa corne ; elle était utilisée dans de nombreux rites magiques et, chez certaines ethnies, pour la défloration des jeunes filles, à l'occasion de rites relatifs à la puberté.
La chasse au rhinocéros, menée en groupe avec des arcs et des flèches, nécessitait une grande habileté de la part des chasseurs, qui devaient frapper rapidement les points vitaux de l'animal pour éviter d'être renversés par sa puissante charge.
Pour chasser les animaux très rapides, ou très gros et dangereux, on utilisait des flèches à pointe dilatée capable de blesser mortellement la proie. Grâce à leur forme, ces flèches s'enfonçaient dans la blessure en déclenchant immédiatement une forte hémorragie. Certaines peintures semblent indiquer que l'homme utilisait déjà le chien comme compagnon de chasse.
Très répandue était aussi la chasse à la girafe, que l'homme occidental considéra comme un animal mythique lorsqu'il la vit pour la première fois. Rarement capturées avec des pièges, les girafes étaient le plus souvent poursuivies ou approchées, et poussées à se diriger vers les abris des chasseurs, d'où elles étaient frappées à coups de flèches. Cette technique de chasse est décrite dans les peintures rupestres du Tassili.
La girafe, qui à l'âge adulte peut peser jusqu'à 10 quintaux, était une proie très prisée en raison de l'excellente qualité de sa chair. Sa peau était utilisée pour faire des récipients, des sacs, des gourdes ou des chaussures très résistantes. Dans les siècles passés, les girafes étaient aussi chassées pour le poil de leur queue, utilisé pour la fabrication de bracelets ; la queue de cet animal était également un signe de distinction des notables d'Afrique du Sud. En effet, dans l'imaginaire occidental, on retrouve souvent l'image du chef de tribu qui affiche, tel un sceptre précieux, un objet se terminant par de longs et abondants poils, dont la

Scènes de chasse, Tassili (dessin A. Priuli)

signification échappe à l'observateur ignare.
Certaines peintures rupestres du Sahara ont fait les frais des interprétations excentriques données par certains Occidentaux. C'est le cas des figures mythiques de Tassili, caractérisées par une tête ronde sans visage. Les ufologues, assimilant ces têtes rondes à des casques d'astronautes, ont cru qu'elles représentaient des extraterrestres.

Scène de chasse au lion, Tassili (dessin A. Priuli)

LE MALI, CARREFOUR DE CULTURES

Le Mali occupe une région bordée par l'Algérie, le Niger, le Burkina Faso, la Côte d'Ivoire, le Sénégal et la Mauritanie. C'est un pays très important, où se sont croisées de nombreuses cultures différentes, et qui a joué un rôle de premier plan dans le vaste univers de l'Afrique noire. En témoignent les œuvres réalisées par les artistes africains, dont la culture des Dogons offre les plus hautes expressions.
Peu connue par le grand public, mais emblématique de la position de carrefour de cultures du Mali, est la vaste collection de colliers réalisés avec des matériaux différents. Certains de ces matériaux sont « archéologiques » (phéniciens et romains), et d'autres ont été introduits par les colonisateurs européens. Cette importante collection met en relief deux aspects fondamentaux : le niveau exceptionnel atteint au Mali dans la fabrication des objets, et le grand sens esthétique de ces populations qui ont réussi à réaliser de petits chefs-d'œuvre avec quelques éléments essentiels.
Les artistes du Mali cherchent généralement leur inspiration dans des sujets traditionnels pour répondre aux exigences culturelles et exprimer les valeurs partagées par toute la communauté.

LE RITE MYSTÉRIEUX DE LA DANSE

Parmi les innombrables peintures qui décorent les roches du Sahara, on trouve également des scènes de danse, activité étroitement liée à l'univers des rites.
La danse et le rite ont des origines très lointaines, puisque les plus anciens témoignages remontent à la préhistoire.
Les danses africaines font toujours partie intégrante de cérémonies et de pratiques rituelles où la magie et le mythe sont fortement présents. Elles évoquent, rappellent ou favorisent un événement, en le simulant, et sollicitent sa répétition.

Scène de chasse au lion, Ehed (Tadrar) (dessin A. Priuli)

SAQQARAH

LA PYRAMIDE À DEGRÉS

Pyramide de Djoser Saqqarah © Biosphoto / Michel Gunther

C'est à Saqqarah, près de Memphis, que fut érigée la première pyramide d'Égypte. L'architecte Imhotep, qui fut par la suite divinisé, bâtit cette pyramide pour le pharaon Djoser. En réalité, le pharaon fit construire à l'origine un mastaba carré, dont la forme rappelle une pyramide basse tronquée, et il décida ensuite de l'agrandir, en y faisant superposer un autre mastaba plus petit, jusqu'à ce que la structure prenne la forme de l'édifice actuel, formé de six gradins et atteignant une hauteur de 60 mètres. Le mastaba (mot arabe indiquant un siège en pierre en forme de parallélépipède) est le modèle primitif de tombeau, typique de cette région de l'Égypte. La structure, qui rappelle celle d'une habitation, est liée à la croyance d'une destinée de l'âme dans l'au-delà, et représente un lien symbolique entre la vie et la mort. À l'extérieur, elle est formée d'un ensemble massif de pierres formant une pyramide basse tronquée, tandis qu'à l'intérieur se cache un puits contenant le sarcophage avec le mobilier funéraire. À l'est se situe la chapelle qui abrite l'autel pour les offrandes. Au fond de l'autel se trouvait généralement une stèle, sorte de porte en trompe-l'œil, qui ne permettait pas l'accès au puits qui conduisait au tombeau proprement dit. Le puits était fermé par des pierres et l'accès était situé en haut. L'absence de documents écrits rend difficile une connaissance précise du site de Saqqarah, qui reste toutefois l'un des témoignages les plus anciens et imposants de la culture archaïque du peuple du Nil.

LE COMPLEXE FUNÉRAIRE DE DJOSER À SAQQARAH

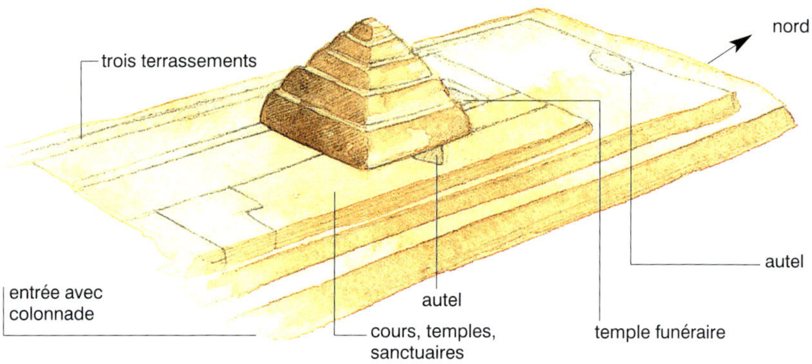

(dessin Michela Ameli)

En observant le projet complexe de la pyramide de Saqqarah, on mesure le génie d'Imhotep, sorte de Léonard de l'Antiquité, comme nous apprend l'inscription gravée sur la base de la statue du pharaon, où sont indiqués tous ses titres : administrateur du Grand Palais, grand prêtre d'Héliopole, constructeur, sculpteur et créateur de vases en pierre. C'est peut-être en raison de cette dernière activité d'Imhotep que plus de 40 000 vases et récipients de toutes formes et dimensions ont été trouvés dans la grande pyramide à degrés.

Dans ce tombeau singulier, constitué d'environ 200 000 tonnes de pierre, les archéologues ont trouvé la statue du pharaon, ainsi que des inscriptions et des offrandes dans la chambre funéraire : un ensemble important de témoignages qui n'a pas été retrouvé dans les trois pyramides de Gizeh.

LE VOYAGE DANS L'AU-DELÀ

La pyramide de Saqqarah est entourée des ruines d'un ensemble splendide d'édifices, réalisés également par Imhotep. Pendant une longue partie de l'histoire égyptienne, ce site fut un lieu de sépulture. Cette région est donc l'une des plus intéressantes pour connaître la genèse des pratiques funéraires dans la phase la plus ancienne de l'histoire du peuple du Nil. Des embarcations, enfermées dans des chambres en brique, ont été retrouvées dans des tombeaux remontant à la Ire dynastie. C'est dans ces embarcations que le défunt accomplissait, selon la croyance, le « voyage dans l'au-delà ». On retrouve des témoignages et des représentations de ce voyage dans les *Textes des pyramides* à partir de la Ve dynastie. En revanche, près de la pyramide de Kheops, on a retrouvé une barque mesurant plus de 40 mètres de long, 5 mètres de large et 9 mètres de haut. L'embarcation, démontée, était située dans un lieu où le pharaon aurait pu la remonter avec l'aide de la magie et la collaboration de son armée personnelle, formée de centaines de *shauabti*.
L'embarcation était conduite par « l'homme au visage tourné en arrière », une sorte de Charon qui avait pour tâche d'accompagner le pharaon dans l'au-delà, à travers le « marais des roseaux » qui séparait le monde des vivants de celui des morts.
Dans les *Textes des pyramides*, on rencontre aussi le symbole de l'échelle, comme moyen pour atteindre le règne des morts : c'est peut-être sur cette symbolique que repose la tradition de réaliser les premières pyramides avec d'énormes gradins sur les côtés.
Le *Livre des morts* célèbre ainsi le symbole de l'échelle : « Hommage à toi, Ô Échelle qui soutiens le vase en or des esprits [...]. Je dresse une Échelle parmi les dieux et je suis un être divin parmi eux [...]. Reste dressée, ô Échelle d'Horus, par laquelle Osiris est monté au ciel lorsqu'il a usé de son pouvoir magique sur Râ. »

LE MYSTÉRIEUX *LIVRE DES MORTS*

Une source importante, pour mieux comprendre la conception de la vie après la mort et la spiritualité des anciens Égyptiens, est le *Livre des morts*. En réalité, il ne s'agit pas exactement d'un livre, mais d'une série de textes transcrits sur papyrus, qui étaient placés dans le cercueil du défunt. Dénommé également *Livre pour sortir au jour*, ce recueil de textes funéraires développe et remanie les *Textes des pyramides*, premiers textes connus sur le voyage des morts, qui remontent à l'époque du Moyen Empire. Le *Livre des morts* nous apprend qu'après la mort, chaque homme montait au ciel pour s'unir au dieu du Soleil. Mais les mystères de la mort n'étaient accessibles à l'homme qu'après avoir été soumis au « jugement des morts ». Ce jugement servait à déterminer si, durant sa vie, le défunt avait respecté les règles universelles imposées aux humains. À l'origine, le juge était Râ, le dieu du Soleil, mais, à partir de la XIe dynastie, ce rôle fut attribué à Osiris. Lors du jugement, Osiris était accompagné de 42 juges qui symbolisaient les provinces égyptiennes. D'après les indications du livre, en se présentant devant les dieux pour être jugé, le défunt devait clamer son innocence et montrer qu'il n'avait commis aucun des péchés mentionnés dans le livre. Le rite du jugement comprenait également la pesée du cœur du défunt, qui était effectuée en posant d'un côté de la balance l'organe et de l'autre la plume d'autruche de Maât, déesse de la vérité et de la justice. Le dieu Thot notait le résultat de la pesée et, si le poids dépassait celui de la plume de Maât, le pécheur subissait un sort tragique : il était dévoré par un monstre terrible (identifié, dans certains cas, à Anubis, le dieu-chacal). Si, en revanche, il était jugé pur, il accédait au règne d'Osiris, un lieu de lumière, continuation céleste de la vie terrestre.
Le *Livre des morts* était généralement placé dans un coffret décoré avec l'effigie d'Osiris, ou dans le cercueil, ou encore dans les bandelettes de la momie. De nombreux textes ont été retrouvés écrits en hiéroglyphes, en écriture démotique ou hiératique. Il s'agit surtout de recueils d'invocations et d'incantations magiques, accompagnées d'illustrations, dont la lecture était censée favoriser le voyage dans l'au-delà. Le texte était lu par un prêtre selon un rite bien précis. Ce rite avait pour fonction de permettre au défunt de voyager « librement » dans le règne des morts, et de l'aider à se procurer tout ce dont il aurait besoin dans sa demeure éternelle.

UNE RELIGION NON FONDÉE SUR UN LIVRE

Contrairement à ce que l'on peut croire, ces recueils de textes n'étaient pas pour les Égyptiens un livre sacré, comme la Bible, le Coran ou les Veda. Le seul point commun qu'ils possèdent avec les livres sacrés est leur inspiration divine. Le Livre des morts *est introduit par un chapitre sur les « Formules à prononcer le jour des funérailles, en arrivant au tombeau et avant de partir ». Il comprend des pratiques et des instructions constituant un important témoignage de l'univers, surtout mythique plus que religieux, des Égyptiens. En voici quelques fragments : « Mon arrivée parmi ceux qui habitent l'horizon est saluée par des cris de jubilation, et ceux qui habitent la Duat dans cette forme de momie chantent mes louanges [...] Je m'élève comme un dieu vénérable, Seigneur de la Grande Demeure, à la vue duquel les dieux se réjouissent [...]. Ô père ! O frère ! O mère Isis ! Je suis enveloppé dans les bandelettes et je vois. J'ai rejoint ceux qui se sont débarrassés des bandelettes et qui voient Osiris. »*

TELL EL-AMARNA LA VALLÉE DES ROIS

LA RÉVOLUTION D'AKHENATON

C'est dans la cité sacrée de Tell el-Amarna que le pharaon Akhenaton (Aménophis IV) réalisa ce que l'on peut définir comme la première révolution religieuse de l'Histoire. Akhenaton fut, en effet, le premier et unique roi égyptien qui décida d'abolir le culte polythéiste et de le remplacer par le monothéisme. Considéré comme hérétique par les prêtres, Aménophis IV régna d'abord aux côtés de son père, puis seul (de 1350 à 1335 av. J.-C.).

Le pharaon imposa le passage du polythéisme au monothéisme, en substituant aux dieux traditionnels un seul et unique dieu : Aton, nom qui signifie « disque solaire ». Il changea également son nom Imenhotep (qui signifie « Amon est gracieux ») en Akhenaton (« le serviteur d'Aton »). Le grand prêtre d'Amon, dieu national, fut ainsi privé de ses possessions et de ses pouvoirs, ce qui provoqua un grand mécontentement dans les hautes sphères religieuses.

Selon un chemin théologique inspiré directement par le dieu (Aménophis IV prétendait être le prophète d'Aton), la nouvelle religion exaltait l'harmonie universelle, la beauté de la nature et l'amour entre les hommes. Dans une Égypte où dominaient le culte de la puissance et le matérialisme, cette nouvelle religion ne fit que peu d'adeptes.

Lorsque Aménophis IV devint pharaon, le pays était à l'apogée de sa puissance. Sous l'égide de quelques prestigieux souverains (la dynastie de Touthmôsis), les enfants du Nil s'étaient lancés dans une grande politique de conquêtes, en étendant leur domination à l'est sur la Palestine, la Syrie et jusqu'à l'Euphrate.

L'image du « pays des pharaons » qui avait bâti son pouvoir autour des pyramides n'était plus qu'un souvenir du passé : durant le Nouvel Empire (1580-1090),

La Vallée des Rois © Biosphoto / Michel Gunther

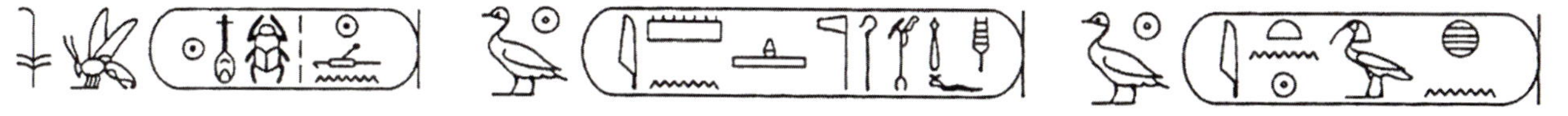

Cartouche d'Aménophis IV, le pharaon Akhenaton

Portrait d'Aménophis IV (dessin Michela Ameli)

l'Égypte avait acquis un prestige international, avec une armée parmi les plus organisées et motivées, et un réseau commercial bien développé, qui garantissait à l'empire des échanges favorables avec les pays les plus lointains.
Forte de cette richesse, la cour menait une vie luxueuse, comme en témoigne l'art de cette période. La ville de Thèbes – située dans la célèbre Vallée des Rois – était le centre du pouvoir religieux ; elle était consacrée à Amon, roi des dieux (Ammone-Râ) et divinité absolue de la Haute et de la Basse Égypte, dont le culte était célébré dans le grand temple de Karnak. Grâce aux incroyables privilèges dont ils jouissaient, les prêtres du dieu Amon constituaient une sorte de petit État à part : premier exemple, peut-être, de la vieille opposition entre pouvoir spirituel et pouvoir temporel. La fin du règne d'Aménophis III, père d'Akhenaton, avait été déjà marquée par une certaine décadence : la grandeur et la splendeur qui avaient caractérisé cette époque semblaient troublées par l'absence de spiritualité, d'instances intérieures créatrices de valeurs. C'est ce sens de la spiritualité qu'essaya de restaurer Aménophis IV en fondant ce qu'on pourrait définir comme la première hérésie de l'histoire des religions.
Le nom d'Amon fut effacé des portes du temple et la cour abandonna Thèbes. On bâtit alors une nouvelle capitale (un des chefs-d'œuvre de l'architecture égyptienne, avec des rues larges, des quartiers résidentiels, des temples, et une structure urbanistique assez innovante) située plus au nord, près de l'actuelle Tell el-Amarna. Pendant ce temps, le pharaon, soutenu par sa femme Néfertiti, continua son action de suppression du polythéisme en faveur du culte monothéiste d'Aton.

ATON, CITÉ DU SOLEIL

L'action de l'homme et du sable a détruit les grands temples et palais de la capitale construite par le pharaon hérétique. À 40 kilomètres environ de Beni Hassan, on peut aujourd'hui visiter les vestiges de Tell el-Amarna, qui ont permis de reconstituer sur papier l'ancienne cité, épicentre d'un monothéisme innovateur.
C'est le long du Nil que furent construits le palais du pharaon, le grand temple, le palais d'Aton et la cité proprement dite. Plus au sud, un temple s'élevait sur le fleuve, tandis que les tombeaux, tournés vers l'est, étaient répartis au nord et au sud de l'emplacement. Aucun de ces tombeaux ne fut complété, et l'on pense qu'ils n'ont jamais été utilisés.
Situé au nord au palais de Tell el-Amarna, au milieu d'une enceinte de 800 mètres × 300 mètres, le grand temple était formé à l'intérieur d'un ensemble de cours qui se succédaient. L'architecture du sanctuaire était différente de l'architecture égyptienne classique. Contrairement à Louxor ou Karnak, où le sanctuaire

Traits féminins pour un grand innovateur religieux

Dans l'art égyptien, le pharaon Akhenaton est toujours représenté selon un stéréotype tendant à souligner certains traits féminins de son visage : la statue de Karnak est à ce sujet emblématique, mais très significatif est aussi le bas-relief qui représente le « pharaon hérétique » en train d'adorer le disque solaire d'Aton. Toutefois, sa tombe et sa momie n'ayant pas été retrouvées, il est difficile d'effectuer des comparaisons permettant de reconstituer sa véritable physionomie.
Les caractéristiques androgynes d'Akhenaton, mises en évidence dans les représentations de son époque, lui confèrent un aspect étrange et inquiétant, qui cependant ne diminue pas la grandeur de ce pharaon, considéré par beaucoup comme un initié.

était une chambre secrète réservée aux rites et dont l'accès était réservé au pharaon et aux prêtres, le sanctuaire d'Aton était ouvert et dépourvu de toute structure susceptible d'empêcher l'entrée de la lumière du soleil.

L'hymne à Aton

L'hymne à Aton, traditionnellement attribué à Aménophis IV, est un instrument d'adoration et, à certains égards, de catéchèse :
« Tu apparais en beauté dans l'horizon du ciel,
Disque vivant, qui as inauguré la vie !
Sitôt levé dans l'horizon oriental,
Que tu as empli la terre entière de ta perfection [...]
Tes rayons entourent tout ce que tu as créé [...]
Et tu lies le monde à toi pour ton fils préféré.
Si éloigné sois-tu, tes rayons touchent la terre.
Tu es devant nos yeux mais ta marche demeure inconnue [...]
Tu demeures pourtant dans mon cœur.
Il n'y a point d'autre qui te connaisse,
Sinon ton fils Akhenaton,
Car tu l'as informé de tes desseins et de ta puissance [...]. »

Akhenaton avait souhaité, d'ailleurs, que toute l'architecture de la capitale reflète l'ouverture au grand culte monothéiste. Le désir du pharaon était de se libérer lui-même, mais surtout les autres hommes, du fardeau des limites terrestres, indiquant le chemin pour s'élever et écouter la voix divine. Il finit par se retrouver seul, enfermé dans son palais de Tell el-Amarna, entouré d'une poignée de fidèles. Entre-temps, à l'extérieur, la grande Égypte, colonialiste et belliqueuse, privée de la protection de son panthéon polythéiste, ainsi que d'un guide, perdait sa splendeur.

Le grand rêve d'Akhenaton allait s'achever, une restauration s'imposait et la raison d'État l'emporta sur les instances spirituelles. Aménophis IV n'ayant pas de fils, son frère Toutankhaton lui succéda. Celui-ci poursuivit l'œuvre de restauration jusqu'à changer son nom en Toutankhamon, scellant ainsi le retour au passé. Son règne fut toutefois bref et, après « l'enfant pharaon », les pharaons de la nouvelle dynastie furent tous des guerriers. Les terres perdues furent reconquises, les vassaux regagnèrent confiance.

Amon fut à nouveau célébré par des rites fastueux, les nombreuses divinités locales reconquirent leurs fidèles et le clergé regagna le pouvoir perdu.

Le pharaon Horembeb, dont la personnalité a été ironiquement esquissée par Mika Waltari dans *Sinouhé l'Égyptien*, condamna la mémoire d'Aménophis et de Toutankhamon, effaçant leurs noms de tous les monuments et les stèles. Mais les quelques coups de ciseau qui mutilèrent les cartouches ne réussirent pas à effacer le souvenir du règne assez court d'un pharaon courageux. Et ils ne parvinrent pas non plus à freiner le retentissement d'une hérésie capable de suggérer cette idée d'harmonie qui aujourd'hui, après plus de 3 000 ans, pousse l'homme à ne pas se satisfaire uniquement de son existence quotidienne.

LA TOMBE DE TOUTANKHAMON : GRANDS TRÉSORS ET GRANDES LÉGENDES

La littérature moderne a fait de Toutankhamon un personnage entouré de mystère, sur lequel ont été créés des légendes et des mythes, fondés sur le thème de la malédiction des pharaons.

Mais revenons à l'Histoire. Toutankhamon (qui à l'origine s'appelait Toutankhaton, « image vivante d'Aton »)

Un pharaon juif ?

L'hymne au soleil d'Akhenaton présente des similitudes singulières avec le Psaume 104 de l'Ancien Testament : cette caractéristique a mené à croire qu'Aménophis IV était d'origine juive. En réalité, il est plus probable que l'auteur du Psaume 104 connaisse l'hymne au soleil.

Hymne au soleil
« Chaque troupeau est satisfait de son herbe ; arbres et herbes verdissent ; les oiseaux qui s'envolent de leurs nids, leurs ailes déployées, sont en adoration devant ton être. Toutes les bêtes se mettent à sauter sur leurs pattes. Et tous ceux qui s'envolent, et tous ceux qui se posent, vivent lorsque tu t'es levé pour eux. Les bateaux descendent et montent le courant, tout chemin est ouvert parce que tu es apparu. Les poissons, à la surface du fleuve, bondissent vers ta face. »

Psaume 104
« Tu fais pousser l'herbe pour le bétail, les plantes que cultive l'homme, tirant son pain de la terre. /Le vin réjouit le cœur des humains en faisant briller les visages plus que l'huile. /Le pain réconforte le cœur des humains. /Les arbres du Seigneur se rassasient, et les cèdres du Liban qu'il a plantés. /C'est là que nichent les oiseaux, la cigogne a son logis dans les cyprès./ Les hautes montagnes sont pour les bouquetins, les rochers sont le refuge des damans. »

Le trône du pharaon Toutankhamon © Getty / DEA / S. Vannini

accède au trône très jeune, succédant à Aménophis IV, qui n'avait pas eu d'héritiers mâles. Son règne est cependant très bref, car il meurt une dizaine d'années plus tard. Il doit renier l'hérésie imposée par Aménophis IV pour des raisons politiques et se reconvertir à l'ancienne religion. Le retour au polythéisme est la décision la plus importante prise durant son règne qui, probablement à cause de sa courte durée, ne fut pas marqué par de grands événements. Le mythe de Toutankhamon ne peut donc pas s'expliquer par des gestes ou faits importants survenus sous son règne. Son nom fut en effet oublié jusqu'au jour où, en 1922, l'archéologue anglais Howard Carter et Lord Carnarvon, un riche Anglais qui avait financé l'expédition, découvrirent sa tombe qui contenait un immense trésor. Elle avait échappé aux pillages, peut-être à cause de sa modeste architecture, et l'on retrouva à l'intérieur des objets extrêmement précieux qui constituent aujourd'hui l'un des plus grands patrimoines historiques et archéologiques au monde. C'est sûrement l'un des plus grands mobiliers funéraires jamais découverts, considéré, à juste titre, comme le joyau de l'archéologie égyptienne. Le parfait état de conservation du mobilier funéraire de Toutankhamon s'explique probablement par le fait qu'à la mort du pharaon, son tombeau étant encore inachevé, on choisit une sépulture modeste qui échappa à l'attention des pilleurs et permit de conserver pratiquement intacts les trésors qu'elle contenait. La découverte du tombeau intact de Toutankhamon constitue donc un cas unique, surtout en raison des richesses extraordinaires qu'il contenait. En revanche, sur le plan architectural, il ne présente guère d'intérêt, à l'exception de la chambre funéraire décorée avec des peintures s'inspirant du *Livre des morts*.

La totalité du mobilier fut transférée au musée du Caire. Aujourd'hui, il ne reste dans le tombeau que le grand sarcophage plaqué d'or, contenant la momie du pharaon, en très mauvais état lors de la découverte. En effet, à cause de la grande quantité d'onguents et d'huiles utilisés pour la conservation de la momie, le masque d'or qui recouvrait le visage et une partie du torse s'était collé à la peau, et le cadavre était entièrement recouvert d'objets en or massif.

Le tombeau de Toutankhamon contenait aussi une série de rames posées sur le sol et onze modèles de barques en bois. Le thème de la barque comme moyen de transport vers l'au-delà fit longtemps partie de la culture égyptienne : un exemple significatif nous est offert par le cimetière chrétien de Térénuthis, en Moyenne Égypte (IVe-Ve siècle), qui contenait quatre stèles représentant le défunt sur une barque, en attitude de prière.

Revêtu d'or, le couple royal est illuminé par les rayons solaires © Biosphoto / Pascal Goetgheluck

La découverte du tombeau

L'archéologue Howard Carter raconta ainsi la découverte du tombeau de Toutankhamon : « Je pratiquai une petite ouverture dans le coin supérieur gauche. J'y introduisis une tige de fer qui ne rencontra que le vide. Puis je plaçai une bougie devant l'ouverture, pour m'assurer qu'il n'y avait pas d'émanations dangereuses. D'abord je ne vis rien ; l'air chaud qui s'échappait de la chambre faisait clignoter la flamme de la bougie. Puis, à mesure que mes yeux s'accoutumaient à l'obscurité, des formes se dessinèrent lentement : d'étranges animaux, des statues, et partout le scintillement de l'or. Pendant quelques secondes – qui durent sembler une éternité à mes compagnons – je restai muet de stupeur. Et lorsque Lord Carnarvon demanda enfin : « Vous voyez quelque chose ? », je ne pus que répondre : « Oui, des merveilles ». (Tiré de La Fabuleuse Découverte de la tombe de Toutankhamon*, Ed. Pygmalion, 1978, traduction de Martine Wiznitzer).*

Le masque du pharaon Toutankhamon © Getty / Kenneth Garrett

La malédiction des pharaons

La mort de Lord Carnarvon et d'autres membres de l'expédition chargée de mettre au jour le tombeau de Toutankhamon accrédita l'idée qu'une malédiction frappait tous ceux qui osaient violer le repos du pharaon. Grâce à la presse qui s'empara vite de ces événements, l'idée eut largement prise sur l'imaginaire populaire et elle est encore de nos jours assez répandue.

Lord Carnarvon meurt le 6 avril 1923, peu après la grande découverte. On dit qu'à l'instant de sa mort toutes les lumières du Caire s'éteignirent et des journalistes allèrent jusqu'à inventer l'existence d'inscriptions menaçantes sur les murs du tombeau. En réalité, il s'agissait tout simplement d'avertissements, très fréquents dans l'art funéraire, destinés à décourager les pilleurs de tombes. D'autres affirmèrent que Carnarvon s'était piqué à l'intérieur de la sépulture avec la pointe d'une flèche imprégnée d'un venin si puissant qu'il était encore actif après 3000 ans.

D'autres personnes, liées à la découverte du tombeau et à l'examen du mobilier funéraire, moururent dans d'étranges circonstances. C'est ce que soutenaient, et soutiennent encore aujourd'hui, tous ceux qui croient à la malédiction, et qui tentent d'accréditer cette thèse auprès des incrédules, en signalant des exemples et des analogies.

Sur le front opposé, les scientifiques ne parlent que de légendes et de superstitions : en effet, de nombreux membres de l'expédition vécurent très longtemps et même Howard Carter, le responsable principal de la profanation, est décédé de mort naturelle à l'âge de 67 ans, soit 17 ans après la découverte du tombeau de Toutankhamon.

Le seul fait inexplicable est la mort du chien de Lord Carnarvon : au moment où son maître décédait au Caire, le chien, qui se trouvait en Angleterre, se mit à hurler, puis il s'écroula par terre, sans vie.

Pilleurs d'âmes

Dans la culture égyptienne, le tombeau était le lieu qui empêchait à l'âme de s'égarer dans l'abîme de l'obscurité éternelle. Sans parler de la forme originelle de la pyramide, qui n'a dominé qu'une brève période de l'histoire égyptienne, nous savons que les tombeaux égyptiens avaient une structure assez stéréotypée. Le corps, bâti ou naturel, était constitué d'une pente rocheuse, tandis que la crypte, destinée à abriter le corps inhumé, les bibelots et les différents instruments rituels ou nécessaires au défunt dans l'au-delà, était située au-dessous. Il y avait ensuite le lieu de culte, un espace isolé du reste où l'on recueillait les offrandes. Des statues représentant le défunt décoraient la tombe. Le tombeau était rarement familial, mais construit généralement pour une seule personne. Il était souvent situé en dehors du centre habité et, dans la Haute Égypte, à la lisière du désert, pour éviter d'occuper les terrains cultivables.

Le fabuleux mobilier funéraire de Toutankhamon nous est parvenu presque intact parce que le tombeau du jeune pharaon avait échappé au pillage. En effet, depuis toujours, les pilleurs ont constitué une menace pour le patrimoine archéologique mondial, en volant des milliers de pièces d'une grande valeur, non seulement matérielle, mais surtout historique et culturelle. Mais le dommage le plus gros est la destruction de nombreux objets et structures, qui nous a ôté, de façon

très souvent irréparable, la possibilité de connaître les caractéristiques de l'endroit pillé.
En Égypte, les profanateurs de tombeaux ont commencé à agir à l'époque même où ces sépultures avaient été bâties, peu de temps après l'enterrement des défunts, et très rares sont les cas où ces voleurs n'ont pas trouvé le moyen de s'introduire dans une tombe et de la saccager. Presque tous les tombeaux ont été saccagés par des voleurs, particulièrement aguerris et organisés pendant le Nouvel Empire : sous la XVIIIe dynastie, les pharaons étaient enterrés avec de merveilleux trésors, fruit des butins de guerre cumulés. Au cours des siècles, l'emplacement des tombeaux n'est presque jamais resté secret, ce qui explique que ces sépultures ont été depuis toujours profanées et pillées.
Un terrible sort était toutefois réservé aux pilleurs : leur crime, peu grave en soi, était en effet considéré comme une action extrêmement mauvaise, qui troublait le sommeil du défunt et altérait son existence dans l'au-delà.

Le « mystère » des momies

« Tu vivras encore et tu resteras jeune pour l'éternité » : ces mots appartiennent à l'une des nombreuses formules que les prêtres prononçaient pour redonner une nouvelle vie au défunt : après le traitement de momification, le corps était placé dans un lieu sec, à l'abri des bactéries et des insectes. En effet, le taux d'humidité en Égypte est très bas, ce qui permet d'excellents résultats dans la technique de la momification (le corps vidé était rempli avec de la paille, des essences et des sels).
L'Égypte n'est toutefois pas le seul pays à nous avoir laissé des momies. D'autres ont été retrouvées dans des pays très lointains de la terre du Nil : le corps d'un homme mort de froid il y a 5300 ans dans le glacier de Similaun a été retrouvé en Italie, et celui d'un homme mort par pendaison a été découvert dans la tourbe de Tollund, au Danemark. Plus d'un millier de momies ont également été déterrées dans un cimetière inca des Andes. Sans compter les personnages historiques, tels que Guillaume Tell ou Lénine, et les huit mille corps momifiés des catacombes du couvent des Capucins à Palerme, qui se sont conservés grâce à un processus naturel d'embaumement.
Presque paradoxalement, tout cela ne fait que rendre encore plus mystérieuse l'image de la momie. À bien y réfléchir, c'est là que le corps trouve son immortalité, surmontant les contraintes du temps et les méthodes rigides de la storiographie.
Il ne faut pas oublier que la momification est la réponse, sur le plan psychologique, à un rêve ancien : préserver le corps et « vaincre » l'aspect brutal de la mort. C'est ainsi qu'on peut expliquer le processus qui est à la base de la formation du mythe de la momie : le corps vit à nouveau, souvent assoiffé de vengeance à l'égard des vivants.

La momification : une technique extraordinaire de conservation

Le climat sec de l'Égypte et la technique soigneuse de momification, qui ont permis de préserver le corps du jeune pharaon, ont également assuré la parfaite conservation des corps d'autres pharaons égyptiens.
Le processus de momification des cadavres constitue l'un des aspects les plus mystérieux de l'ancienne Égypte. Il nous semble nécessaire de rappeler ici que, dans la culture égyptienne, la mort ne représentait pas une fin, mais un passage semé de dangers, liés surtout à la décomposition de la chair, qui provoquait la perte d'éléments fondamentaux pour la vie, pas seulement physique, de tout être humain. Pour garantir au défunt une existence dans l'au-delà, il était nécessaire de préserver son corps de la corruption, et ceci grâce à l'embaumement.
Hérodote nous décrit très clairement ce procédé complexe qui faisait partie d'un véritable rituel funéraire : « Tout d'abord, à l'aide d'un crochet en fer, ils extraient le cerveau, en passant par les fosses nasales. Ils en retirent une partie, et ils éliminent le reste avec des drogues. Ensuite, avec une pierre éthiopienne aiguisée, ils fendent le flanc, font sortir tous les intestins de l'abdomen, le lavent avec du vin de palmier, le saupoudrent de parfums broyés et finalement le recousent après l'avoir rempli de myrrhe pure concassée, de cannelle et d'autres parfums, dont l'encens seul est exclu. »
Les différents organes étaient ensuite conservés dans des vases, appelés canopes, et rangés dans la tombe. Le cadavre était alors traité au natron pour la déshydratation, traitement qui durait soixante-dix jours. Une fois l'opération de dessiccation du cadavre achevée, on procédait au bandage.
Le respect de soixante-dix jours, dans le processus de dessiccation, ne correspondait pas seulement à des raisons d'ordre technique, mais aussi à des observations astronomiques bien précises, chargées d'une signification symbolique. Il correspondait à la durée de la période qui s'écoulait entre l'apparition de Sirius (dénommée Sothis par les Égyptiens) à l'horizon et sa disparition du ciel : son absence était considérée comme une « phase d'obscurité », et son retour comme une allégorie de la résurrection. Cet événement naturel servait donc de point de repère dans la pratique de la momification qui, dans ses différentes phases, était profondément rattachée à des signes et des symboles considérés comme des instructions divines.

ZIMBABWE

LA CITÉ DE PIERRE

Environ huit mille sites archéologiques ont été découverts jusqu'ici entre les fleuves Zambèze et Orange. Celui du Zimbabwe, situé au milieu d'une grande zone verte, à 500 kilomètres environ du Zambèze, est sans doute le site le plus important et le plus admirable.
Les premières descriptions de l'immense règne du Zimbabwe, qui comptait à peu près quinze mille habitants, nous ont été transmises par les Portugais, qui débarquèrent en Afrique au XVIe siècle. Sur l'origine de cette cité gigantesque, dont il ne reste aujourd'hui que peu de traces, plane le mystère. De nombreuses hypothèses ont été formulées, mais aucune ne paraît satisfaire entièrement les archéologues.
Entièrement construite en pierre, la cité fut bâtie par les autochtones, bien avant l'arrivée des Européens et des Arabes. Le complexe domine une structure gigantesque ressemblant à une acropole, tandis qu'au-dessous on découvre un rempart de 250 mètres de circonférence, atteignant à certains endroits 10 mètres de haut.
Cette grande structure de défense fut réalisée avec des blocs de granit transformés en briques (d'une épaisseur jamais inférieure à un mètre), solidement unis les uns aux autres sans aucun liant.
Pleine de charme et de mystère, la tour conique située au milieu de la cité est une structure sans fenêtres, portes ni escaliers intérieurs. Les hypothèses les plus variées ont été avancées sur l'usage auquel elle était destinée. Certains ont pensé qu'elle avait un rôle symbolique ou qu'elle était utilisée pour des cérémonies rituelles, dont nous ne possédons toutefois aucun témoignage. De manière plus prosaïque, d'autres ont supposé qu'il s'agissait d'un dépôt de céréales, sorte de précurseur du silo. Cependant, aucune de ces hypothèses ne nous éclaire suffisamment sur la véritable destination de cette construction.

LA FORTERESSE DU ROI SALOMON

Pendant longtemps, on a cru qu'au Zimbabwe avaient été déposés les grands trésors du roi Salomon, dans un lieu inconnu de tous, qui a inspiré beaucoup de suppositions et de mythes.
Vers le milieu du XVIe siècle, João de Barros, un historien portugais, écrivait que le lieu où avaient été cachés les trésors de Salomon était dénommé *symbaoe* par les indigènes. On fit immédiatement le lien avec le Zimbabwe. Cependant, les recherches et les expéditions ne permirent de retrouver aucune trace des trésors perdus, et l'unique découverte fut celle du site historique et archéologique constitué par l'ensemble urbain de l'ancienne cité africaine.
On pense aujourd'hui que la légende sur les immenses trésors cachés est liée au rôle de grand centre d'échanges et de commerce joué par le Zimbabwe. C'est par là que passaient en effet les caravanes, et c'est là que l'on vendait et échangeait les marchandises comme l'or, ou les esclaves. Près des cités se trouvaient aussi des mines d'où l'on extrayait les minéraux précieux qui contribuèrent à accroître la richesse des habitants de cette région d'Afrique.

LE RÈGNE DU PRÊTRE JEAN

Ne pouvant pas prouver avec certitude l'existence d'un lien entre l'ancienne cité du Zimbabwe et des personnages historiques, certains chercheurs ont tenté d'établir des relations entre ce lieu mystérieux et des personnages dont l'existence n'a jamais été réellement prouvée. Un nom récurrent dans ce contexte est celui du prêtre Jean, seigneur de royaumes mystérieux, situés aux limites du monde connu. Les informations historiques que nous possédons sur lui sont très rares et surtout très contradictoires.
On sait néanmoins que le théologien Jean le Grammairien, qui fut le représentant du mouvement iconoclaste de Byzance, était surnommé « prêtre Jean » : à la fin de l'iconoclasme, il devint un per-

ARCHITECTURE ET URBANISME TRADITIONNELS

L'ensemble urbanistique du Zimbabwe présente des caractéristiques et un plan de construction typiques des villages d'Afrique méridionale, ce qui valide la thèse selon laquelle cette ville est un site typiquement africain, dont la réalisation n'a subi aucune influence extérieure.
Les rares ouvertures de l'enceinte elliptique que forment les hauts remparts nous poussent à croire qu'il s'agit d'une structure ayant une fonction de défense.

sonnage plutôt détesté, associé à l'univers de la magie et de l'hérésie.
Mais revenons à la légende. Dans l'imaginaire populaire du Moyen Âge, le prêtre Jean est un être mystérieux, doté de pouvoirs surnaturels, souverain d'un royaume extraordinaire. La légende raconte qu'en 1165, des lettres arrivèrent à l'empereur byzantin Manuel Ier, au pape Alexandre III et à Frédéric Barberousse, d'un certain Johannes Presbyter, roi-prêtre d'un royaume richissime et prospère, où vivaient des gens à la peau noire. La lettre révélait de nombreux détails du royaume fabuleux du prêtre Jean, peuplé de créatures de différentes espèces (licornes, faunes, satyres et femmes de la même espèce, pygmées, cynocéphales, géants, cyclopes et oiseau-phénix), et d'hommes qui se nourrissaient de la chair de leurs morts. Malgré les thèmes mythiques et ces descriptions impressionnantes, la lettre fut prise au sérieux et, en 1177, le pape, en accord avec Frédéric Barberousse, envoya une réponse au prêtre Jean, mais on ne sut jamais rien de l'expédition envoyée par l'ambassade : elle disparut peut-être dans le désert de l'Irak.
Personne n'est sûr non plus du témoignage livré dans le *Supplementum Chronicarum* de l'Italien Filippo Foresti (1493), selon lequel des ambassadeurs du prêtre Jean passèrent par Gênes en 1306, lors d'une mission se rendant dans le royaume d'Aragon.
Le royaume du prêtre Jean fut tantôt situé en Afrique et tantôt en Asie. Au début du XIVe siècle les missionnaires et les voyageurs mentionnaient l'existence d'un souverain africain extrêmement riche et puissant, qu'ils dénommèrent le prêtre Jean : c'est peut-être la création même de ce mythe et sa diffusion qui contribuèrent, au fur et à mesure, à son déplacement géographique.
Le prêtre Jean sortit de l'histoire aussi mystérieusement qu'il y était entré, en ne laissant que de faibles traces et une lettre que personne n'estime aujourd'hui authentique. Au Zimbabwe, on ne peut admirer que les vestiges d'une grande cité bien organisée que certains croient être le siège de son royaume. Un royaume sans nom, bâti avec maîtrise et riche d'énigmes restées sans réponse.

Le prêtre Jean dans une gravure du XVIIIe siècle

Le prêtre Jean et Marco Polo

Dans Le Livre des merveilles, *Marco Polo raconte que Gengis Khan demanda au prêtre Jean la main de sa fille, mais que celui-ci la lui refusa. Ce refus fut l'étincelle qui déclencha une guerre. Avant de rencontrer l'ennemi, Gengis Khan « fait venir devant lui des astrologues qui étaient chrétiens et sarrasins et leur ordonne qu'ils sussent dire qui allait gagner la bataille […]. Les chrétiens eurent immédiatement devant eux un grand roseau vert, le tranchant par moitié dans la longueur et puis en mirent une partie du côté de Cinghis et l'autre du côté du prêtre Jean, pas bien loin l'une de l'autre à terre […]. Sur une partie du roseau ils écrivirent le nom de Cinghis Can et sur l'autre le nom du prêtre Jean, et dirent à Cinghis Can : " […] ces deux roseaux vont venir l'un sur l'autre ; et celui dont le roseau viendra sur l'autre assurément gagnera la bataille." Cinghis Can dit qu'il voudrait bien voir cela et dit aux astrologues chrétiens qu'ils le lui montrent aussitôt que pourront. Les astrologues chrétiens prirent leur psautier, lurent certains psaumes, puis firent leurs enchantements, et alors les parties du roseau s'agitèrent, il sembla que l'une se hissait sur l'autre, et enfin, sans que nul la touchât, celle où était le nom de Cinghis Can monta sur celle de prêtre Jean […]. Et quand Cinghis Can et ses gens virent cela, ils en eurent grande joie […] puisque se voyaient sûrs de la future victoire. Et comme ils trouvent les chrétiens dans le vrai, toujours par la suite il leur fit grand honneur. » Les pronostics se révélèrent exacts et les deux hommes s'affrontèrent dans une grande bataille. Marco Polo raconte à ce sujet que « Cinghis Can gagna la bataille et Uncan, le prêtre Jean, fut occis en cette bataille et de ce jour en avant perdit sa terre ». (Marco Polo, « Le Divisement du monde »,* Le Livre des merveilles, *Phébus, 1996.)*

AMÉRIQUE

1. Bermudes
2. Île de Pâques
3. Little Big Horn
4. Lieux sacrés des natifs
5. Grand Serpent
6. Machu Picchu
7. Nazca
8. Palenque
9. Pueblos
10. Tenochtitlán
11. Teotihuacán
12. Tikal

1
2
3
4
5
6
7
8
9
10
11
12

L'ATLANTIQUE : LES BERMUDES ET L'ATLANTIDE

LES BERMUDES : LES DISPARITIONS MYSTÉRIEUSES DANS LE TRIANGLE MAUDIT

De tous les lieux énigmatiques, ce coin d'océan qui a fait tant discuter et qui a stimulé l'imagination de tant de narrateurs est le plus mystérieux. Il s'agit, bien sûr, du triangle des Bermudes, appelé également « triangle du diable », une zone géographique délimitée à l'ouest par la côte américaine qui s'étend de Wilmington à l'extrémité de la Floride, au nord par les Bermudes et au sud par les Bahamas : un groupe d'îles, traversé par le tropique du Cancer, qui s'étend un peu plus au nord de Cuba et de Haïti.

À partir de la fin du XIXe siècle, le triangle des Bermudes a été le théâtre d'une série de phénomènes inquiétants, restés inexpliqués. On pense que cette portion d'océan abrite quelque chose d'inconnu et de terrifiant, responsable de la disparition de nombreux navires et avions, ainsi que de centaines de personnes.

Le premier événement étrange remonte à 1840 (mais il est possible que d'autres phénomènes se soient vérifiés bien avant cette date) : le navire français *Rosalie*, en route pour La Havane, fut retrouvé dans le triangle sans son équipage : le seul survivant était un canari qui chantait joyeusement dans sa petite cage.

En 1880, le navire-école *Atlanta* quitta les Bermudes avec un équipage de trois cents hommes et disparut presque tout de suite après, sans laisser de traces.

En 1902, c'est le tour du *Freya*, un trois-mâts allemand qui avait largué les amarres à Cuba pour se diriger vers le Chili. Lorsqu'il fut retrouvé, ses mâts étaient cassés, l'équipage avait disparu, mais tout le reste était intact, y compris sa précieuse cargaison.

En 1938, on perd la trace d'un navire avec trois cents personnes à bord, et sept ans plus tard celle du cargo *Colopaxi*, qui se dirigeait vers Norfolk.

À partir de 1944, ces phénomènes se font plus fréquents, mais les disparitions sont attribuées aux actions belliqueuses menées durant la guerre qui bouleversait à cette époque la vie de nombreux pays. Cependant, cette même année, cinq bombardiers américains appartenant à une escadrille de sept avions disparaissent au-dessus du triangle : les membres de l'équipage des deux avions rescapés racontèrent que leurs camarades avaient mystérieusement disparu, après qu'une force inconnue avait fait cahoter leurs appareils.

Depuis la fin de la Seconde Guerre mondiale, de nombreux avions et navires ont disparu dans le triangle des Bermudes. Sur la liste figurent toutes sortes de moyens de transport, dont le *Marine Sulphur* : en 1963, après avoir levé l'ancre à Norfolk, ce grand pétrolier disparaît à jamais dans l'océan.

AUCUNE TRACE

On sait qu'un naufrage laisse toujours des traces dans la mer : des morceaux du navire ou, le plus souvent, des parties de sa cargaison ou d'autres objets. Dans le triangle des Bermudes, aucune trace de ce type n'a jamais été retrouvée, et c'est cette particularité qui rend mystérieux les nombreux naufrages enregistrés dans cette région.

Le 5 décembre 1945, en début d'après-midi, quatre Avenger TBM décollent de Fort Lauderdale, en Floride, pour un vol d'entraînement. À quinze heures et quarante-cinq minutes, la tour de contrôle de la base reçoit un message du chef d'escadrille : « Nous sommes perdus. Aucune terre en vue... Les instruments ne répondent plus... ». De Fort Lauderdale, ils reçoivent l'ordre de se diriger vers l'est, mais les quatre appareils envoient un message bouleversant : « Impossible de savoir où est l'est. Tout est étrange. Même l'océan a l'air

LA MER DU DIABLE

Même si son mystère est plus récent que celui du triangle des Bermudes, le Devil's Sea (mer du Diable), qui se trouve au sud du Japon et à l'est des îles Bonin et Iwo Jima, n'est pas avare en disparitions mystérieuses.
De 1949 à 1954, neuf bateaux et deux cents personnes ont disparu à cet endroit. Les causes de ces drames restent également inexpliquées et le voile inquiétant du mystère est tombé aussi sur la mer du Diable.

bizarre. Nous ne savons quelle est notre position. On a l'impression... ». Puis, silence radio. On ne reverra plus l'escadrille. Malgré les longues recherches effectuées, on ne parvint à retrouver aucune trace des appareils, et cet événement aussi fut classé comme la énième disparition causée par les phénomènes étranges du « triangle du diable ».
Parmi les disparitions inexpliquées d'équipages de navire, celle de la *Mary Celeste* occupe une place particulière : autour de son histoire, des légendes et des croyances n'ont cessé de fleurir. Le 5 novembre 1872, le navire quitte le port de New York avec un chargement d'alcool, à destination de Gênes. Le 5 décembre, entre les Açores et la côte portugaise, la frégate britannique *Dei Gratia* remarque un navire qui navigue bizarrement. Intrigué, le capitaine de la frégate décide d'aller jeter un coup d'œil à bord du *Mary Celeste* et découvre que l'équipage a disparu. La dernière mention du journal de bord, écrite quinze jours auparavant, semble confirmer que, jusqu'à ce moment-là, tout se passait bien. Sur le bateau, tout était en ordre, mais toute trace de vie avait disparu.
Toutefois, lorsque des experts examinent le navire, ils découvrent que la coque a été endommagée par un objet tranchant. De plus, certaines parties du bateau présentent des taches sombres, qui se révéleront être des taches de sang. Néanmoins, ces quelques indices n'aident pas à faire la lumière sur le mystère de la *Mary Celeste*, dont le secret est pour toujours enfoui dans les abysses de la mer.

L'Atlantide fait son apparition

Pour tous ceux qui croient à l'authenticité des phénomènes mystérieux du triangle des Bermudes, ces événements inexplicables sont provoqués par la présence de vestiges singuliers dans la mer de Bimini, provenant de la mythique Atlantide.
Selon cette théorie, le phénomène est lié aux structures mégalithiques submergées (gros blocs de pierre placés à 6 mètres environ au-dessous de la mer, sur une surface de 600 mètres), situées entre l'archipel des Caraïbes et les côtes de la Floride.
Mais tous les passionnés n'expriment pas la même opinion sur la nature de ces blocs de pierre, qui sont pour certains des structures réalisées par l'homme. Plus prudents, les archéologues affirment qu'il s'agit de structures naturelles, formées à la suite de bouleversements géologiques extraordinaires, causés par des séismes ou des raz de marée.

L'ATLANTIDE, LE CONTINENT PERDU

Dans le *Timée* et dans le *Critias*, Platon nous raconte que ce royaume extraordinaire se situe au-delà des Colonnes d'Hercule. Toutefois, la lecture de ces textes ne nous permet pas de sortir du domaine des conjectures et des théories. C'est en se basant sur des hypothèses que les chercheurs ont suggéré qu'Atlantide se trouvait dans l'archipel volcanique de Santorin, dans la mer Égée.
Le *Critias* de Platon nous apprend que cette terre comprenait deux continents entourés d'un seul océan, et qu'Atlantide était située en face du détroit de Gibraltar. On peut raisonnablement supposer que ce continent était formé d'un archipel, et que l'une de ses îles était le siège de la capitale de l'empire, une grande cité protégée par des remparts et entourée de canaux. Lorsque les dieux se partagèrent le monde, cet archipel fut attribué à Poséidon, seigneur des mers. Sur l'île principale vivait un homme, Éveneor, avec sa femme Leucippe et sa fille Cito, dont Poséidon s'éprit éperdument. À la mort d'Éveneor, le dieu épousa Cito, et de leur union naquirent de nombreux enfants, qui peuplèrent l'île.
Dans le *Timée*, nous apprenons, en revanche, que Poséidon avait fait construire un canal très profond, de 10 kilomètres de long, pour défendre cette région. De ce canal, on accédait à un autre canal interne qui tenait lieu de port, où même les gros navires pouvaient mouiller. Grâce à des écluses, on pouvait traverser les deux enceintes de terre qui entouraient la citadelle. La ville était protégée par un mur en orichalque – qui signifie « cuivre de la montagne », du grec *oréichalkos*, formé de *oros* « montagne » et *chalkos* « cuivre » – mesurant 70 kilomètres de diamètre. Au milieu s'élevait un grand temple, recouvert d'or, dédié à Poséidon et Cito. Le temple, long de 200 mètres et large de 50, avait les murs recouverts d'argent et le toit d'or. Une statue de Poséidon en or massif trônait au milieu, et d'autres statues en or et en argent étaient disposées tout autour, faisant de ce temple un lieu d'une étonnante beauté, où le sacré et le luxe se mêlaient dans une parfaite harmonie.
La nature aussi avait été généreuse avec Atlantide : des eaux fraîches et pures jaillissaient à plusieurs endroits de l'île, qui était riche en fruits, animaux et bois. Platon raconte que sur l'île poussait un fruit étrange, très bon, et utilisé comme remède contre toutes les maladies.
Le peuple était heureux : il n'y avait pas de corruption, tous les habitants vivaient en paix et les rapports

L'avis des scientifiques

Les scientifiques qui ont étudié les cas des disparitions d'avions et de navires dans le triangle des Bermudes affirment qu'on peut donner à ces événements une explication rationnelle. Selon eux, les affaires non résolues sont celles sur lesquelles nous ne possédons pas d'informations suffisantes, et, toujours d'après eux, toutes les disparitions n'ont pas eu lieu à l'intérieur du célèbre triangle. De plus, les accidents se sont vérifiés sous des conditions météorologiques extrêmement mauvaises, et certains d'entre eux ne sont que des légendes et des reconstitutions extravagantes.

Reconstitution du plan de la cité mythique d'Atlantide (illustration de Delek Chokjin et Stefania Binaghi)

1. Hippodromes
2. Gymnasium et casernes
3. Forteresse, palais royal et temple de Poséidon
4. Ports intermédiaires
5. Port intérieur
6. Ports extérieurs
7. Tours de guet
8. Maisons et quartiers des marchands

humains étaient loyaux. Cette merveilleuse harmonie fut détruite lorsque les « dieux atlantes » entrèrent en contact avec les habitants d'autres terres. La nature divine des habitants d'Atlantide fut corrompue par le contact avec les mortels, leur tempérament devint de plus en plus violent, et ils devinrent assoiffés de conquêtes et de biens terrestres.
La disparition de l'île fut peut-être déterminée par la colère de Zeus qui, d'après le récit de Platon, provoqua des tremblements de terre terrifiants et des pluies torrentielles, qui durèrent un jour et une nuit. Tous les habitants périrent et le grand empire d'Atlantide sombra pour toujours dans les eaux de l'océan.

L'Atlantide dans le Timée

Dans le Timée, Critias parle d'Atlantide en rapportant les faits racontés à Solon par un prêtre égyptien : « Nos livres racontent comment Athènes détruisit une puissante armée qui, partie de l'océan Atlantique, envahissait insolemment l'Europe et l'Asie. Car, alors, on pouvait traverser cet océan. Il s'y trouvait en effet une île, située en face du détroit que vous appelez dans votre langue les Colonnes d'Hercule. Cette île était plus grande que la Libye et l'Asie réunies ; les navigateurs passaient de là sur les autres îles, et de celles-ci sur le continent qui borde cette mer vraiment digne de ce nom. Car pour tout ce qui est en deçà du détroit dont nous avons parlé, cela ressemble à un port dont l'entrée est étroite, tandis que le reste est une véritable mer, de même que la terre qui l'entoure a tous les titres à être appelée continent. Or, dans cette île Atlantide, des rois avaient formé une grande et merveilleuse puissance qui dominait l'île entière, beaucoup d'autres îles, et même plusieurs parties du continent. De plus, dans nos contrées, en deçà du détroit, ils étaient maîtres de la Libye jusqu'à l'Égypte, et de l'Europe jusqu'à la Tyrrhénie. Eh bien, cette vaste puissance, réunissant toutes ses forces, entreprit un jour d'asservir d'un seul coup notre pays, le vôtre, et tous les peuples situés de ce côté du détroit. C'est dans ces conjonctures, ô Solon, que votre ville fit éclater à tous les regards son courage et sa puissance. Elle l'emportait sur tous les peuples voisins par sa magnanimité et son habileté dans les arts de la guerre : à la tête des Grecs, d'abord, puis seule, par la défection de ses alliés, elle brava les plus grands dangers, triompha des envahisseurs, dressa des trophées, préserva de l'esclavage les peuples qui n'étaient pas encore asservis et, pour les autres, situés, ainsi que nous, en deçà des Colonnes d'Hercule, les rendit absolument tous à la liberté. Mais, dans les temps qui suivirent, eurent lieu de grands tremblements de terre, des inondations et, en un seul jour, en une seule nuit fatale, tout ce qu'il y avait de guerriers chez vous fut englouti à la fois dans la terre entrouverte, et l'île Atlantide disparut sous la mer. C'est pourquoi aujourd'hui encore on ne peut ni parcourir ni explorer cette mer, la navigation trouvant un insurmontable obstacle dans la quantité de vase que l'île a déposée en s'abîmant. »

L'ÎLE DE PÂQUES

LE MYSTÈRE DES PREMIERS HABITANTS

À 3747 kilomètres de la côte sud-américaine et à 4500 kilomètres de Tahiti, on rencontre Rapa Nui (« grand rocher ») ou Te-Pito-O-Te-Henu'a (« nombril du monde »), une petite île de 24 kilomètres sur 16 en pierre volcanique, mieux connue comme île de Pâques, que le mystère a transformée en un haut lieu du mythe, un lieu où l'Histoire et la légende se confondent sans cesse.
C'est un amiral hollandais, Jacob Roggeveen, qui la rebaptisa avec ce nom occidental, lorsqu'il débarqua sur l'île un samedi saint de 1722. Jusqu'alors, la terre des grands visages en pierre était restée enfermée dans son impénétrable secret.
Sur l'île, l'amiral hollandais fut frappé par la présence de centaines de statues gigantesques : le regard dirigé vers l'intérieur de l'île, elles tournaient le dos à l'océan, et certaines étaient surmontées d'un couvre-chef rouge. Les habitants de l'île étaient les derniers descendants des sculpteurs de statues, et probablement les seuls dépositaires des raisons qui avaient poussé leurs prédécesseurs à réaliser un tel travail.
Cinquante ans après Roggeveen, James Cook essaya de percer ce secret. Avec l'aide de quelques interprètes polynésiens, le grand navigateur apprit que les indigènes se reconnaissaient comme les descendants des auteurs des grandes statues, réalisées vingt-deux générations plus tôt.
Selon la tradition locale, quelques courageux Maoris, guidés par le roi Hotu-Matu'a, avaient atteint l'île après avoir voyagé en direction du « soleil levant » ; ils étaient partis de Marae Renga, une localité mystérieuse, peut-être l'une des îles Marquises. Après un long voyage en pirogue (presque 4 000 kilomètres !) Hotu-Matu'a avait débarqué sur la plage au moment même où sa femme mettait au monde un fils : un signe divin que le roi interpréta comme un symbole de bon augure. Les navigateurs avaient amené avec eux de nombreuses espèces d'animaux. Malheureusement, elles étaient presque toutes mortes pendant le voyage – à l'exception des poules et des rats. Les Maoris avaient toutefois réussi à sauver de la fureur des flots de l'océan quelques arbres de leur terre d'origine – dont la canne à sucre et les bananes – qui se répandirent vite sur l'île. Leurs premiers abris furent des barques renversées, trouvaille adoptée comme modèle architectural par les générations futures : pendant longtemps les habitations seront en effet construites en forme d'embarcation. Quelle que soit l'origine des habitants de cette île splendide, et au-delà de toute reconstitution mythique, les archéologues affirment que les grandes statues ont été réalisées à partir du ve siècle : un travail de grande maîtrise qui allait se perpétuer pendant un long moment.

LE CULTE DES OISEAUX

Vers le xve siècle s'affirma dans l'île de Pâques le culte de la divinité Makemake, homme-oiseau représenté sur de nombreuses gravures rupestres et à travers des statues.
Orongo et la petite île de Motu Nui étaient les deux centres du culte. Tous les ans, les indigènes se disputaient, dans une compétition, la possession du premier œuf pondu par la perdrix noire sur l'île de Motu Nui. Selon

Les témoignages sur les habitants de l'île

Le mystère des habitants de Rapa Nui reste encore de nos jours irrésolu. Dans son essai, Paul Hermann écrivait que les premiers Européens qui explorèrent l'île de Pâques y rencontrèrent des individus presque blancs. Bon nombre des hommes étaient barbus (la barbe est inconnue dans les mers du Sud, ainsi que chez les Amérindiens). Toujours selon le récit de Paul Hermann, la population racontait que « certains de leurs descendants étaient blancs et d'autres avaient la peau sombre ».
Le navigateur et archéologue norvégien Thor Heyerdahl, qui soutenait l'origine pré-incaïque des habitants de l'île de Pâques, raconte aussi qu'« à son arrivée, Roggeveen reçut la visite à bord de son bateau d'hommes grands et bien bâtis, probablement des Polynésiens à la peau claire. Ce peuple ne paraissait toutefois pas de race pure, car parmi eux, il y avait des individus à la peau sombre et d'autres blancs comme des Européens. »
Ce phénomène singulier fut signalé dans les chroniques des navigateurs et des missionnaires, et on lit souvent dans ces témoignages que « beaucoup d'ancêtres avaient la peau blanche, les cheveux roux et les yeux bleus ».

Alfred Métraux (*L'île de Pâques*), cet œuf, objet fondamental des rites, déchaînait des passions violentes. L'œuf était l'incarnation du dieu Makemake et l'expression visible de forces religieuses et sociales puissantes. Celui qui sortait vainqueur de la compétition gagnait la faveur des dieux et la reconnaissance du pouvoir politique.

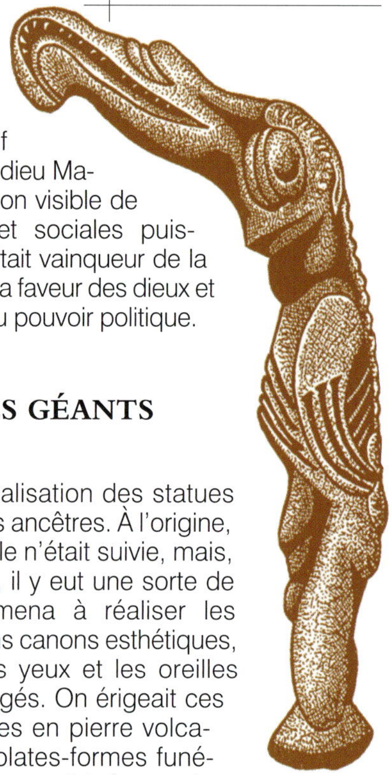

Le dieu Makemake, homme-oiseau

LE SECRET DES GÉANTS DE PIERRE

On pense que la réalisation des statues était liée au culte des ancêtres. À l'origine, aucune règle formelle n'était suivie, mais, à partir du XIe siècle, il y eut une sorte de formalisation qui mena à réaliser les images selon certains canons esthétiques, tels que les grands yeux et les oreilles avec les lobes allongés. On érigeait ces gigantesques statues en pierre volcanique sur les *ahu* (plates-formes funéraires), avec le visage dirigé vers les maisons et les champs du clan qui les avait construites. Les statues sont aujourd'hui au nombre de six cents. Certaines ont conservé leur position primitive, d'autres sont tombées et d'autres encore n'ont jamais été achevées. Elles mesurent généralement entre 4 et 5 mètres de haut, mais certaines atteignent les 9 mètres.

Les scientifiques pensent aujourd'hui que la réalisation de ces énormes sculptures, appelées Moaïs, est liée au culte des ancêtres ; néanmoins, des flots d'encre ont coulé pour essayer de relier la présence de ces structures énigmatiques à la disparition de continents ou à l'arrivée de visiteurs extraterrestres. Quelques-unes de ces interprétations ont été suggérées par l'aspect singulier des Maoïs, notamment par leurs longues oreilles qui indiqueraient, d'après certains, que les sujets représentés appartenaient à une civilisation très différente de la civilisation polynésienne.

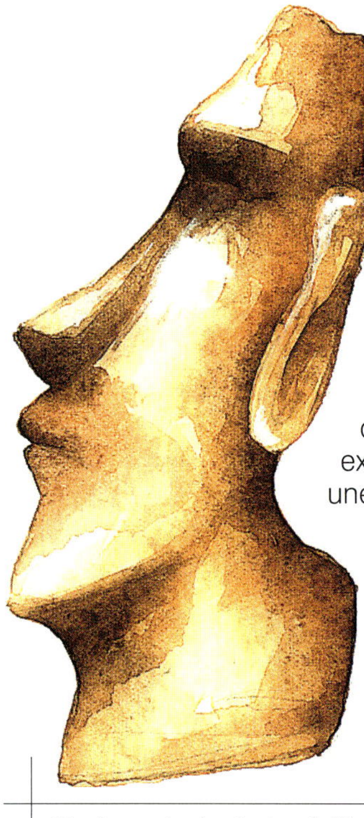

Une des grandes têtes de pierre de l'île de Pâques (dessin Michela Ameli)

L'île recèle les vestiges mégalithiques des premières civilisations pascuannes
© Biosphoto / Michael De Freitas / Visual and Written

LA FIN D'UNE CIVILISATION

Vers le XVe siècle, l'île de Pâques est bouleversée par une grande guerre interne, probablement causée par l'arrivée de nouvelles populations. De plus, suite à la destruction incontrôlée des arbres, la végétation commence à se faire rare, et la terre devient de plus en plus aride. Ainsi, peu à peu, la mort et la désolation règnent sur l'île.
Les géants en pierre, symbole de la force des ancêtres, probablement le peuple fondateur de l'île, sont ainsi abattus par des populations nouvelles, sur lesquelles nous ne possédons aucune information. Dans les mythes indigènes, on les décrit comme des populations « aux courtes oreilles ».

Mais ces populations n'eurent pas un avenir plus radieux, et vers la moitié du XIXe siècle, l'île de Pâques n'était plus peuplée que par quelques centaines de personnes. L'annexion au Chili assura leur survie et le maintien du menu fil qui les liait à l'un des mystères les plus fascinants de la planète.

La disparition de l'île de Pâques

L'été 1928, un navire anglais de croisière navigue près de l'île de Pâques, destination convoitée par de nombreux touristes désireux de voir les Moaïs, chefs-d'œuvre d'art et symboles d'une religion archaïque. Après avoir effectué les relevés de routine, le capitaine et les officiers remarquent un fait extraordinaire : l'île a disparu.
Immédiatement, un navire quitte Valparaiso pour enquêter sur cet étrange phénomène. Très bizarrement, quand il arrive sur place, l'île a réapparu. S'agissait-il d'une erreur d'évaluation des officiers anglais, ou d'un phénomène surnaturel ? Le mystère reste encore aujourd'hui inexplicable.

LITTLE BIG HORN

LA DESTRUCTION D'UNE CULTURE

Les Indiens d'Amérique, appelés plus correctement « natifs américains », entrèrent dans l'Histoire lorsque Christophe Colomb découvrit, en 1492, le continent qu'il appela à tort les Indes. Ces populations, qui comptaient à l'époque environ 22 millions d'individus, descendaient de différentes ethnies de race mongolienne qui avaient atteint l'Alaska en traversant la Sibérie et le détroit de Béring. Elles se répandirent peu à peu sur le continent, descendant jusqu'à la Terre de Feu.
Pour les populations autochtones, la rencontre avec les Blancs fut une sorte de « saut dans l'inconnu ». Ils durent se confronter d'abord aux missionnaires qui, venus avec Christophe Colomb lors de son deuxième voyage, tentèrent de les convertir « pacifiquement ».
Puis, ce fut le tour des conquistadors qui, en 40 ans d'exploration et d'oppression, détruisirent l'équilibre fragile de l'Amérique centrale et méridionale. La rupture de cet équilibre eut pour effet de corrompre les cultures autochtones, déclenchant des guerres sanglantes, d'où les Indiens sortirent fortement éprouvés.
En 1830, les États-Unis décidèrent de rendre certains territoires aux Indiens qui avaient été éloignés de leur région d'origine. Cependant, ces nouveaux espaces furent au fur et à mesure réduits sous l'influence de la pression exercée par les colonisateurs blancs.
Aujourd'hui, il existe aux États-Unis et au Canada 2 500 réserves, et 381 des 600 nations « natives » ont été reconnues, où l'on parle environ 150 langues.

LES FANTÔMES DU FLEUVE

Le 25 juin 1876, les tuniques bleues commandées par le général George Armstrong Custer subirent une terrible défaite près de la rivière Little Big Horn. Par son ampleur et son retentissement, cet événement sanglant entra dans la légende. Aujourd'hui encore, non seulement les historiens, mais aussi un grand nombre de passionnés s'interrogent sur ce terrible massacre, et des gens de toutes nationalités et cultures viennent visiter chaque année cette bande de terre, à la recherche d'un « indice » capable d'expliquer le mythe de la grande bataille.
Ce sont surtout la littérature et le cinéma qui ont contribué à faire entrer dans la légende l'un des épisodes les plus dramatiques et sanglants de l'époque de la conquête de l'Ouest.
Les seuls témoignages que nous possédons sur le déroulement de la bataille qui opposa les Indiens Lakota Sioux et Cheyennes au régiment de la 7e cavalerie des États-Unis nous ont été livrés par les guerriers natifs.
Aucun soldat du régiment ne sortit vivant de cette région reculée du Montana.
Nous savons aujourd'hui qu'en longeant la rivière Rosebud, les soldats de l'armée américaine relevèrent des empreintes fraîches indiquant le passage récent de nombreux Peaux-Rouges. Ayant localisé les Indiens, la 7e cavalerie se divisa alors en trois groupes, dont l'un, composé de 210 hommes, était commandé par le général Custer, bien connu par les Indiens qui l'avaient surnommé « Celui aux Longs Cheveux ».
Le général, croyant pouvoir encercler les Indiens et s'assurer une victoire rapide, organisa une offensive. Ce fut une très grave erreur, car le groupe d'assaut se trouva en infériorité numérique face aux Sioux : 2 500 guerriers commandés par Sitting Bull et Crazy Horse étaient en effet cachés parmi les tentes du village.
Le régiment de l'armée américaine fut anéanti en peu de temps, et Custer lui-même fut tué par « Taureau Blanc », le petit-fils de Sitting Bull, après un rude corps-à-corps. Seul un cheval sortit indemne de cette stupéfiante tuerie.

La Danse des Esprits

C'est à partir de 1870 que la célèbre Danse des Esprits (Ghost Dance, en anglais) fit son apparition parmi les natifs d'Amérique du Nord.
Le prophète indien Wovoka, connu également sous le nom de Jack Wilson, avait fait un rêve : il voyageait dans le monde céleste et il reçut des dieux l'ordre de retourner sur terre pour prêcher et répandre, parmi ses frères, ce message : « Vous exécuterez cette danse pendant cinq jours. Dansez quatre nuits de suite, et la dernière nuit dansez jusqu'au matin du jour suivant. Puis, vous vous baignerez dans la rivière et vous rentrerez chez vous. »
La danse, à caractère extatique, était menée par un maître qui tenait dans ses mains une plume d'aigle et un petit drap. Lorsque les danseurs tombaient en transe, on disait qu'ils dialoguaient avec les esprits et qu'ils recevaient des ordres et des enseignements.
Les adeptes croyaient que Wovoka était le fils des dieux, envoyé sur terre pour punir les Blancs et rétablir la domination indienne sur les territoires.
Certains danseurs portaient des vêtements que l'on croyait impénétrables aux balles ; d'autres affirmaient que les bisons tués auraient aussi ressuscité avec les ancêtres. La résurrection de ses morts aurait assuré au peuple indien la supériorité numérique sur les Blancs et, grâce à cette nouvelle force, les Indiens auraient pu vaincre la domination impérialiste.
Ce nouveau rituel, prônant la destruction des Blancs et le retour aux traditions indiennes, inquiéta le gouvernement américain qui, au début, interdit la Ghost Dance Religion. Mais l'interdiction fut ignorée et les autorités décidèrent d'envoyer des troupes qui, le 28 décembre 1890, massacrèrent un grand nombre de Sioux dans la bataille de Wounded Knee (où mourut également le légendaire Sitting Bull).
Dès lors, la Danse des Esprits ne fut plus qu'un souvenir d'une tradition perdue à jamais, expression de la spiritualité et de la volonté de revanche des natifs américains.

LES LIEUX SACRÉS DES NATIFS

LE MYSTÈRE DES GRANDS TERTRES TUMULAIRES

« Pour autant qu'on sache, il n'existe pas de monuments indiens, à l'exception des tertres tumulaires découverts un peu partout dans le pays [...]. Ils sont de dimensions différentes, certains en terre, d'autres en pierre. Il est évident qu'ils étaient destinés à abriter les corps des morts, mais on sait très peu de choses sur les circonstances exactes de leur construction ». Cette affirmation péremptoire est du président des États-Unis Thomas Jefferson, qui rédigea, en 1776, la Déclaration d'indépendance américaine.

En réalité, les grands tertres tumulaires, présents entre la région des Grands Lacs et le golfe du Mexique, sont très nombreux (environ cent mille). Ils témoignent de l'existence, chez les natifs américains, de pratiques similaires à celles des populations néolithiques européennes. Jefferson lui-même suggéra que ces réalisations singulières avaient été construites par des populations originaires du continent européen, arrivées en Amérique par « un passage situé au nord ». Quelques centaines d'années plus tard, cette thèse fut confirmée par les recherches menées par des géologues et des archéologues, qui découvrirent l'existence d'une « liaison », à travers le détroit de Béring (à une époque où il n'était pas encore submergé).

C'est dans la région située entre les rivières de l'Ohio et du Mississippi que l'on a repéré le plus grand nombre de tertres tumulaires. Ces tumuli ne se distinguent pas par leur contenu, car la plupart n'abritaient ni mobilier funéraire ni trésors, mais par une caractéristique singulière : lorsqu'on les observe d'une certaine hauteur, ils présentent une forme particulière, notamment d'animal. Cette caractéristique intrigante les rapproche des « tracés » de Nazca et des « géants » préhistoriques qui ornent les collines anglaises.

Géoglyphes de Nazca représentant le singe Ica © Biosphoto / Emmanuel Lattes

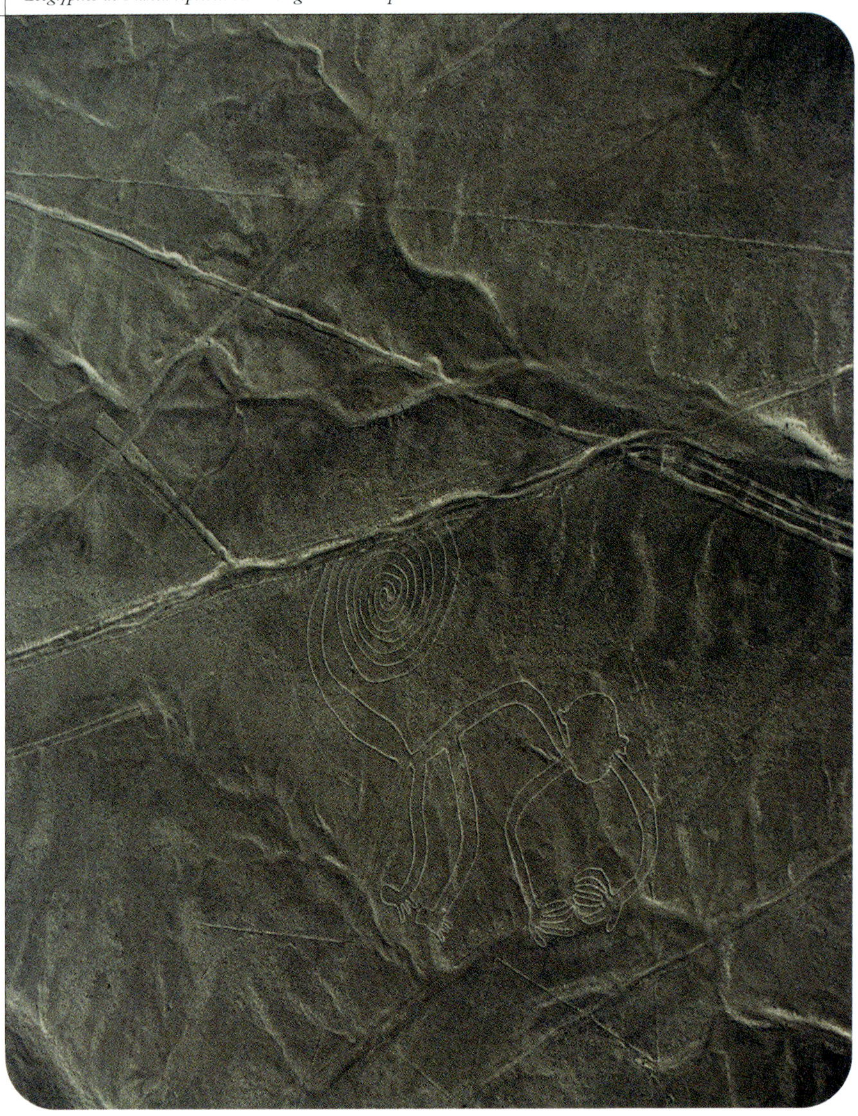

UNE NAZCA NORD-AMÉRICAINE

En parcourant la Californie, on est surpris par un endroit – situé à 4 000 milles au nord du désert de Nazca – qui présente d'étonnantes ressemblances avec le

Symboles des natifs américains

célèbre site du Pérou. Dans cette région aussi, on peut admirer plus de deux cents géoglyphes représentant des figures humaines et des animaux, ainsi qu'un grand nombre de dessins abstraits. Ces œuvres, attribuées à des populations qui vécurent dans la région vers 1000 av. J.-C., s'étendent sur 240 kilomètres et ne sont visibles que d'en haut.
Les figures humaines sont gigantesques (elles peuvent dépasser 30 mètres), et on aperçoit également un labyrinthe de 750 m², à l'est de Needles.
Comme pour Nazca, les hypothèses les plus variées ont été avancées pour tenter d'expliquer la fonction de ces géoglyphes. Même les esprits les plus rationnels ne peuvent cacher leur stupeur et avouent leur incapacité à fournir une explication exacte sur les méthodes de réalisation de ces œuvres, et à comprendre par qui elles pouvaient être observées.

LE SECRET DU GRAND SERPENT

La plupart des nombreux sites sacrés des natifs américains ont disparu, et seuls quelques-uns ont résisté à la négligence des hommes, aux assauts du temps et à la voracité des pelleteuses. En Nouvelle-Angleterre, on peut encore observer des monolithes, généralement situés à proximité de lieux considérés comme naturellement sacrés, tels que les rivières ou les endroits élevés, naturels ou artificiels.
De même, près des sources du Little Arkansas River, on peut découvrir le tumulus du Serpent de Lynos, gravé dans la roche d'un promontoire du Kansas. On pense que ce tertre tumulaire, long de 50 mètres environ, est dédié aux dieux du ciel. Cependant, le tertre tumulaire le plus étudié et célébré est celui du Grand Serpent, à Adams County, dans l'Ohio. La structure, composée d'un terre-plein, dont la hauteur maximale dépasse rarement un mètre, serpente sur une longueur de 400 mètres, évoquant l'allure typique d'un reptile. Vue d'en haut, cette œuvre frappe par son originalité, et l'on est encore davantage émerveillé lorsqu'on apprend qu'elle a été réalisée au Ier siècle av. J.-C.

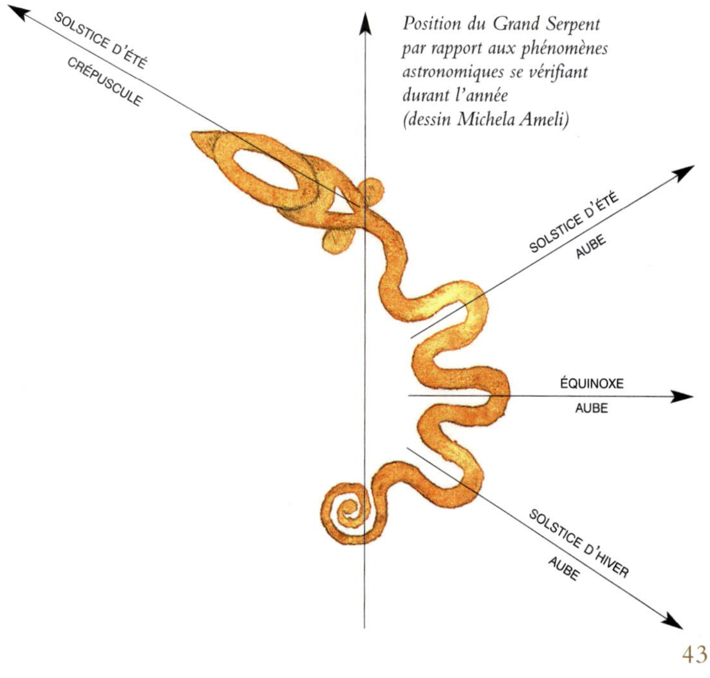

Position du Grand Serpent par rapport aux phénomènes astronomiques se vérifiant durant l'année (dessin Michela Ameli)

Le calumet, pipe sacrée

Chez les Indiens d'Amérique, la pipe était un objet particulièrement utilisé dans les cérémonies destinées à officialiser un événement (invocation des esprits pour la guerre, la paix, la pluie ou la chasse) ou sanctionner un moment important pour la tribu. Le tuyau était en bois, tandis que le fourneau pouvait être réalisé avec des matériaux différents (généralement en argile) : la réalisation du calumet était accompagnée de rituels spécifiques, qui avaient pour fonction de le rendre sacré pour l'éternité.

Dans ce cas aussi, les interprétations sont nombreuses. Les archéologues sont toutefois convaincus qu'il s'agit d'une construction symbolique rattachée à la fertilité, représentée dans la culture amérindienne par le serpent. En revanche, certains archéo-astronomes pensent aujourd'hui que la structure articulée du Grand Serpent est une sorte de carte astronomique, mais on n'en connaît pas bien l'utilisation pratique. On pense également que le Grand Serpent a été réalisé par les Adena, une population probablement originaire d'Amérique centrale, qui utilisèrent les tumuli comme lieux de sépulture. L'équipement funéraire retrouvé à l'intérieur comprend souvent la pipe sacrée.

Les Adena

Cette population mystérieuse, à laquelle les archéologues attribuent la réalisation du Grand Serpent, était probablement d'origine méso-américaine. Nous possédons très peu d'informations sur les Adena, mais nous savons qu'ils furent les premiers à cultiver le maïs en Amérique, et qu'ils s'étaient installés dans la vallée du fleuve Ohio. On sait aussi qu'ils avaient l'habitude d'enterrer leurs morts avec un petit équipement funéraire. Les tombeaux retrouvés sont nombreux et remontent au milieu du premier millénaire av. J.-C. L'examen de restes humains nous apprend que les Adena pratiquaient la déformation du crâne, mais les raisons de cette coutume restent inconnues.

DES LIEUX OÙ L'ON COMMUNIQUE AVEC LES ESPRITS

Dans les montagnes du Big Horn, à 3 000 mètres d'altitude, se trouve la Big Horn Medicine Wheel, une grande roue d'un diamètre de 30 mètres, au centre de laquelle s'élève un tumulus de 60 mètres de haut et de 3,5 mètres de large. Vingt-huit rayons en pierres s'irradient du tumulus, et chacun d'eux est entouré d'un cercle de pierres plus petites. La fonction de cette structure demeure mystérieuse : les spécialistes pensent qu'elle était utilisée dans des rites rattachés à la nature, mais on suppose également qu'elle était un instrument d'observation astronomique.
La même hypothèse a été avancée pour le célèbre « Géant de Penokee », une figure humaine réalisée avec des pierres formant une silhouette visible seulement en survol.
Certains spécialistes affirment que, dans le passé, cette statue était alignée sur la constellation d'Orion. Les tumuli en forme d'animaux sont, en revanche, très fréquents dans la région comprise entre les forêts du Wisconsin, l'Illinois occidental et l'Iowa.
Ces réalisations évoquent certains animaux considérés comme sacrés par les populations autochtones. C'est en Géorgie que l'on peut visiter un des exemples les plus intéressants : un grand tumulus circulaire serti d'un aigle, un des animaux sacrés les plus typiques de la religion des natifs américains.

Le symbole de l'aigle

C'est un symbole très récurrent dans l'univers mythique et religieux des natifs américains. Beaucoup de noms de guerriers sont formés avec le nom de ce rapace et, dans de nombreuses cérémonies, ses plumes, chargées de hautes valeurs symboliques, constituent un complément décoratif fondamental.
On sait que, dans plusieurs religions, l'aigle est non seulement l'oiseau par excellence, mais surtout la créature du ciel le plus souvent rattachée à la divinité. Considéré comme un oiseau solaire (il est en effet dénommé « Oiseau du Soleil »), on le croit doté de pouvoirs extraordinaires, car il peut regarder l'« astre de feu » sans baisser les paupières.
Investi du rôle d'émissaire du Père Soleil, l'aigle était chargé de participer activement aux rites initiatiques. Ce grand rapace, qui pouvait aussi transporter les hommes dans l'au-delà, occupait une place très importante parmi les animaux collaborateurs du chaman.
Il était également identifié à Baxbakwalanuxiewe, l'esprit cannibale caché dans une grotte où il pouvait entrer et sortir librement pour capturer ses proies, puis les emmener au plus profond de la forêt. En réalité, il s'agit d'un mythe très souvent utilisé dans une période bien déterminée de l'initiation d'un guerrier : une fois arrivés dans les zones les plus sauvages de la forêt, les initiés capturés par Baxbakwalanuxiewe entraient en contact avec cet être puissant et mystérieux qui leur révélait les aspects les plus obscurs et terribles de l'existence. Après cette révélation, les initiés pouvaient retourner dans leur village.

MACHU PICCHU

UNE CITÉ DIVINE PARMI LES NUAGES

Le site de Machu Picchu, avec ses ruines, représente probablement le lieu le plus connu du Pérou. De plus en plus de touristes viennent visiter cette vieille cité enveloppée par les brouillards et les nuages. Pour l'atteindre, on emprunte le Chemin de l'Inca, une ancienne piste qui, de Cuzco, mène à Machu Picchu, en passant par les montagnes.
On raconte que le souverain inca Manco Capac quitta Cuzco pour fonder une autre capitale, la légendaire Vilcabamba, après avoir été battu par Francisco Pizarro en 1536. C'est au début du xxe siècle que les archéologues commencent à s'intéresser à l'ancienne capitale de Manco Capac.
En 1911, l'archéologue américain Hiram Bingham « découvre » le célèbre site, bien connu par les autochtones comme l'« ancienne cime » (c'est-à-dire Machu Picchu). Entourée par une dense végétation et bien dissimulée dans les cimes, cette cité extraordinaire était située à 500 mètres du Rio Urubamba : un chef-d'œuvre d'urbanisme qui révélait les hautes connaissances et les incroyables moyens que possédaient les Incas.
Abandonnée soudainement, la cité avait toutefois été laissée intacte par ses habitants.
C'est pourquoi elle a été parfois considérée comme une sorte de Pompéi précolombienne ; on n'a cependant retrouvé aucune trace d'événements dramatiques qui pourraient expliquer la fuite précipitée de ses habitants.
Machu Picchu est, dans son ensemble, une citadelle fortifiée, comportant une seule entrée. La citadelle entière était étagée sur plusieurs terrasses, qui étaient irriguées et cultivées : la ville était approvisionnée en eau grâce à un système sophistiqué d'aqueducs qui permettait aussi d'alimenter seize fontaines. À côté de ces structures destinées à assurer la survie de la communauté existaient d'autres édifices et monuments singuliers dont on n'a pas encore déterminé la fonction originaire.
Le mystère de Machu Picchu réside surtout dans les modalités et les techniques utilisées pour réaliser cette sorte d'acropole à 2300 mètres d'altitude. Les Incas ne

Vue panoramique de Machu Picchu © Biosphoto / Emmanuel Lattes

connaissaient ni la roue ni, malheureusement, l'écriture, et nous manquons donc d'informations écrites. Toutes les suppositions faites jusqu'à présent sur les techniques et les procédures s'appuient sur l'observation de la complexité de ces constructions, réalisées avec une géniale audace.

HOMMES OU DIEUX ?

On croit aujourd'hui que l'accès à Machu Picchu était réservé à une classe privilégiée de hauts fonctionnaires et de prêtres : la citadelle aurait été une sorte de ville-sanctuaire, consacrée à la religion et aux rites.
On perçoit d'ailleurs quelque chose de sacré, d'inquiétant et de mystérieux dans ce site dissimulé par les nuages qui surplombe la vallée de l'Urubamba. C'est comme si ces pierres, taillées et ajustées avec une étonnante habileté, n'étaient que la partie visible d'une mosaïque très complexe.
Le lieu le plus emblématique de ce site défini comme le « nombril du monde » est certainement l'Intihuatana, bloc de pierre taillé servant peut-être d'autel lors des rituels dédiés à Inti, le dieu Soleil.
Cependant, un autre élément a enflammé davantage l'imagination des visiteurs : il s'agit d'une petite colonne que les archéo-astronomes ont identifiée comme un instrument servant à indiquer les solstices, les équinoxes et les phases lunaires. La même fonction a été attribuée au temple des Trois Fenêtres, ainsi dénommé en raison de trois ouvertures parfaitement trapézoïdales, utilisées pour les observations astronomiques.

LES CAUSES DU DÉPEUPLEMENT

On sait que l'architecture de Machu Picchu représente un véritable casse-tête pour les scientifiques. Une autre énigme, cependant, attire l'attention des historiens et de tous ceux qui se sont aventurés jusqu'à l'ancienne cime pour pénétrer dans un univers fascinant et mystérieux : les causes de son dépeuplement.
Contrairement à d'autres sites, il n'existe à Machu Picchu aucun indice permettant de déterminer les causes de la disparition de cette classe d'élus régnant sur ce petit univers autarcique dont nous ignorons le nom originaire.
Certains ont avancé l'hypothèse de luttes intestines ou d'une terrible épidémie qui auraient obligé les habitants à la fuite.
D'autres suppositions plus fantaisistes ont vu également le jour, telles que le retour des habitants dans leur terre d'origine, située sur une planète inconnue d'un autre système solaire.
Les passionnés d'ufologie se sont aussi emparés de ce mystère : les défenseurs de la théorie selon laquelle notre planète aurait été colonisée, à des époques reculées, par des extraterrestres, affirment que la technologie utilisée par les fondateurs de Machu Picchu serait d'origine extraterrestre.
À partir des années 1970 notamment, lorsque l'ufologie était devenue un phénomène très à la mode, de nombreuses théories ont été avancées sur la réalisation des grands monuments de l'Antiquité. D'après ces théories, des instruments très évolués, disparus ensuite avec les grandes civilisations, auraient été apportés par des habitants d'autres galaxies. C'est grâce à ces instruments que les hommes ont pu ériger des monuments comme les pyramides de Gizeh, les pyramides précolombiennes ou construire des lieux comme Machu Picchu. Toujours selon les défenseurs de ces théories, les pierres parfaitement ajustées de cette cité sacrée auraient été taillées au rayon laser. Un moyen que les hommes n'ont découvert que de nombreux siècles plus tard.

L'ÉNIGME DES CENT VIERGES

Lorsque Pizarro s'empara de Cuzco, deux édifices occupaient une place prédominante dans la cité : le temple du Soleil, sanctuaire suprême de l'empire, et le siège des Vierges du Soleil, certainement le plus important de l'ancien Pérou. Les vierges, choisies par un conseil impérial selon des critères de noblesse et de beauté, étaient des sortes de vestales, et les personnages les plus sacrés après l'empereur. Considérées comme les épouses du dieu Inti, elles devaient rester chastes. Lors de la conquête de Cuzco, les Espagnols saccagèrent aussi le lieu sacré des vierges. Les prêtresses réussirent toutefois à s'enfuir, et jamais personne ne les retrouva. Selon l'archéologue Hiram Binghan, les cent vierges s'étaient réfugiées dans la ville dissimulée dans les montagnes. Son hypothèse semble être confirmée par la découverte d'un grand nombre de momies féminines appartenant, selon lui, aux Vierges du Soleil.

NAZCA

DES SIGNES POUR LES DIEUX

La région de Nazca, au Pérou, est sûrement l'une des plus connues au monde pour ses immenses représentations énigmatiques tracées dans le désert et dont la plupart ne sont visibles que d'en haut. On s'est évidemment interrogé sur les destinataires de ces œuvres : ces géoglyphes, disséminés sur une surface de 520 km^2, entre l'océan Pacifique et les Andes, semblent avoir été réalisés pour des observateurs qui pouvaient les regarder d'en haut.
On peut donc facilement supposer qu'ils étaient adressés aux dieux. Cette explication logique n'est toutefois pas la seule. À partir de la moitié du XIXe siècle, des ufologues ont commencé à penser que ces grands tracés servaient à communiquer avec les extraterrestres. Cette théorie, audacieuse et fascinante, ne peut certainement pas être validée par une interprétation rationnelle. Pour les scientifiques, la plaine de Nazca est une sorte de grand sanctuaire rattaché à la religion précolombienne qui demeure, par beaucoup d'aspects, encore très mystérieuse.

UN « LIVRE » EN TERRE ET EN PIERRE

C'est à partir des premières décennies du XXe siècle que les scientifiques commencent à s'intéresser aux tracés de Nazca : leur souci principal est de leur donner une date historique et de les rattacher à l'une des cultures autochtones. Aujourd'hui, presque tous les archéologues s'accordent pour attribuer ces représentations aux Indiens Nazca, qui tracèrent ces pistes singulières entre 500 av. J.-C. et 500 apr. J.-C. Pendant presque 1 000 ans, une civilisation antérieure à celle des Incas réalisa cette œuvre imposante sans destination pratique apparente, uniquement poussée par des intentions symboliques et, probablement, rituelles. Vus dans l'ensemble, les représentations et les tracés qui sillonnent ce désert près de l'océan Pacifique ne

Pétroglyphes anasazi sur une paroi rocheuse © Biosphoto / Jean-Philippe Delobelle

Des pierres du passé

En 1960, dans le désert d'Ocucaje, au Pérou, une exondation du Rio Ica a mis au jour l'existence de milliers de cailloux de dimensions différentes. Chacun d'eux était décoré avec des gravures et des dessins typiques de la culture précolombienne. Parmi ces représentations, il y avait aussi des animaux monstrueux ou fossilisés, ainsi que des scènes où des hommes accomplissaient des activités insolites. Cette découverte ne fait qu'épaissir le mystère des cailloux et, à l'époque, certains affirmèrent que les êtres représentés étaient des créatures extraterrestres. Une autre énigme venait s'ajouter à celle du site voisin de Nazca. Ce nouveau mystère a déclenché une polémique qui ne s'est pas encore éteinte : les défenseurs de l'authenticité des cailloux Ica affirment que ceux-ci sont le témoignage de la disparition d'une civilisation précédente ; quant aux scientifiques, ils sont convaincus qu'il s'agit d'une gigantesque imposture. En attendant que la lumière soit faite sur l'origine et la signification de ces cailloux, on peut aller les admirer au musée de Piedras Grabadas.

semblent avoir aucune fonction astronomique et ne peuvent pas non plus être considérés comme des routes. Les raisons de leur réalisation restent donc toujours obscures. On a également supposé que cet ensemble était une sorte de carte céleste servant à déterminer les solstices. Une analyse réalisée avec des programmes informatisés très sophistiqués a toutefois invalidé cette supposition : les chercheurs n'ont rien relevé qui puisse justifier l'hypothèse que les tracés de Nazca étaient une carte servant à l'observation des mouvements célestes. Selon des études récentes, les tracés pourraient signaler la présence de sources souterraines, mais il s'agit à nouveau d'une théorie qui n'a pas été démontrée.

LES ANIMAUX GÉANTS

Deux catégories de représentations ont été reconnues sur le site de Nazca : d'un côté des figures anthropomorphes, des animaux et des images abstraites, réalisés sur les flancs des collines et visibles aux observateurs du fond de la vallée ; de l'autre, des représentations exécutées sur la surface plane de la pampa, visibles seulement d'en haut. En effet, si un trait ou une ligne peuvent être perçus de la surface, les représentations composées ou articulées ne peuvent être vues que des airs.

Toutes ces représentations ont été réalisées à la surface de la plaine avec une grande maîtrise : on repère un réseau composé de 1300 kilomètres de lignes droites de dimensions différentes, dont certaines dépassent 20 kilomètres de long. Les lignes et les dessins couvrent 2 % de la superficie totale de la pampa. Parmi les animaux, on distingue les singes, les orques, les araignées, les oiseaux, les lamas et beaucoup d'autres difficiles à reconnaître. Le plus fascinant est le gigantesque colibri représenté avec les ailes déployées et réalisé à partir d'une seule ligne continue : le bec rejoint une ligne perpendiculaire parfaitement alignée. La relation entre l'oiseau et la structure des tracés reste inconnue.

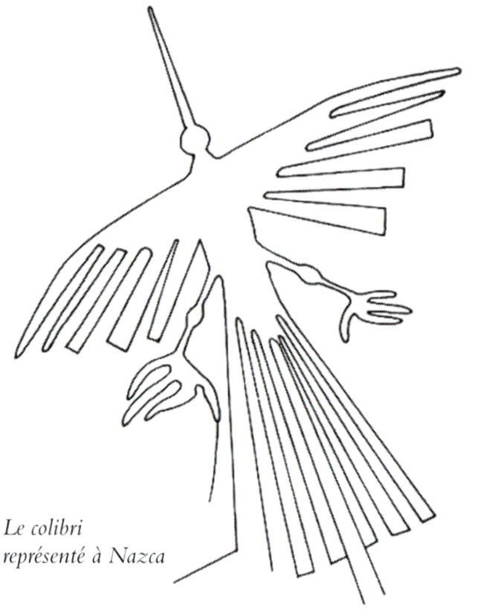

Le colibri représenté à Nazca

La grande araignée est aussi une image énigmatique. Elle mesure 45 mètres environ de longueur, et sa réalisation frappe par son réalisme et par la précision des détails qui ont permis aux scientifiques d'en identifier très précisément l'espèce : il s'agit d'un *Ricinulei*, un des arachnides les plus rares au monde, présent uniquement dans la forêt amazonienne. Le détail le plus mystérieux est la description étonnamment exacte de l'appareil reproductif, situé sur une patte : cet organe ne peut être observé qu'au microscope.

Les spécialistes et les passionnés de mystères n'ont pas cessé de s'interroger sur les connaissances des populations qui ont précédé les Incas. Ces questions, sans réponse, provoquent aussi une certaine inquiétude. Ces pistes énigmatiques et ces tracés, adressés aux habitants du ciel et incompréhensibles pour les hommes, pourraient bien être le témoignage de la relation que les Indiens Nazca avaient su instaurer avec leurs dieux.

Les autres géoglyphes

Les géoglyphes de Nazca ne sont pas les seuls au monde : des tracés similaires existent dans le désert de Mojave en Californie, à Tiviliche, à Santa Rosita et à Atacama, au Chili. Depuis peu de temps, on s'est penché aussi sur l'analyse des représentations observées dans la région amazonienne du Brésil : dans une zone située entre le Brésil, le Pérou et la Bolivie, on a localisé des géoglyphes représentant des carrés, des cercles et des rectangles, de dimensions allant de 50 à 350 mètres. Très récente est également la découverte de grandes figures d'insectes et d'oiseaux, tracées sur le terrain et visibles seulement d'en haut, faite en Mongolie, près du lac Urgg.

PALENQUE

LE TOMBEAU DE PAKAL

La plupart des passionnés de mystères irrésolus se soucient fort peu que la cité-temple de Palenque, située dans la Sierra Chiapas, au Mexique, soit un des exemples les plus intéressants d'architecture et, surtout, de la sculpture maya. Leur attention n'est fixée que sur le mystérieux « astronaute » gravé sur la pierre tombale d'un personnage tout autant mystérieux : Pakal.

Nous savons que Pakal fut, au VIIe siècle, le roi de Palenque, en l'honneur duquel on édifia une pyramide destinée à lui servir de résidence éternelle. Cette construction, appelée également temple des Inscriptions, est accessible par un raide escalier qui mène à son sommet. C'est là qu'est situé l'accès à la crypte qui abrite son sarcophage.

Lorsqu'en 1949 l'archéologue mexicain Alberto Ruz Lhuillier y pénétra, il découvrit de nombreux squelettes de victimes sacrifiées à l'occasion de l'enterrement de Pakal. Il visita ensuite la crypte qui, selon son récit, « semble creusée dans la glace. Une sorte de grotte, dont les murs et le plafond sont tellement lisses qu'ils semblent avoir été poncés. Elle fait penser aussi à une chapelle abandonnée, dont la coupole est drapée de stalactites, tandis que des stalagmites, épaisses comme les gouttes de cire d'une bougie, s'élèvent du sol. »

Le lieu était entièrement décoré, et le corps déposé dans la tombe était orné de joyaux en jade. Un objet attira en particulier l'attention de l'archéologue : le masque en jade et obsidienne, réalisé en mosaïque, qui recouvrait le visage du défunt. Cet ouvrage, d'une extraordinaire finesse, soulignait l'autorité du personnage identifié comme Pakal.

Le site de Palenque © Biosphoto / Mike Kolloffel / Still Pictures

LE SECRET DE L'ASTRONAUTE

Depuis toujours, la plus grande énigme de la tombe de Palenque concerne le couvercle du sarcophage. Sur cette pierre pesant 5 tonnes, un homme est représenté, habillé selon la coutume maya. L'homme semble être assis à l'intérieur d'un véhicule étrange, et nombreux sont ceux affirmant qu'il s'agit d'une machine volante.

La représentation est en effet assez ambiguë, surtout à cause de l'absence de perspective qui donne l'impression que le corps de l'homme est en contact étroit avec les objets gravés sur la pierre. C'est cette particularité qui fait que chacun voit dans la pierre tombale de Palenque ce que son imagination lui suggère. Ainsi, ce qui, selon la religion maya, peut être raisonnablement identifié à l'arbre sacré, devient, grâce à l'imagination, une navette spatiale.

Aujourd'hui, les archéologues ont démonté la « thèse de l'astronaute », faisant remarquer que la représentation gravée sur la pierre du sarcophage de Pakal n'est qu'une représentation de l'au-delà : on y retrouve tous les éléments symboliques, facilement identifiables dans les images illustrant le voyage de l'âme du défunt vers le monde des morts. Malgré les démentis officiels, nombreux sont ceux qui croient encore que cet étrange personnage, habillé comme un guerrier maya, serait un extraterrestre que les hommes de Palenque rencontrèrent et immortalisèrent sur la pierre il y a 2 000 ans.

Si certains mythes ont du mal à disparaître, c'est peut-être parce qu'ils aident à entretenir un étrange espoir (et une inquiétude à la fois) : ils offrent l'occasion de croire qu'il y a très longtemps, quelque part dans l'univers, des êtres sont partis pour coloniser des populations dont le secret demeure enfermé dans leurs pyramides et dans leurs sculptures impénétrables.

Ruines mayas dans la jungle de Palenque © Biosphoto / Michel Gunther

La métropole retrouvée

En explorant la jungle qui entoure Palenque, les archéologues ont mis au jour de nombreux édifices qui laissent supposer qu'un grand centre urbain existait autour de la cité-temple. Le site fut habité de l'an 200 à l'an 900 apr. J.-C.
Selon les chercheurs, il était doté d'un système élaboré d'approvisionnement d'eau (l'un des aqueducs les plus complexes construits par les Mayas), qui permettait à toute la ville de disposer d'eau courante.
Un jour, peut-être, les nombreux témoignages archéologiques découverts – ainsi que ceux qui n'ont pas encore été découverts – permettront de connaître les origines de cette cité, sortie de nulle part, et dont nous ignorons encore beaucoup de choses.

Reproduction de la pierre tombale de Pakal

LES PUEBLOS ET LEUR INTERPRÉTATION

ANASAZI : LA TRIBU PERDUE

De nombreux villages pueblos, sertis dans la pierre comme les maisons d'une crèche, furent découverts entre la fin du XIXe siècle et le début du siècle suivant. Certains, comme celui de Keet Seel, le plus grand d'Arizona, étaient imposants ; d'autres témoignaient de la maîtrise de techniques de construction extrêmement sophistiquées, transmises à leurs bâtisseurs par d'anciennes populations du sud-ouest américain.
Lorsque Colomb débarqua en Amérique, les fondateurs des *pueblos* avaient disparu depuis deux siècles. Leur disparition entraîna aussi la perte de nombreuses traditions et d'un savoir ancien dont il ne reste aujourd'hui que ces édifices silencieux adossés aux parois rocheuses. Au XIXe siècle, durant les guerres indiennes, ces habitations furent à nouveau occupées par les Indiens Navajo et Apaches.
Les natifs américains apprirent aux Blancs que ces maisons en boue, bois et pierre avaient été réalisées par les Anasazi (mot qui signifie « Anciens »). Il s'agissait d'une ancienne population qui ne connaissait ni les métaux ni la roue, et dont la seule arme était l'*atlatl*, un propulseur utilisé pour lancer des javelines. Les Espagnols dénommèrent ces armes *pueblos*, comme les villages.
Vers le Ve siècle apr. J.-C., l'agriculture était devenue une ressource très importante pour l'économie des Anasazi : ils cultivaient du maïs et des courges, et ils étaient connus pour leur étonnante maîtrise dans la fabrication de paniers tressés avec des feuilles de yucca et d'autres fibres végétales. Ils avaient également appris à travailler la céramique, probablement « importée » d'Amérique centrale, et ils étaient devenus de véritables maîtres dans la réalisation d'objets d'une grande beauté et décorés avec habileté.

UN OBSERVATOIRE DES ÉTOILES

La structure complexe des *pueblos* relevait d'une vision symbolique étroitement liée à la religion. Les rites étaient célébrés dans les *kivas*, chambres sacrées où se déroulaient des cérémonies qui demeurent mystérieuses pour l'homme blanc. Comme les Hopi et les Zuni, les Anasazi étaient convaincus que l'homme était

Ruines d'un village anasazi dans le canyon de Chelly, Arizona © Biosphoto / J.-L. Klein & M.-L. Huber

Représentation d'un pueblo *(dessin Michela Ameli)*

profondément uni à l'univers, et que chaque phase de son existence était conditionnée par la lutte éternelle entre le bien et le mal.
Cette vision extrêmement symbolique était toutefois associée à une approche scientifique : sur le site de Casa Grande, au Nouveau-Mexique, on a en effet retrouvé un observatoire astronomique primitif. Grâce à un système qui permettait de projeter la lumière à travers des trous, cet instrument était capable de signaler les équinoxes de printemps et d'automne.
En fait, l'observation des mouvements des étoiles et des conditions atmosphériques était fondamentale pour une civilisation dont la principale activité de subsistance était l'agriculture.
Les spécialistes sont unanimes pour affirmer que les *pueblos* étaient des villages fortifiés ayant une fonction défensive. En revanche, les opinions divergent sur les motivations qui poussèrent les habitants à fuir leurs villages. On pense généralement que ce fut à cause des conditions climatiques : de grandes sécheresses et un

Le labyrinthe de l'inconscient

Le symbole du labyrinthe – forme complexe, structurée et un peu chaotique – est un motif décoratif très fréquent sur les vases réalisés par les Anasazis. Pénétrer dans un labyrinthe, et réussir à en sortir, était une épreuve initiatique, une expérience qui visait symboliquement à sonder ses propres capacités. On peut aussi l'interpréter comme un moyen d'apprendre à voir au-delà des apparences.
Pour le psychanalyste Jung, le labyrinthe est un archétype qui fait partie intégrante de l'héritage de l'inconscient de chaque homme. De plus, dans toutes les cultures, cet archétype est étroitement rattaché au domaine du sacré. C'est cette relation avec le sacré qu'avaient perçue les auteurs anonymes de ces peintures mystérieuses, reflet de l'univers divin.

déboisement incontrôlé auraient obligé les habitants des *pueblos* à rechercher de nouveaux lieux de vie. Cependant, nous n'avons retrouvé jusqu'à présent aucune trace de leurs installations successives.

LA CAPITALE, PUEBLO BONITO

Chaco (Nouveau-Mexique), Mesa Verde (Colorado) et Kayenta (Arizona) furent les trois grands centres anasazi. Pueblo Bonito, dans le canyon de Chaco, était la capitale de cette civilisation agricole qui avait réussi cette merveilleuse symbiose entre l'architecture et la roche. Au début du XIe siècle, Pueblo Bonito était au faîte de son épanouissement : les édifices étaient disposés en forme de grand amphithéâtre ouvert au sud, en direction du fleuve ; au centre se trouvaient deux grands *kivas* souterrains, dont l'accès était réservé aux hommes. Les femmes occupaient généralement l'espace situé sur les toits plats du *pueblo* où se déroulaient la plupart des activités collectives.
C'est ici que les femmes écrasaient le maïs, préparaient la nourriture, modelaient et chauffaient la poterie ; en dehors des activités typiquement liées à l'agriculture, les hommes devaient assurer le bon déroulement de toutes les pratiques dévolues à la subsistance de la collectivité.

Le cannibalisme

Pour les adeptes du New Age, les Anasazi représentent la « tribu parfaite ». Les récentes découvertes archéologiques tendant à démontrer qu'ils étaient anthropophages contribuent à épaissir le mystère et à accroître la fascination qu'exerce cette ancienne population. La singulière hypothèse se fonde sur la découverte d'ossements humains présentant des marques de fractures qui rappellent les traces d'abattage visibles sur les os d'animaux. Des traces de myoglobine (protéine présente dans le cœur et dans les muscles de l'homme) ont été également retrouvées dans un chaudron.
Cette pratique anthropophage dérive probablement de l'influence exercée par les populations précolombiennes du Mexique.

L'eau étant une ressource capitale, les habitants de Pueblo Bonito avaient construit un réseau de canaux destiné à acheminer l'eau de pluie qui coulait le long des parois du canyon lors des orages.
Au début du XVe siècle, les habitants abandonnèrent leur ville pour s'installer dans des lieux moins escarpés, où vivent aujourd'hui les Zuni et les Hopi, descendants des Anazasi. Depuis, Pueblo Bonito est devenue une ville fantôme, recouverte par le sable et entourée de légendes.

Le lien indissociable avec la nature

Pour les Anasazi, le rythme des saisons et les phénomènes naturels étaient contrôlés par l'Oiseau-Tonnerre : les éclairs déchiraient le ciel au clignement de ses paupières, alors que le bruit du tonnerre résonnait lorsqu'il battait des ailes. Il était assisté par une cohorte d'esprits inférieurs.
Les nuages et les étoiles étaient considérés comme des êtres vivants ; le Soleil et la Lune étaient frères, et la Terre était la femme par qui tout avait été généré.
Le Grand Esprit faisait tomber la pluie, ordonnait aux vents de souffler, décidait de l'apparition ou de la disparition du Soleil, manifestant ainsi son humeur aux hommes. Chaque homme arrivait sur Terre poussé par le souffle de l'un des quatre vents qui dominaient à la période de l'année où il était né. Son caractère était déterminé par les saisons. Cette interprétation évoque la théorie des « quatre humeurs » qui s'était répandue en Occident pendant la Renaissance.
Les chamans avaient aussi attribué des caractéristiques aux quatre points cardinaux :
– nord : lieu de sagesse ;
– est : lieu des commencements, direction de tous les départs ;
– sud : lieu de la force et de la vigueur ;
– ouest : lieu qui indique l'importance du sacrifice, qui donne conscience des difficultés de la vie.

LES VILLES MYTHIQUES DE CIBOLA

En avril 1528, une flotte espagnole abordait les côtes de l'actuelle Floride, près de Tampa Bay, sous les ordres d'un commandant courageux et audacieux : Panfilo de Narvaez. Il avait l'intention d'atteindre les mythiques « cités d'or » de Cibola qui, selon la légende, étaient situées au nord de ce pays alors inconnu. Après maintes difficultés, seuls quatre membres de l'expédition (Alvaro Nunez Cabeza de Vaca, Andrés Dorantes, Alonso del Castillo Maldonado et Estevanico Dorantes) réussirent à atteindre, à bout de forces, la péninsule de Velasco sur la côte texane. Tous les autres, y compris le commandant de Narvaez, avaient péri au cours des premiers mois de leur entreprise.
Sur ces voyages, de Vaca écrivit une *Rélacion* que de nombreux aventuriers considérèrent comme une sorte de carte pour atteindre les cités d'or. En réalité, le texte n'offrait que des indications sur les us et coutumes des populations rencontrées durant ses pérégrinations, et il ne disait pas un mot sur les cités de Cibola. Beaucoup pensèrent qu'il s'agissait d'une ruse de l'auteur pour garder le secret. Ce fut aussi l'avis du vice-roi de Mexico, don Antonio de Mendoza, qui organisa une expédition pour essayer de résoudre le mystère.

Une figure rituelle des Hopi © *Biosphoto / John Cancalosi / Peter Arnold*

Les Zuni viendraient ils du Japon ?

Les chercheurs ont récemment émis une hypothèse qui contribue à entourer d'une aura de mystère l'origine des Zunis, les successeurs des Anasazis. Selon eux, vers le XIII*e* *siècle, débarqua en Amérique un groupe de nomades japonais qui, en se mélangeant avec les autochtones, donna naissance à la population des Zunis.*
Pour les anthropologues, ce groupe ethnique constitue une véritable énigme : son langage ne présente aucune analogie avec celui des autres tribus du continent. La relation avec le Japon semble toutefois difficile à prouver sur le plan scientifique.

Après plusieurs mois de recherches inutiles, l'expédition arriva en vue de la ville, qui leur parut très différente de celle qu'ils s'étaient imaginée.
Voici le récit de Frère Marc de Nice, guide spirituel du groupe, qui avait déjà accompagné Pizarro lors de la conquête des terres des Incas : « Cibola… s'étend sur un plateau d'une colline ronde. Elle fait très bonne impression et c'est le centre le plus important que j'aie jamais vu dans ce pays… Les maisons, en pierre, ont différents étages et leurs toits sont plats. En l'observant d'en haut, j'ai pu constater qu'elle était plus grande que Mexico. » Les explorateurs étaient arrivés, sans le savoir, dans un village *pueblo*….

La naissance de l'ethnomusicologie

Le terme « ethnomusicologie » indique l'étude de la tradition musicale d'un peuple. Cette science importante, qui a permis de sauvegarder un patrimoine d'une valeur inestimable, est née officiellement il y a plus d'un siècle : en 1891, dans le premier volume du Journal of American Archeology and Ethnology, *paraît la transcription, avec les notes occidentales, de quelques chants recueillis par Jesse Walter Fewkes (qui utilisa pour la première fois le phonographe d'Edison) parmi les Zuni du Nouveau-Mexique.*

TENOCHTITLÁN

LA VILLE SUR L'EAU

La beauté de Tenochtitlán, ville lacustre mexicaine et chef-d'œuvre de la culture aztèque, avait étourdi les conquistadors qui, devant cet imposant ensemble, furent tellement époustouflés qu'ils se crurent arrivés dans le mythique Eldorado. Pour avoir une idée des images qui surgirent alors à leur esprit, il suffit de relire quelques lignes de l'*Histoire véridique de la conquête de la Nouvelle-Espagne* de Bernai Diaz del Castillo : « En voyant tant de villes et de villages posés sur l'eau, et d'autres sur la terre ferme, nous fûmes pris d'admiration, et nous nous imaginâmes qu'il s'agissait d'un charme [...], à cause des grandes tours, des temples et des pyramides qui émergeaient de l'eau, et un soldat se demanda même s'il ne s'agissait pas d'un rêve. »

Tenochtitlán était la ville sainte dans laquelle se découpait la grande pyramide double consacrée à Tlaloc, le dieu de la pluie, et à Huitzilopochtli, le dieu du soleil et de la guerre. Tout autour s'entassaient les demeures du clergé, dépositaire des désirs des dieux. Près de la grande pyramide s'élevait le temple consacré à Ehecatl, le dieu du vent, alors que non loin de là se trouvait le *tzompantli*, lieu où l'on déposait les crânes des victimes de sacrifices. Non loin de l'entrée ouest s'étendait le terrain du jeu de paume, que certains considèrent comme l'ancêtre du football et qui, pour les Aztèques, avait un important rôle rituel.

Tenochtitlán était une ville parfaite et évoluée, tout comme le grand royaume aztèque qui fut écrasé par une poignée de conquistadors. Ces derniers n'avaient, en principe, aucune chance de vaincre cette société autochtone parfaitement organisée, si harmonieusement équilibrée grâce à une structure sociale fortement dominée par la religion.

Pourtant, ce fut certainement cette stricte adhésion aux dogmes de leur religion qui donna l'avantage aux hommes en armes arrivés de la mer, si différents qu'ils semblaient venus d'autres mondes.

À LA RECHERCHE DE L'ELDORADO

De nombreuses grandes villes de l'Amérique précolombienne furent considérées, dans l'esprit des conquistadors, comme le mythique Eldorado, la ville peut-être entièrement construite en or qui, depuis toujours, a fait le bonheur et la ruine des hommes. « L'or est fils de Zeus. Ni la mite ni la rouille ne peuvent le dévorer, mais lui dévore l'esprit de l'homme. » Cette petite phrase emblématique du poète grec Pindare exprime avec une grande clarté quel poids négatif a exercé sur les hommes la « soif de l'or », une sorte d'appétit souvent insatiable.

Pizarro, Cortés et tant d'autres cherchèrent cette cité mythique, sans la trouver. À une époque plus récente, les recherches se sont orientées vers le lac de Guatavita, non loin de Bogotà, en partie en raison de la découverte, à la fin des années 1960, d'un splendide modèle en or représentant les phases d'une cérémonie de Muisicas, dont on ne sait pas grand-chose, mais qui avaient l'habitude, avant de pratiquer leurs rituels, de s'asperger le corps de poudre d'or. Peut-être est-ce cette pratique singulière qui a enflammé l'imagination des aventuriers européens.

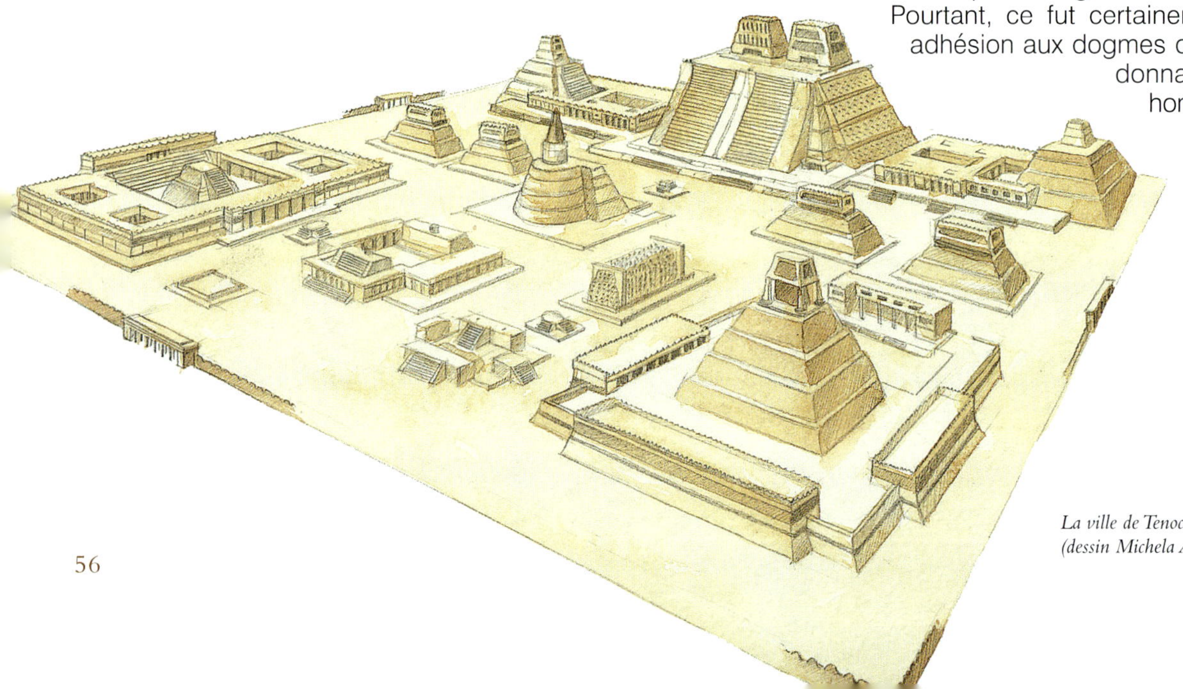

La ville de Tenochtitlán (dessin Michela Ameli)

Ainsi parlait Moctezuma

« Moctezuma me parla et dit : de la tradition écrite par notre peuple, transmise par les ancêtres, nous savons qu'aucun habitant de cette terre, pas même moi, n'en est originaire, mais est un étranger, arrivé ici des régions les plus lointaines ; nous savons aussi que notre descendance fut guidée par un seigneur dont tous étaient des vassaux, lequel est retourné d'où il était venu : longtemps après il a réapparu ; il voulait emporter avec lui les hommes […]. Ils ne voulurent pas le suivre et encore moins l'accueillir comme un seigneur : ainsi il partit pour toujours. » (Hernán Cortés, La Conquête du Mexique.*)*

Les conquistadors de Cortés à l'assaut de la grande pyramide de Tenochtitlán

QUETZALCÓATL ET LA FIN DES AZTÈQUES

Le 8 novembre 1519, Hernán Cortés, après être parti six mois plus tôt des côtes du Yucatán, atteignit la capitale aztèque dont il fit plus tard la description : « Elle est construite sur une lagune salée et est distante en tout point de deux lieues de la rive. On peut y accéder depuis quatre points par des routes bien construites de la largeur de deux lances. Elle est grande comme Séville ou Cordoue […]. La place la plus grande est deux fois plus large que celle de Salamanque, est entièrement entourée d'arcades où, chaque jour, entre les acheteurs et les vendeurs, circulent plus de soixante mille personnes […]. Les parties en pierre et les parties en bois sont travaillées à la perfection, et je ne crois pas qu'il en existe de meilleures dans aucune autre ville du monde. »

Cela semble incroyable, mais l'homme qui eut de telles paroles d'admiration à l'égard de Tenochtitlán fut également l'artisan de sa destruction. Cet homme, deux ans après avoir débarqué, eut le dessus sur une population qui connaissait bien l'art de la guerre, qui dominait avec une grande maîtrise le territoire et qui était naturellement habituée à vivre dans un milieu difficile et fortement hostile aux Européens. On a dit que les conquistadors prirent le dessus parce qu'ils possédaient des armes à feu et qu'ils étaient aussi fortement motivés et assoiffés de conquête : ces hypothèses ont peut-être eu, en partie, un certain poids, mais ne sont certainement pas suffisantes pour donner un sens au mystère de la fin des Aztèques. Le déclin de l'une des civilisations les plus évoluées s'explique par de nombreux autres facteurs. Les Européens avaient de leur côté, si l'on peut dire, la figure mythique de Quetzalcóatl, mais les conquistadors ne le savaient pas. En revanche, les autochtones le savaient bien, et surtout le célèbre souverain Moctezuma. D'après la religion aztèque, Quetzalcóatl était un dieu déchu, parti en exil au-delà de l'océan d'où il devait revenir un jour pour détruire l'empire des hommes et leurs dieux. Les Blancs, ceints de leurs armures et arrivés de la mer sur de grands navires, pourvus d'armes jamais vues jusqu'alors et aidés d'animaux mystérieux (les chevaux), furent ainsi considérés par les Aztèques comme l'armée d'un Quetzalcóatl en colère : toute défense aurait donc été vaine, puisque leur destin avait déjà été décidé par un insondable dessein divin. Ainsi, l'art de la guerre sophistiqué, mais fortement diminué par la conscience d'être les victimes de la colère du dieu, ne put rien contre la puissance des armes à feu des conquistadors qui, en peu de temps, mirent en déroute l'armée aztèque.

Les peuples précolombiens ne connaissaient pas les chevaux : c'est la raison pour laquelle ils furent si impressionnés de les voir auprès des conquistadors

La guerre, que le peuple de Moctezuma considérait comme un élément appartenant à un rituel complexe, s'acheva dans un bain de sang et les hommes de Cortés conquirent le temple de Tenochtitlán sans difficulté : un geste symbolique qui, pour les Aztèques, correspondait à une défaite devant s'ensuivre par un accord où les vainqueurs dicteraient les conditions. Et tel fut le cas.

Tenochtitlán devint le monument de la conquête européenne et l'épigraphe de la fin d'une grande civilisation qui s'imagina être victime de la fureur destructrice de Quetzalcóatl, revenu d'un pays inconnu situé de l'autre côté de l'océan.

TEOTIHUACÁN

ENTRE LES PYRAMIDES DU SOLEIL ET DE LA LUNE

Depuis que les archéologues ont découvert Teotihuacán, ils se sont posé une question fondamentale : quel fut le rôle des pyramides du Soleil et de la Lune construites à cet endroit, au moins 1 000 ans avant l'avènement du grand Empire aztèque ? Une curiosité qui, malgré les progrès des découvertes et des connaissances, n'a pas encore été satisfaite.

Teotihuacán se trouve non loin de Mexico, à plus de 2 000 mètres d'altitude, pratiquement à égale distance du golfe du Mexique et de l'océan Pacifique : le site couvre une superficie d'environ 24 000 km² et est dominé par l'imposante structure de la pyramide du Soleil qui, avec plus de 200 mètres de côté et 70 mètres de hauteur, est l'une des constructions les plus fascinantes de l'Amérique précolombienne. Construite au IIe siècle apr. J.-C., 100 ans après celle du Soleil, la pyramide de la Lune n'est pas moins impressionnante, avec ses 150 mètres de côté.

Un noble aztèque sur une gravure du XVIe siècle

Pour réaliser ces édifices, au moins 3 000 hommes furent employés : ce fut donc une entreprise cyclopéenne, qui engagea la communauté pendant au moins 30 ans et qui présente de nombreuses analogies, également d'un point de vue sociologique, avec les grandes pyramides de Gizeh en Égypte. Premier centre urbain de l'hémisphère occidental, et plus grande métropole américaine avant la naissance de l'Empire aztèque, Teotihuacán vit le jour à l'aube de l'ère chrétienne et, pendant sept siècles, fut un point de référence fondamental dans la culture précolombienne. Elle atteignit son apogée en l'an 500, avec environ 2 000 habitants qui en firent un centre à forte densité démographique. En outre, cette ville mexicaine conserva sa splendeur pendant une période plus longue que ne réussit à le faire la Rome impériale, et dans des conditions environnementales bien moins favorables.

LA PREMIÈRE DES GRANDES CIVILISATIONS

Même si les Aztèques, les Mayas et les Incas sont les populations les plus connues du grand public, il faut savoir que les archéologues, jour après jour, découvrent des vestiges de cultures précédentes dont les représentants souvent disparu sans explications. C'est le cas des Chimú, d'habiles orfèvres et de grands urbanistes qui instaurèrent leur capitale à Chanchán (au Pérou) et des Mochica (300-800 apr. J.-C.) qui, aujourd'hui, selon de nombreuses études, sont considérés comme étant peut-être le plus évolué des peuples incas ; c'est ce qu'attestent en tout cas les trésors trouvés à la périphérie de la ville de Trujillo, au Pérou septentrional. Ce trésor montre à quel point leur civilisation, comparable à celle des Grecs pour la région méditerranéenne, était évoluée. Les Mochica, habiles agriculteurs, pratiquaient les sacrifices humains de manière intensive, comme le montrent les nombreuses peintures rupestres découvertes à Trujillo où apparaît le personnage de Ai-Apaec (qui signifie l'étrangleur), une divinité sanguinaire dépeinte comme un guerrier géant toujours présent dans les représentations des sacrifices. Un fait singulier émerge des récentes découvertes des archéologues qui travaillent sur le site de la ville de Trujillo : dans quantité de tombes ont été trouvés des ossements de guerriers mesurant plus de 1,80 mètre, une stature bien supérieure à la moyenne locale. Leur identité reste mystérieuse : ce qui est certain, c'est qu'il s'agissait de personnes de haut rang, étant donné qu'à côté de leurs tombes a été trouvée une fosse commune avec les restes de 70 victimes d'un sacrifice.

DE MYSTÉRIEUX SOUTERRAINS ET LA VOIE DES MORTS

Il y a une trentaine d'années, les archéologues découvrirent qu'à environ 6 mètres sous la grande

La pyramide du Soleil à Teotihuacán (dessin Michela Ameli)

mort faisait peut-être partie d'un rituel conçu pour la consécration d'une pyramide.

UNE FIN OBSCURE

Si les origines de Teotihuacán demeurent mystérieuses, notamment à propos de la fonction du grand complexe monumental, sa fin est aussi une énigme.

En effet, la ville, qui fut un centre commercial important grâce au travail de l'obsidienne, commença à décliner lentement vers l'an 500 de notre ère, c'est-à-dire environ un demi-millénaire après sa naissance : en un peu plus de 200 ans, la grande « métropole des dieux » disparut définitivement. La cité sacrée, où le serpent à plumes avait assouvi sa soif de sang humain, est ainsi devenue un lieu destiné à fournir un humus fertile aux légendes et aux rêves des Occidentaux qui, peut-être, voyaient en cette ville le mythique Eldorado. Il est probable que de violents conflits aient éclaté entre les différentes classes sociales de Teotihuacán, auxquels ont pu s'ajouter des changements climatiques. Aujourd'hui, l'hypothèse des luttes intestines paraît la plus probable, comme semble le prouver la grande quantité d'ossements carbonisés dans la ville. On ignore donc quelles furent les origines des conflits : un mystère de plus qui entoure la cité sacrée de Quetzalcóatl.

pyramide du Soleil, structure futuriste constituée de plus de deux millions et demi de tonnes de pierres, se trouvait une caverne dont les fonctions restent encore aujourd'hui mystérieuses. Il est possible que cet antre obscur fût une sorte de lieu de culte, utilisé bien avant la construction du grand monument : à l'intérieur, selon la tradition, le Soleil et la Lune seraient nés avant de monter au ciel. La cavité souterraine s'étend sur plus d'une centaine de mètres, pour atteindre le cœur de la pyramide : une sorte de *sancta sanctorum* qui, toujours d'après la tradition, serait à l'origine de l'univers. Cela expliquerait pourquoi la pyramide du Soleil se trouve sur un axe est-ouest, c'est-à-dire dans le sens du passage du soleil dans le ciel. Il est donc possible que la grande construction constitue une représentation du centre du monde, véritable cœur du complexe urbain et de la mythologie de la création. La pyramide de la Lune, au contraire, se trouve à l'extrémité de la voie des Morts, qui s'étend sur plus de trois kilomètres et le long de laquelle s'élèvent des plates-formes, sortes de petites pyramides tronquées réservées aux pratiques funéraires : on pense en effet que les habitants de Teotihuacán incinéraient leurs défunts sur ces structures. Dans de nombreux édifices est présente l'image de Quetzalcóatl, le divin serpent à plumes auquel étaient souvent sacrifiées des victimes humaines. Dans la pyramide du Serpent à plumes, on a d'ailleurs retrouvé de nombreux squelettes vêtus de la même manière et qui, d'après certains archéologues, pourraient avoir été sacrifiés au grand dieu : leur

LE DIVIN QUETZALCÓATL

Quetzalcóatl est l'une des divinités les plus fascinantes de la culture précolombienne. Il est représenté par un serpent à plumes (avec les splendides plumes vert-bleu du quetzal, Pharomachrus mocino*), souvent entouré de flammes. Quand, à la fin du XVe siècle, les conquistadors espagnols atteignirent le Mexique sur des chevaux (des animaux qui n'existaient pas sur le continent américain), les autochtones virent dans les Blancs les descendants de Quetzalcóatl et ils ne leur opposèrent que peu de résistance.*

L'une des représentations de Quetzalcóatl

TIKAL

LA SPLENDEUR DES MAYAS

Les terres des Mayas s'étendent de la côte du Yucatán jusqu'à celles du Guatemala, du Tabascoau Honduras : une zone très vaste dans laquelle s'est affirmée l'une des civilisations les plus fascinantes et développées de l'Amérique précolombienne. Tikal, la ville maya la plus ancienne et, par certains aspects, la plus énigmatique, se trouve environ à mi-chemin entre le Yucatán et l'océan Pacifique, au cœur de la région où cette grande population atteignit un très haut degré de civilisation.

Avant les Mayas, dans la région où se trouve encore aujourd'hui le site de Tikal, s'était établie une population qui vivait dans de petites cabanes, utilisait la terre cuite, fabrique des ustensiles en pierre et travaillait également l'obsidienne. Après plusieurs siècles de vie pratiquement statique, au IIe siècle apr. J.-C., pour une raison mystérieuse, cette région commença à se transformer pour devenir un centre religieux doté de grandes pyramides cérémonielles. Ce changement, certainement lié à l'affirmation de la culture maya, fit de Tikal un centre de culte qui n'avait rien à envier à d'autres localités plus célèbres comme Palenque, Piedras Negra, Yaxchilán, Uaxactùn ou Yaxhá.

Les restes d'un autel maya à Tikal

LA VILLE MORTE

La plus haute des pyramides de Tikal, qui atteint 75 mètres, était couronnée de toute une série de constructions analogues mais de plus petites dimensions : dans l'ensemble, le complexe se présentait comme une structure grandiose – d'après les archéologues, il s'agit de la plus grande ville de la culture maya – fondée selon un modèle architectonique et urbaniste compliqué. La partie la plus remarquable était constituée de l'Acropole nord et de la Grand-Place, conçues avant l'an 250 de notre ère, ainsi que du temple dédié au dieu Jaguar. Sur la Grand-Place se trouvait la pyramide du Monde perdu, une construction radiale d'origine archaïque caractérisée par d'antiques et gigantesques masques.

Dans les acropoles étaient enterrés les rois de Tikal. Grâce à l'analyse approfondie et détaillée des nombreuses découvertes archéologiques, les chercheurs ont retrouvé le nom de certains des souverains de Tikal : parmi les plus représentatifs, citons Griffe de Jaguar, Museau Retroussé et Ciel Tempétueux. Certains d'entre eux appar-

Une pyramide maya en terrasse (dessin Michela Ameli)

Temple aux inscriptions, Palenque © Biosphoto / Mike Kolloffel / Still

tenaient à des dynasties qui gouvernèrent pendant de longues années, apportant une prospérité notable à cette ville mystérieuse qui, au début du IXe siècle, commença lentement à décliner. Comme si elle était sortie de nulle part, transformant les cabanes des simples citoyens en une cité sacrée aux dimensions extraordinaires, Tikal finit par connaître la plus totale désolation. Nombre de ses constructions tombèrent en ruine et l'image qui se présente aujourd'hui aux yeux des observateurs est celle d'une ville morte habitée par des fantômes.

La terre des serpents

Dans la forêt pluviale, aux alentours de Tikal, a été découvert l'un des plus grands palais mayas, en parfait état de conservation : son nom est Cancuen, qui signifie « terre des serpents ». Les archéologues ont découvert 170 chambres, distribuées autour de cours, qui font de ce complexe une structure vaste et organisée qui remplissait certainement d'importantes fonctions. Il suffit de penser que l'ensemble est aussi grand que l'Acropole de Tikal.

Il s'agit d'une structure dépourvue de tout élément défensif, située dans une région du Guatemala où il n'existe pas d'autres temples mayas. La fonction de Cancuen reste donc un mystère, dissimulé pendant longtemps par la forêt (qui avait créé un massif si épais et impénétrable que le temple ne put être dégagé qu'après deux semaines de travail assidu) et qui, aujourd'hui, ressurgit avec ses mystérieuses énigmes non encore résolues.

7
15
17
8
19
18
1
20
4
3
11
10
9
12
16
13
14
2

ASIE

1. Babel
2. Borobudur
3. Changan
4. Tai Shan
5. Nara
6. Yonaguni
7. Éphèse
8. Jérusalem
9. Harappa
10. Mohenjo-Daro
11. Himalaya
12. Pataliputra
13. Anuradhapura
14. Sigiriya
15. Mont Ararat
16. Pagan
17. Palmyre
18. Pétra
19. Qumrân
20. Takht-i Sulaiman

BABEL

LA TOUR DE BABEL OU DE L'ORGUEIL HUMAIN

Babel est devenue le symbole de la confusion car, d'après la Genèse, l'orgueil humain, qui s'est exprimé par la construction même de ce grand édifice, fut puni par Dieu par la dispersion des hommes, contraints à parler des langues différentes et non plus l'unique langue qui était celle d'Adam.
Même si la tradition biblique a placé l'image de la tour de Babel dans une dimension qui ne permet pas de comprendre avec clarté les aspects historiques de cette aventure, il faut savoir qu'il existe, dans la littérature cunéiforme de la Mésopotamie, des traces concrètes confirmant l'important rôle symbolique dévolu aux ziggourats, ces grandes tours à étages de plus en plus petits.
Dans un texte antique commandé par le roi Nabopolassar, le monarque prononça ces paroles inoubliables : « Mardouk, le seigneur, m'ordonna, en ce qui concerne la tour de Babylone qui, avant mon temps, était en piteux état et tombait en ruine, d'assurer les fondations au sein du monde inférieur et de faire de sa cime l'égale du ciel. Je fis fabriquer des briques en terre cuite. Comme s'il s'était agi des pluies des cieux qui sont démesurées ou de grands torrents, je fis transporter par le canal Arahtu des fleuves de bitume.
Je pris une canne et mesurai les dimensions à donner à la tour [...]. Je déposai sous les briques de l'or, de l'argent et des pierres précieuses de la montagne et de la mer. Je fis exécuter mon portrait royal et l'installai dans les fondations. »

LA PORTE DU CIEL

Nous ne saurons jamais si la tour située au centre de l'une des enceintes de Babylone et décrite par Hérodote fut effectivement la mythique tour de Babel. L'historien grec nota que cette construction était « longue comme un stade, et tout aussi large » et qu'au-dessus d'elle s'élevaient huit autres tours : on y accédait par un long escalier, à mi-parcours duquel se trouvaient des sièges pour se reposer pendant la fatigante ascension.
Le nom de la tour de Babel dérive probablement de la langue accadique et sa signification correspond à « porte du ciel » ; il ne faut cependant pas ignorer que le terme hébreu de *bâbel* signifie « confondre ». Selon de nombreuses études, la tour aurait été érigée dans la plaine de Sennaar, où la Bible la situe. Son concepteur et auteur serait Nemrod, le chasseur, qui régna sur plusieurs villes, dont Babylone. Sa construction remonterait à 115 années après le déluge universel : elle aurait mesuré environ 90 mètres de haut, mais la légende raconte qu'elle mesurait bien « 5 500 mètres de haut et des dizaines de mètres de circonférence, et elle aurait bien compté cent grilles de cuivre et 480 étages ».
La légende de la tour de Babel s'est développée du fait de la présence de nombreuses ziggourats dans la région d'Aqarquf, non loin de Bagdad, ainsi qu'à Birs Nimrud et Kish en Irak. La ziggourat est le temple sumérien par excellence, symbolisant la montagne, ou rési-

La tour de Babel dans un antique bas-relief mésopotamien (dessin Michela Ameli)

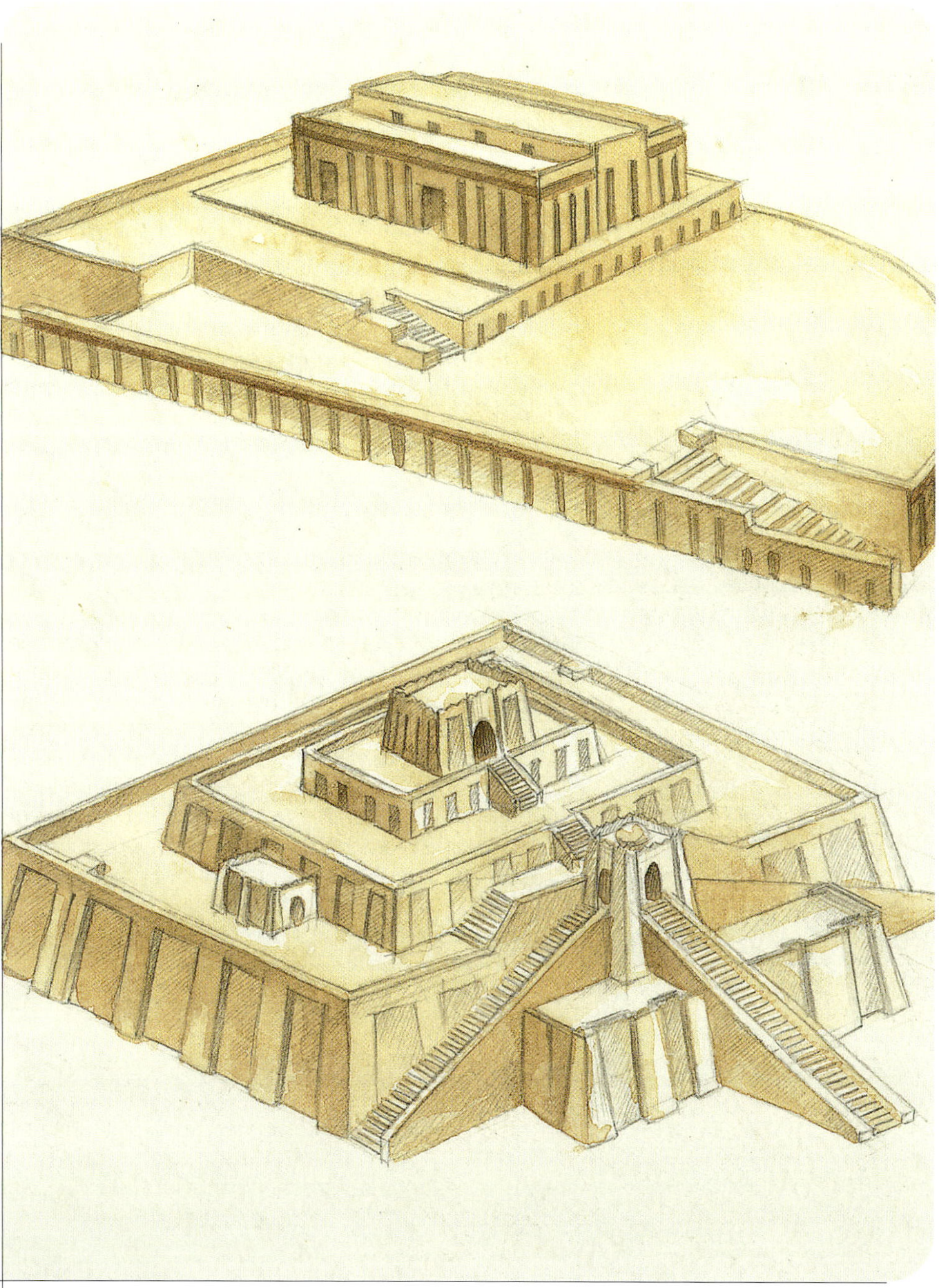

Les ziggourats de Mésopotamie pourraient être à la base de la tradition relative à la tour de Babel (dessin Michela Ameli)

dence des divinités : elle était construite avec des briques de boue, revêtue de briques en terre cuite et équipée d'escaliers permettant d'accéder au temple placé au sommet.

Parmi les ziggourats encore en état aujourd'hui et pouvant donner une vague idée de l'effet que pouvait faire la tour de Babel, citons celles d'Ur et d'Aqarquf. La première se trouve en Irak méridional et fut construite en 2100 av. J.-C. – avec ses quatre côtés tournés vers les quatre points cardinaux – par le roi Ur-Nammu, qui la dédia au dieu lunaire Nanna ; celle d'Aqarquf s'élève à environ 60 mètres de haut et fut construite au xve siècle av. J.-C. par le roi Kurigalzu.

La fascination exercée par ces constructions n'est secondaire que par rapport à leur mystérieux message qui encore aujourd'hui inquiète l'observateur, certainement influencé par les paroles de le Genèse qui fit de la tour de Babel le symbole de l'orgueil humain alimenté par le désir d'égaler et de dépasser la puissance divine.

La tour de la confusion

« Toute la terre avait une seule langue et les mêmes mots. Comme ils étaient partis de l'Orient, ils trouvèrent une plaine au pays de Schinear, et ils y habitèrent. Ils se dirent l'un à l'autre : Allons ! Faisons des briques, et cuisons-les au feu. Et la brique leur servit de pierre, et le bitume leur servit de ciment. Ils dirent encore : Allons ! Bâtissons-nous une ville et une tour dont le sommet touche au ciel, et faisons-nous un nom, afin que nous ne soyons pas dispersés sur la face de toute la terre. L'Éternel descendit pour voir la ville et la tour que bâtissaient les fils des hommes. Et l'Éternel dit : Voici, ils forment un seul peuple et ont tous une même langue [...] Allons ! Descendons, et là confondons leur langage, afin qu'ils n'entendent plus la langue, les uns des autres. Et l'Éternel les dispersa loin de là sur la face de toute la terre ; et ils cessèrent de bâtir la ville. C'est pourquoi on l'appela du nom de Babel, car c'est là que l'Éternel confondit le langage de toute la terre, et c'est de là que l'Éternel les dispersa sur la face de toute la terre. » (Genèse 11, 1-9)

BOROBUDUR

UN ITINÉRAIRE INITIATIQUE

Le grand temple de Borobudur dédié à Bouddha, sur l'île de Java, est un complexe symbolique dans lequel les significations ésotériques du mandala (terme sanskrit signifiant « cercle mystique » et indiquant un dessin symbolique qui représente la force de l'univers) et celles de la montagne fusionnent intimement. Dans la partie la plus haute se trouve un grand stupa – le tumulus placé au-dessus des cendres d'un moine important – entouré de trois terrasses circulaires sur lesquelles sont disposés d'autres stupas de dimensions moindres et couronnés de six terrasses carrées richement décorées d'édicules. Le complexe, qui remonte au VIIIe siècle, est une sorte de parcours initiatique au terme duquel on atteint le nirvâna – le niveau le plus haut –, représenté par le stupa central. Selon la tradition orientale, au centre de l'océan cosmique, du temps de la création du monde, émergea le mont Meru (qui représente l'axe de l'univers – avec une référence au corps humain, le mont représentant une colonne vertébrale), semblable à une pyramide avec ses quatre faces : chaque côté de la montagne, constamment surveillé par des gardiens rois, était formé des matières les plus précieuses. La partie est de la montagne était constituée de cristaux de roche, la partie sud entièrement couverte de lapis-lazuli, la partie ouest de rubis et la partie tournée vers le nord était en or pur. Le Meru, au sommet duquel se trouvait le palais d'Indra entouré de magnifiques jardins dans lesquels s'élevait le grand arbre des désirs, était entouré de sept anneaux concentriques de montagnes d'or, chacune isolée par une mer formée par de l'eau de pluie. Autour de ces sept anneaux de montagnes s'étendait un vaste océan circulaire, lui-même entouré d'un anneau de montagnes de fer. À l'extérieur de cette grande masse d'eau salée, quatre continents surgissaient aux quatre points cardinaux.

La conformation de cette montagne a servi de modèle à la construction des cités antiques de l'Asie, qui possèdent en leur centre une citadelle placée au sommet d'une colline et entourée d'un mur défensif.

Statue de Bouddha au lever du jour, temple de Borobudur © Biosphoto / Wilfried Louvet

La ville-montagne d'Angkor et les mains de Bouddha

Temple d'Angkor © Biosphoto / Antoine Lorgnier

L'aspect original de la ville d'Angkor, non loin du lac de Tonle Sap, au Cambodge, n'est pas connu. Ce qui est sûr, c'est que les imposantes scènes gravées dans la pierre quand la ville fut reconstruite, vers la fin du XIIe siècle, laissent entrevoir un univers où la vie militaire et religieuse occupait un rôle fondamental. Les représentations de Bouddha sont impressionnantes : il apparaît dans des positions dynamiques avec des mimiques intéressantes sur le visage. Du reste, dans ses représentations, la gestuelle – en particulier l'usage des mains, reproduites de façon à donner lieu à une sorte de code visuel – occupe un rôle important. La main ouverte vers le haut est appelée « geste d'encouragement » et invite le fidèle à s'approcher de Bouddha, tandis que les doigts touchant le sol, main ouverte, signalent une foi véritable. La main ouverte, mais suspendue, est le signe de la disponibilité des dieux à exaucer les désirs des hommes, tandis que la main loin du corps, avec le pouce à l'intérieur de la paume, correspond au « geste de l'ascète » et souligne la disponibilité à s'éloigner de tout plaisir terrestre. L'index pointé est toujours un geste de menace, et en général, il est orienté vers les créatures démoniaques. Les doigts formant des cornes sont un geste symbolique et exorciste contre les démons, tandis que les mains jointes posées sur les genoux forment le signe de la méditation, qui accompagne les représentations de certaines divinités bienveillantes. Le pouce et l'index unis forment la « roue de la doctrine » – le pouce et l'index de la main droite, avec le majeur gauche placé comme pour la faire tourner – tandis que l'index droit enfermé dans la main gauche représente symboliquement le geste de l'illumination, qui devient l'« illumination suprême » quand les doigts des deux mains sont croisés entre eux et que les index sont tendus parallèlement vers le haut. Les mains jointes placées devant la poitrine, enfin, sont un geste de salutation ou de vénération. Les significations varient encore quand les mains tiennent des objets rituels ou d'autres symboles, qui soulignent l'importante fonction dialectique du geste, authentique langage riche d'un extraordinaire potentiel de communication.

LA ROUTE DU BODHISATTVA

L'accès au temple de Borobudur constitue également une occasion de devenir *bodhisattva*, terme sanskrit signifiant « nature de Bouddha » et désignant celui qui est destiné à atteindre l'illumination intérieure et à devenir un Bouddha, obtenant ainsi la connaissance nécessaire pour aider les autres à se libérer de la douleur.

Le concept et l'appareil symbolique du *bodhisattva*, élaborés au Ier siècle apr. J.-C., prévoient une ascèse divisée en plusieurs phases : progressivement, l'adepte s'élève en acquérant petit à petit une nouvelle vertu, jusqu'à atteindre le degré supérieur de l'élévation intérieure et devenir un *bodhisattva* transcendant, ou *mahasattva*, considéré comme l'emblème de la perfection, un « grand être » qui a su combattre l'avidité, la haine et l'ignorance humaines, en acquérant la sagesse totale et en s'affranchissant du cycle des réincarnations – et qui, malgré cela, sait qu'il doit se soustraire à l'extinction définitive car il est conscient que sa permanence sur terre pourra aider de nombreux hommes. Rappelant, par certains aspects, l'image du Christ, le *bodhisattva* sait qu'il doit agir sur la terre, parmi les choses matérielles, pour conduire les hommes vers la perfection et l'affirmation de la spiritualité. Travaillant dans cette optique, ce personnage singulier est en mesure d'agir, à la manière d'un exorciste, sur le karma maléfique des hommes, les libérant du poids du mal intérieur et facilitant leur élévation spirituelle. À travers les pouvoirs que leur confère cet état, les *bodhisattva* peuvent prendre des formes différentes, apparaître en plusieurs endroits en même temps et atteindre très rapidement des pays lointains. En général, ces dons extraordinaires s'expriment, dans l'iconographie himalayenne, par la présence d'une couronne à cinq pointes sur la tête, signe indiquant que la personne n'est plus sujette aux règles physiques de ce monde ; parfois, les *bodhisattva* sont représentés avec plusieurs têtes et membres supérieurs.

CHINE ET LE JAPON

LES ÉCHOS PERDUS DE CHANGAN

Changan, située dans la vallée de la rivière Wei, dans la région du centre-ouest de la Chine, fut l'une des villes les plus importantes du monde, et atteignit son apogée entre le VIIe et le IXe siècle de notre ère. Pendant trois siècles, la ville fut l'emblème de la paix et de la prospérité, un véritable modèle pour l'Orient, resté vivace seulement dans les mémoires et dans de rares témoignages archéologiques. En effet, en 904, la ville fut assaillie par un usurpateur, Zhu Quanzhong, qui détruisit ses palais et qui dispersa la population.
Ainsi, pendant plusieurs siècles, Changan languit entre les vestiges et les échos de son glorieux passé perdu : il faudra attendre jusqu'à l'affirmation de la dynastie Ming pour voir refleurir cette cité qui, d'un certain point de vue, représentait un modèle de perfection urbaine et administrative.
À partir de la deuxième moitié du XIVe siècle et jusqu'à la moitié du XVIIe, la ville acquit une nouvelle physionomie, avec des caractéristiques qui, pour l'observateur occidental, ont encore quelque chose de mystérieux : on peut citer, par exemple, son plan urbain qui reproduisait, à l'échelle, les dimensions de la planète Terre, qu'à cette époque on imaginait carrée et donc facile à représenter. Le complexe entier était défendu par d'imposantes murailles en terre battue, parfois larges de 1,5 kilomètre, avec une hauteur atteignant 18 mètres en certains points.
Les habitants étaient au nombre approximatif de 200 000 mais, durant sa période de splendeur, la cité en compta jusqu'à deux millions. Lorsqu'on observe Changan aujourd'hui, on ne peut qu'être stupéfié du haut niveau atteint par les urbanistes : ils réalisèrent une ville caractérisée par une structure à la fois très complexe et symbolique, qui laisse les architectes contemporains perplexes. L'un des joyaux de la cité était le palais impérial, constitué d'une trentaine d'édifices dont le cœur sacré était la salle du trône, ou Hanyuandian : dans cet espace, se déroulaient les cérémonies religieuses dont le solstice d'hiver représentait l'apogée car il était considéré comme un moment magique où l'univers adressait son salut à l'empereur.

Bouddha de l'époque des Wei du Nord (© Lionel Dumarcet)

UNE MÉTROPOLE « SPORTIVE »

Parmi les nombreuses attractions qu'offrait Changan à ses habitants, il y avait les combats de coqs – témoignage historique le plus ancien de cette pratique cruelle répandue dans de nombreux pays. Changan était une sorte de centre officiel des combats qui attiraient les passionnés et les parieurs. L'origine des combats de coqs remonte au ve siècle avant Jésus-Christ, comme le prouve la présence de nombreux sites d'élevage : il semble que l'empereur en possédât des milliers, confiés à cinq cents gardiens et éleveurs.
Les archéologues ont également découvert que, dans cette ville, était répandu un autre sport pratiqué aujourd'hui dans des régions éloignées de la Chine : le polo. Les experts affirment que ce jeu, originaire de Perse, arriva en Chine par des chemins difficiles à reconstituer : ce qui est certain, c'est que le polo fut à Changan une sorte de sport populaire, avec des équipes et des supporters.
Repenser à cette grande métropole antique, riche et évoluée, avec des palais et tous types de divertissements dont il ne reste aujourd'hui que peu de traces, fait sans nul doute réfléchir à la caducité des choses terrestres. Les immenses murailles de terre battue et

Les mystérieux habitants des cavités

Quand les archéologues commencèrent à déterrer les restes d'Anyang, la grande cité chinoise qui atteignit son apogée il y a 3 000 ans, ils notèrent d'insolites cavités. À première vue, on pensa à des sites funéraires, mais une enquête plus approfondie montra que les nombreuses cavités présentes dans toute la ville étaient en réalité les habitations de la population autochtone, des maisons hypogées de diverses formes, à une profondeur d'environ 3-4 mètres, à l'intérieur desquelles se trouvait toujours un puits dans lequel étaient jetés les détritus alimentaires. De ce site proviennent des milliers de fragments osseux sur lesquels sont gravés des signes et des inscriptions dont la signification reste mystérieuse : On pense qu'il s'agit d'objets utilisés à des fins divinatoires, peut-être dans le cadre d'une pratique dont les seuls dépositaires étaient les mystérieux habitants des cavités d'Anyang.

Disposition en zigzag de briques d'argile, à Anyang © Lowell Georgia / Corbis

Quelques décorations chinoises antiques

les grands palais sont perdus, vaincus par le temps. Comme l'arrogance des hommes.

TAI SHAN, LA MONTAGNE DES DIEUX

Le Tai Shan est sans doute l'un des lieux les plus fascinants et mystérieux de la terre : un endroit où le sacré et l'histoire fusionnent harmonieusement, créant une scénographie unique au monde. Ce relief, posé comme une sculpture magique à l'abri de la plaine du fleuve Jaune, non loin de Chi-nan, joua un rôle important dans la tradition chinoise : à l'aube de la civilisation, en effet, il était considéré comme une sorte de cloison entre le monde des hommes et celui des dieux. Faire l'ascension du Tai Shan était donc l'occasion de connaître l'humeur des habitants du ciel et, surtout, de démontrer la foi et la vénération du commun des mortels à l'égard des divinités.

Encore aujourd'hui, les fidèles font l'ascension de la montagne en suivant l'antique itinéraire parsemé d'escaliers qui parcourt les flancs de la montagne et demande un effort considérable : environ six ou sept heures de montée, souvent pendant la nuit, afin d'atteindre le sommet à l'aube. L'histoire de la civilisation chinoise raconte que les empereurs faisaient l'ascension du Tai Shan : la première ascension impériale date du IIIe siècle av. J.-C. et, depuis lors, la tradition se perpétue. Le parcours qui conduit au sommet est ponctuée de nombreux temples, statues et édicules qui s'harmonisent parfaitement avec le milieu naturel, où le sacré est perceptible jusque dans les pierres, les eaux des torrents et les arbres. Arrivés au sommet, les fidèles pratiquent toute une série de rituels qui ont pour but de démontrer aux dieux leur foi et de faire taire la colère des divinités infernales.

LE FENG-SHUI, OU COMMENT VIVRE EN HARMONIE

La religion la plus répandue parmi les fidèles qui font l'ascension de la montagne sacrée est le taoïsme, pour lequel le Tai Shan – considéré comme l'un des lieux les plus importants par les cultes orientaux – est une sorte d'immense autel naturel. Les taoïstes affirment que le choix d'un lieu de culte, mais aussi celui du lieu d'habitation, n'est jamais un hasard, mais résulte d'une évaluation attentive des lignes d'énergie qui traversent toute la terre et dans lesquelles le positif et le négatif, le bien et le mal, s'affrontent. Ainsi, pour établir l'emplacement et la structure d'un édifice, les philosophes orientaux s'appuyaient sur le feng-shui, un antique art chinois qui enseigne comment disposer les meubles, orienter les lits, utiliser les miroirs, les objets, les couleurs, les plantes, les parfums, les lumières et les sons afin de faire des habitations des lieux de sérénité, de repos et, surtout, d'harmonie. Le principe du feng-shui repose sur le fait que la tête, le corps et l'esprit sont une seule et même chose étroitement liée à l'environnement : la façon de vivre et le lieu où nous vivons influencent notre bien-être, et pour être sereins dans notre habitation, nous devons nous construire un refuge, une sorte de coquille dans laquelle nous

Le mont Tai Shan, dans la région de Chadong © Getty / Panoramic Images

cacher et reprendre des forces, un nid dans lequel conserver les sentiments, les objets chers, les souvenirs. D'après de nombreuses études menées sur cet art antique d'orientation des édifices, les règles simples du feng-shui ne sont pas appliquées seulement en Chine : au contraire, dans toutes les cultures préhistoriques, l'homme a suivi les règles de la nature que nous, Occidentaux, avons malheureusement en grande partie oubliées aujourd'hui. Le site de Stonehenge, en Angleterre, est un exemple, à sa façon, de feng-shui : il semble en effet que les anciens habitants de l'Europe, en particulier les Celtes, étaient de fins connaisseurs des flux énergétiques de la nature et pratiquaient la géomancie.

NARA, À LA RECHERCHE DE L'ILLUMINATION

Construite en 710 apr. J.-C., la cité de Nara, au Japon, fut à l'origine la capitale impériale et le siège de nombreuses activités commerciales et administratives du Japon du VIIIe siècle. En réalité, cette localité, si elle n'a rien d'apparemment mystérieux, est marquée par une histoire dans laquelle le mythe réussit toujours, çà et là, à refaire surface. Le mystérieux temple d'Horyuji, par exemple, constitue la construction en bois la plus ancienne ayant résisté jusqu'à aujourd'hui. Il y a ensuite l'immense structure du Todaiji, où était conservée une grande statue en bronze de Bouddha, auquel étaient consacrées de nombreuses offrandes : d'après la tradition, ce lieu était le centre de confluence des énergies positives qui permettaient d'atteindre l'illumination intérieure.

L'ÉNIGMATIQUE PYRAMIDE DE YONAGUNI

Dans les eaux au sud de l'île japonaise de Yonaguni a été localisée une structure sous-marine haute d'environ 30 mètres, longue de 200 et large de 150. Sa forme rappelle celle d'un temple à degrés et, s'il était démontré que cette structure n'est pas d'origine naturelle, les archéologues se trouveraient face à la difficulté de remonter à la mystérieuse culture qui réalisa cette pyramide il y a plus de 10 000 ans.

Le pic Pobéda, point culminant des Tiens Shans © Biosphoto / Sylvestre Popinet & Christel Freidel

ÉPHÈSE

ENTRE ARTÉMIS ET MARIE

« Le temple d'Artémis à Éphèse est la seule maison des dieux. Quiconque le regarde sera convaincu qu'un changement de lieu est survenu : que le monde céleste de l'immortalité s'est transféré sur la Terre, après que les Géants et fils d'Aloades, qui tentèrent d'atteindre les cieux, firent un bond depuis les montagnes et construisirent non pas un temple, mais l'Olympe. » Par ces mots, Philon offre une image très vivace du temple d'Artémis à Éphèse, en Turquie, considéré comme l'une des sept merveilles du monde. Aujourd'hui, de ce chef-d'œuvre qui a incité les hommes à penser que les dieux avaient transféré sur terre une partie de l'Olympe, il ne reste que peu de traces ayant résisté à l'outrage du temps. Le culte d'Artémis, véritable maîtresse des lieux, perdit de sa vigueur et de sa force dans le sillage de la décadence. En outre, l'image de la déesse a progressivement été effacée par une autre grande figure féminine de l'histoire des religions, la Vierge Marie. Ce fut en effet dans cette ville, capitale de cultes millénaires graduellement remplacés par le christianisme, que la Madone passa les dernières années de sa vie, après la mort de Jésus. Elle vécut un peu à l'écart, racontent les hagiographies, de la chaotique « métropole » religieuse et culturelle de la mer Égée, s'enfermant dans le souvenir et la méditation à l'intérieur d'une pauvre maison populaire, un édifice destiné à se transformer en l'un des lieux les plus importants de la chrétienté et des pèlerinages internationaux.
Essayons de revivre le fascinant séjour de la Vierge à Éphèse. Eusèbe de Césarée nous informe que,

Sculpture d'une tête bouche ouverte à Éphèse © Biosphoto / Sylvestre Popinet & Christel Freidel

entre 37 et 42, Jean, l'apôtre bien-aimé, atteignit Éphèse avec la Madone, où il écrivit son Évangile jusqu'à sa mort (même si la tradition populaire le voulait immortel) ; il fut enterré non loin de la ville, et sur sa tombe fut ensuite érigée une chapelle (au IVe siècle, quand la communauté chrétienne d'Éphèse eut atteint une certaine solidité, une grande basilique fut construite au même endroit, basilique jour après jour mise en lumière par les archéologues). L'évangéliste et la Vierge habitèrent pendant un certain temps dans une maison située sous les ruines de l'« église de la Madone », ou « église du Concile » (ensuite, Jean aurait préparé pour la Madone une autre maison sur le mont Coressos). L'église, dont la construction remonterait au IIe siècle, mesurait 260 mètres de long et 30 de large : au IVe siècle, la construction fut transformée en basilique à trois nefs, avec des absides et un baptistère, et, ensuite, en particulier sous Justinien Ier (527-565), elle subit de nouvelles transformations.

PANAYA KAPOULU : L'AUTRE MAISON DE MARIE

Sous les fondations de la basilique devraient donc être dissimulés les vestiges de l'antique habitation qui, quelques années après la mort du Christ, servit de refuge à l'évangéliste et à la Vierge. Mais, tandis que cette demeure dort du sommeil des justes, l'autre maison de la Madone, celle qui l'abrita seulement durant les dernières années de sa vie – où, comme l'écrit F. M. William, « la douleur consumait Marie comme tout autre individu, et comme elle avait subi un tourment physique et spirituel plus intense que n'importe quel autre tourment humain, les conséquences durent en avoir des proportions exceptionnelles » –, est bien visible.

Une statue d'Artémis © Getty / DEA Picture Library

L'Assomption de la Madone

Il n'existe aucune indication biblique sur la mort de la Vierge, ni de renseignement précis sur son lieu de sépulture. Malgré l'absence d'informations écrites, quantité d'interprétations successives ont vu le jour, générées principalement par les instances religieuses. Déjà entre les IIIe et IVe siècles, des textes parurent sur les circonstances de la mort de Marie. Bien que ces textes restent apocryphes, ils furent néanmoins déterminants dans la tradition de l'Assomption, c'est-à-dire l'enlèvement de la Vierge au ciel par les anges.

La première référence concrète à l'Assomption apparaît dans le texte anonyme Transitus Beatae Virginis, *écrit en syriaque et datant d'une époque comprise entre les IIIe et Ve siècles. En 754, l'empereur Constantin V promulgua le culte obligatoire de la Vierge Marie, niant l'accession au ciel à quiconque « n'admet pas que la Sainte et toujours Vierge Marie, laquelle est authentiquement et véritablement mère de Dieu, est la plus haute de toutes les créatures, visibles ou invisibles, et n'en cherche pas avec une foi sincère l'intercession, en croyant à son accession à Dieu. » Cependant, l'Assomption n'est devenue un article de foi qu'en 1850 car les témoignages bibliques objectifs capables de confirmer une telle croyance n'existant pas, il fut difficile de prendre une décision. En fait, la renaissance de l'Assomption tient certainement à la volonté populaire : en effet, le document pontifical s'y référant fut émis suite à une pétition qui recueillit huit millions de signatures parmi les catholiques. Quatre ans après, Marie fut officiellement déclarée « reine des cieux », une appellation déjà très répandue, même si elle n'était pas reconnue par l'Église.*

Après la mort de Marie, la maison tomba en ruine. Au Moyen Âge, du fait des requêtes insistantes du clergé occidental et sur instance du Concile d'Éphèse, le désir de récupérer la maison de la Vierge se fit de plus en plus intense. Quelques siècles plus tard, Clemens Brentano (1778-1842), dans son livre *La Vie de la Vierge Marie*, explique plus avant, en s'appuyant sur des données objectives, l'importance de retrouver les vestiges de la maison, pas seulement par fidéisme, mais surtout pour relier avec justesse un lieu historique à un événement mythique relaté par des historiens ayant amplement puisé dans les traditions orales. Ensuite, la déclaration de Catherine Emmerich (1774-1824) se révéla déterminante. Dans l'une de ses visions, bien qu'elle n'eût jamais quitté l'Allemagne, elle vit l'emplacement exact de la maison de la Madone. Les révélations de la visionnaire allemande et le substrat historique recueilli avec le temps poussèrent Eugène Paulin, de l'ordre des Lazaristes et directeur du collège de Smyrne, à poursuivre la recherche : la charge d'enquêter dans la région fut confiée à une équipe dirigépar le père Young. Le groupe d'archéologues identifia le site dans la localité de Panaya Kapoulu et, à la surprise générale, ce lieu correspondait exactement à la description faite par Catherine Emmerich. Naturellement, l'Église fit preuve de prudence avant de reconnaître l'importance de la découverte et ce n'est qu'en 1892 que l'archevêque de Smyrne autorisa les cérémonies religieuses en ce lieu. En 1961, le pape Jean XXIII reconnut Panaya Kapoulu comme un « lieu de pèlerinage », en en officialisant ainsi l'importance religieuse.

Statue de la vierge marie sur la montagne d'Aladag, aux environs d'Éphèse
© Biosphoto / Pascal Goetgheluck

Près de la maison, de récentes études archéologiques ont mis en lumière la présence de tombes antiques dont les excavations ont montré qu'elles étaient orientées vers l'habitation : cette indication tend à confirmer que, du temps de Constantin et de Justinien (vraisemblablement du temps des sarcophages, du fait de la découverte de certaines pièces de monnaie frappées par ces empereurs), le lieu jouissait peut-être d'une certaine notoriété et avait sa place dans le contexte culturel de l'époque. Sur les ruines de la maison de la Madone, aux VIe-VIIe siècles, une église fut érigée, puis restaurée à l'époque moderne en suivant l'organisation architectonique d'origine, c'est-à-dire un plan en croix avec coupole.

Dans l'embrasure de l'abside, où se trouve une statue de la Vierge datant du XIXe siècle, était située la cuisine, tandis que l'autre partie de l'édifice aurait été la chambre à coucher. La maison était composée de deux pièces, d'une citerne d'eau distante de 100 mètres, d'un mur avec des arcades et d'un escalier, éloignés de l'édifice, et dont les archéologues n'ont pas encore réussi à déterminer la fonction précise. Il est intéressant de noter que, au moment des excavations, les vestiges d'un foyer, avec des traces de charbon et de bois (comme l'indiquait d'ailleurs Catherine Emmerich) furent découverts : grâce à la datation au carbone 14, on a réussi à déterminer que ces éléments remontaient au Ier siècle.

À l'intérieur de la maison, côté est, se trouve aujourd'hui une niche orientée vers La Mecque : les musulmans considèrent en effet la Madone comme une sainte et la vénèrent comme telle. En séparant l'aspect éminemment religieux de l'aspect historique, on ne peut s'empêcher de noter à quel point la maison de la Madone est encore aujourd'hui un « problème » archéologique ouvert, un ensemble de questions complexes qui, dans la structure de la foi, ne réussissent pas toujours à trouver des réponses objectives.

Lorette, une autre maison...

Parmi tous les lieux où la Vierge vécut, il ne faut pas oublier une autre maison très connue dans la chrétienté : celle où la mère du Christ naquit et vit apparaître l'ange Gabriel durant son séjour à Nazareth.

Cette petite maison (10 mètres sur 4 sans fondations) se trouve à Lorette (dans les Marches) et y aurait été apportée par des anges. Selon la tradition, en 1291, quand la Palestine tomba aux mains des musulmans, les anges s'emparèrent de la maison sans ses fondations et le 10 mai la transportèrent en un lieu plus sûr, à Raunizza, en Dalmatie, entre Tersatto et Fiume (la tradition ne fournit pas d'explication quant aux raisons du choix de ce lieu) ; puis, dans la nuit du 10 décembre 1374, les anges la déplacèrent à Recanati, dans un bois qui appartenait à une dame de la noblesse dénommée Loreta (l'origine étymologique de Notre-Dame de Lorette provient peut-être de ce nom). Cependant, ce lieu se révélant peu sûr à cause des vols à répétition que subit la maison, les anges la déplacèrent sur une colline appartenant à deux frères en lutte perpétuelle, puis ensuite à Loreto. L'édifice, sans fondations, avait une porte unique côté nord, et une petite fenêtre du côté opposé : à l'intérieur, aujourd'hui encore, on peut y voir un petit autel avec un crucifix que l'on attribue à saint Luc. La partie supérieure du mur était recouverte de fresques représentant la Vierge, sainte Catherine, saint Georges, saint Antoine et le roi Saint Louis.

Sous le règne de Clément VII, l'édifice subit de nombreuses modifications : la porte originelle fut condamnée et on y perça trois portes pour faciliter l'accès des fidèles ; puis on déplaça l'autel, de même que la statue de la Vierge, sur un autre côté.

En 1463, on emmena le cardinal Pietro Barbo, gravement malade, à Loreto, lequel y demanda la guérison à la Vierge. Celle-ci lui apparut et, en plus de le guérir, lui annonça qu'il deviendrait pape. La vision se révéla exacte, puisqu'il guérit et devint pape en 1464, sous le nom de Pie II.

Dès 1468, on commença à édifier la grande église à trois nefs à l'intérieur de laquelle on trouve, encore aujourd'hui, la Santa Casa de Loreto.

Façade du sanctuaire de la Casa de Loreto © Fotolia / Drimi

JÉRUSALEM

À LA RECHERCHE DU TOMBEAU DU CHRIST

À Jérusalem, deux sites sont encore indiqués comme abritant le tombeau du Christ : la basilique du Saint-Sépulcre et ce que l'on connaît sous le nom de Tombe du Jardin. Le général Charles Gordon a contribué à donner de la crédibilité à ce deuxième emplacement. Après une remarquable carrière militaire, ce dernier s'installe à Jérusalem en 1883. Dès son arrivée il se consacre à la recherche de la véritable tombe du Sauveur et la repère aux environs du mont Golgotha, où Jésus fut crucifié. La tombe ne diffère pas beaucoup des autres tombes des Ier et IIe siècles que l'on trouve en divers endroits de la ville : l'intérieur fut modifié plusieurs fois jusqu'au VIe siècle, ce qui explique que l'on manque d'éléments originaux fiables permettant d'affirmer qu'il s'agit bien du lieu où Joseph d'Arimathie a déposé le corps du Christ après la crucifixion.
En se reportant aux indications glanées dans les Évangiles, il est cependant possible d'en apprendre un peu plus. Dans l'Évangile de saint Jean (Jean, 19, 40-41) par exemple : « ils prirent le corps de Jésus et l'enveloppèrent de bandelettes avec les aromates, suivant la manière juive d'ensevelir. À l'endroit de la crucifixion il y avait un jardin, et dans ce jardin un tombeau neuf, où l'on n'avait encore mis personne. » Jean indique que Joseph d'Arimathie et Nicodème déposèrent le corps du Christ dans une tombe neuve qui n'avait encore jamais abrité aucun cadavre. Matthieu ne contredit pas

Entrée de l'église du Saint-Sépulcre, dans la vieille cité de Jérusalem © Biosphoto / Dan Porges / Peter Arnold)

Jean, mais ajoute une information importante sur le propriétaire de la tombe : « Joseph prit le corps, l'enroula dans un linceul tout propre, et le déposa dans le sépulcre neuf qu'il s'était fait tailler dans le roc. » (Matthieu, 27, 59-60). Marc et Luc, quant à eux, ne fournissent pas d'informations supplémentaires sur les caractéristiques du sépulcre, ils se contentent de souligner qu'il était « taillé dans le roc ». Luc, tout comme Jean, ajoute : « où personne n'avait encore été mis ». (Luc 23,53 ; Marc, 15,46).

LA BASILIQUE DU SAINT-SÉPULCRE

Aujourd'hui, les archéologues et les spécialistes de la Bible s'accordent en majorité à situer le tombeau du Christ à l'endroit où s'élève la basilique du Saint-Sépulcre. Cette dernière, au cœur du quartier chrétien, comprend les cinq dernières stations de la Voie Douloureuse, qui commence aux alentours du présumé palais de Hérode. En 326, Hélène, mère de l'empereur Constantin, découvre le lieu que les Évangiles appellent Golgotha ; elle y fait construire une première église qui englobe également le tombeau du Christ.

L'histoire de cette église est très tourmentée, en raison de ses nombreuses transformations ou des destructions dont elle fut l'objet au cours des siècles d'invasion. Ce qui semble sûr aujourd'hui, c'est qu'à l'endroit où s'élève la basilique, il y avait un site réservé à l'inhumation des corps : le terrain était à l'origine une carrière de pierres et donc hors les murs de la ville antique. À l'intérieur de la basilique, on trouve la sépulture contenant le tombeau du Christ, destination de millions de chrétiens venant de tous les coins du monde.

Comme nous l'avons déjà souligné, le site a subi de terribles altérations : les Perses la détruisirent en 614 ; elle est reconstruite, mais, en 1009, elle est de nouveau mise à sac par le sultan Hakim. Enfin, en 1149, les Croisés restaurent la basilique, qui jouait un rôle fondamental pour l'ensemble de la chrétienté. Des fouilles archéologiques systématiques ont peu à peu mis à jour les parties les plus anciennes de la construction, jusqu'à atteindre le niveau le plus bas, correspondant à la basilique constantine, qui s'élèverait sur ce qui est à présent considéré par tous comme le véritable tombeau du Christ.

Quelques représentations du Saint-Sépulcre : sceau des chanoines du couvent augustinien du Saint-Sépulcre ; gravure du xvie siècle et dessins d'un pèlerin du XIVe siècle

HARAPPA ET MOHENJO-DARO

DEUX CITÉS PERDUES DANS LE NÉANT

Les sites d'Harappa et de Mohenjo-Daro restent des énigmes pour les archéologues contemporains : nombre de leurs particularités sont en effet inconnues. Les deux cités de la vallée de l'Indus, au Pakistan actuel, donnèrent naissance, à partir de 2000 av. J.-C., à une civilisation florissante, apparemment issue du néant et qui est depuis retournée au néant.
Leurs structures représentent un exemple d'urbanisme moderne qui laisse littéralement sans voix les architectes de notre temps. Il ne nous est pas donné de savoir d'où leur venaient de telles connaissances. L'énigme est encore obscurcie par la toponymie : Mohenjo-Daro était en effet appelée le « tumulus des morts », ce qui rend inquiétante l'atmosphère de ce lieu dominé par l'impression d'abandon mais aussi à maints égards par la perfection des constructions.
Vers 1500 av. J.-C., Harappa et Mohenjo-Daro furent désertées, laissées en pâture à la poussière : aucun signe de lutte ou de destruction, juste des tonnes de sable qui semblent avoir englouti pour toujours les secrets des deux villes.
En effet, les fouilles menées par les archéologues dès 1944 n'ont pas fait découvrir d'éléments permettant de reconstituer l'organisation politique de ces deux « métropoles de l'Antiquité » ; comme si tout avait été volontairement caché, afin d'en dissiper lesouvenir pour toujours.

LE CULTE DE LA DÉESSE MÈRE

Sur le plan religieux également le mystère prévaut, même si les fouilles ont permis de découvrir quelques effigies de divinités féminines, témoignant, d'après les experts, du culte consacré à la déesse mère.
Les différentes cultures ont construit, autour de l'archétype de la mère, une dimension sacrée profondément ancrée dans les rites traditionnels et dans la psychologie des hommes de tous les temps.
L'archéologie a confirmé que les religions du passé étaient caractérisées par une grande diversité de divinités féminines, dont sont issus des cultes et des traditions qui, encore aujourd'hui, en ces temps apparemment si détachés des choses de l'esprit, exercent une influence sur les hommes. Pour Jung, on trouve dans l'archétype maternel les racines de l'autorité magique féminine, la sagesse, l'ascèse spirituelle qui transcende les limites de l'intellect : elle recèle ce qui est bienveillant, protecteur, tolérant, ce qui favorise la croissance, la fécondité, la nutrition et la renaissance. Au côté du père créateur, la mère représente donc l'élément indispensable dans lequel est rituellement contenu le pouvoir, entre les deux combattants d'un duel qui dure depuis que les religions existent.

Les restes de quelques greniers à Harappa © Biosphoto / Dan Porges / Peter Arnold

Il semble que la grande distinction entre les hommes et les femmes pour ce qui est du pouvoir soit apparue entre 3500 et 2500 av. J.-C., suite à l'influence marquante des invasions venues de l'est, lorsque le modèle matriarcal, par ailleurs typique de la société agricole, fut supplanté par la culture patriarcale basée sur la guerre, la chasse et sur une économie prédatrice et destructrice. L'évolution des divinités féminines a donné naissance à de nombreuses représentations positives ou négatives, considérées différemment en fonction des civilisations. La déesse mère est source de vie, figure clé des premières cultures basées sur la communauté, en particulier d'origine agricole, pour lesquelles elle est garante de l'immortalité et de la renaissance. Si la déesse mère est génératrice, le dieu père est, comme nous l'avons déjà dit, créateur : les sociétés patriarcales inventent un dieu père guerrier, valorisant ainsi leur rationalité, leur force et la lumière ; en revanche dans les sociétés matriarcales, les valeurs, telles que le mystère, la lune et l'eau par opposition au feu, occupent un rôle prépondérant.

L'archétype primitif de la mère a connu de nombreuses modifications au cours du temps ; le christianisme s'y conforme en conservant certains éléments symboliques typiques du monde païen.

Tout cela suggère qu'il existe une sorte de continuum, mettant en prise directe le monde antique et le monde moderne. Au-delà des réminiscences culturelles et des archétypes inscrits dans notre esprit, l'environnement a certainement joué un rôle important dans la célébration de la sacralité du féminin.

Une des mystérieuses divinités féminines encore sans nom retrouvées à Harappa (dessin Michela Ameli)

La richesse étonnante de la civilisation de l'Indus © Biosphoto / Dan Porges / Peter Arnold

L'HIMALAYA

LA FACE CACHÉE DU YÉTI

Le yéti (terme dérivant des mots tibétains *ye* et *teh* signifiant respectivement « roche » et « animal »), autrement dit le mythique « homme des neiges », est apparu dans les chroniques au cours des années 1950, suite aux grandes expéditions alpinistes occidentales. Cet être velu habitant les neiges éternelles apparaît souvent dans l'iconographie himalayenne, car la créature a profondément marqué la mythologie du « toit du monde ». Voici un exemple parmi d'autres : la chaîne de montagne entre l'Éverest et le Lhotse porte le nom de Maha Langur Himal ou « montagne des grands singes ».

On y trouve des vestiges pour le moins extraordinaires, comme le crâne et la main d'un yéti momifiés et conservés dans le monastère de Pangboché au Népal. Ces restes ont nourri plus d'un débat concernant leur authenticité.

Mais au-delà des polémiques, ils témoignent surtout de l'importance capitale de cette créature dans la culture locale. Les sherpas – c'est-à-dire les membres de la tribu himalayenne établie le long des pentes méridionales de l'Everest – assurent qu'il y aurait sur les montagnes des *thelma* (êtres de petite taille, qui ne montent pas au-dessus de 3000 mètres d'altitude), des *dzuteh* (sortes de géants entièrement recouverts de poils, végétariens et qui n'attaquent pratiquement jamais les hommes) et des

Pleine lune sur les monts du Karakorum et le glacier Baltoro © *Biosphoto / Colin Monteath / Auscape*

mi-teh ou *kang-mi* ou *nayalme* (créatures carnivores, agressives et dangereuses). Même si les témoignages de ceux qui ont vu cet étrange animal restent évasifs et peu satisfaisants pour la science occidentale, l'animal n'est pas moins « réel » en Himalaya, signe évident de l'influence que la nature exerce sur chaque création culturelle. En harmonie avec l'équilibre établi entre l'homme et le reste de l'univers, le yéti est l'image emblématique, relativement claire, d'un monde si lointain et si méconnu par l'observateur occidental que, du « toit du monde », ce dernier ne voit bien souvent que les aspects les plus évidents. Il ne perçoit que partiellement l'héritage d'une tradition symbolique et rituelle vieille comme l'humanité.

Représentations du yéti par des sherpas anonymes

D'après une légende népalaise, le yéti viendrait de Shangri-la, localité mythique perdue sur les montagnes himalayennes. Elle est considérée comme une terre promise, objet de nombreux récits. Et pourtant, nous disposons de peu ou pas d'indications sur son existence et rares sont ceux qui l'ont vraiment vue (s'ils existent...).

LES MONTAGNES SACRÉES

N'oublions pas que l'Himalaya, la « demeure des neiges », avec ses sommets parmi les plus élevés du monde, est un lieu du sacré par excellence. Dans cet environnement sauvage, où la vie prend une autre dimension, les hommes sentent fortement l'autorité du divin, ils en perçoivent le souffle, la force illimitée.

Népal et Tibet sont en quelque sorte les citadelles d'une tradition religieuse particulièrement fascinante, et par de nombreux aspects, syncrétiste. Dans cette religion, le mécanisme du symbole agit avec force, suggérant des occasions souvent extrêmement particulières pour pénétrer à l'intérieur de l'univers du culte.

La superficie du Tibet dépasse 1,2 million de kilomètres carrés – plus de deux fois et demie celle de la France ; le pays est délimité au sud par la chaîne de l'Himalaya, à l'ouest par les monts Karakorum, au nord par la chaîne du Kunlun et à l'est par une série de chaînes parallèles correspondant à la ligne de partage des eaux d'importants fleuves asiatiques. Déjà mentionné au VIe siècle par des écrivains arabes, le Tibet fait son entrée dans l'Histoire en tant que puissance politique au siècle suivant : depuis cette période, le pays, ceint des montagnes les plus hautes du monde, a préservé son image mystique et beaucoup le considèrent comme la dernière destination pure, comme le chemin menant à la spiritualité authentique.

LA « RELIGION HIMALAYENNE »

La religion himalayenne est souvent déformée dans l'esprit des Occidentaux par une connaissance limitée, le plus souvent basée sur des lieux communs et des concepts sommaires. Elle est en réalité beaucoup plus complexe, puisqu'il s'agit d'un univers hétérogène

Le mythe du yéti pourrait trouver son origine dans l'iconographie bouddhiste, riche en créatures caractérisées par des traits particulièrement diaboliques

composé de cultes encore très vivants, mêlant des rites archaïques à d'autres plus modernes.
En effet, dans cette zone géographique persiste une tradition cultuelle née de la rencontre entre la religion indigène, le bôn, religion plus ancienne et pré-bouddhique, et le bouddhisme, venu de l'Inde et qui a donné lieu à différents courants. Le bôn se définit comme *lha-chos*, la « doctrine sacrée », et se présente comme la réponse spirituelle au *mi-chos*, qui signifie « doctrine humaine ». Le fondateur de cette religion, Shen-rab mi-bo (l'être suprême, le plus grand homme) – mort à plus de 80 ans après avoir eu dix femmes et engendré huit garçons et deux filles – est considéré et vénéré par les fidèles comme une divinité. À partir du VIIe siècle, la tribu Bö établit au sud de Lhasa le premier royaume tibétain, mais la diffusion du bouddhisme crée un conflit avec la religion autochtone. Les deux traditions ont à la fois bénéficié et pâti de ce phénomène ; les caractéristiques originelles des deux religions ont subi quelques modifications : le bouddhisme acquiert les spécificités du lamaïsme, alors que la religion bôn voit disparaître certaines de ses particularités les plus anciennes lorsqu'elle accepte les éléments réformés qui sont, depuis lors, la base du culte. D'après la tradition de la religion bôn, les sept premiers rois du Tibet étaient des divinités descendues du ciel par le biais d'un système on ne peut plus humain, c'est-à-dire par une corde qui leur permit de descendre sur la terre pour donner naissance à une culture fortement imprégnée de sacré et profondément respectueuse des volontés célestes. Dans la religion locale, les *dum-thag* jouent un rôle prépondérant : ce sont les esprits de la nature qui accompagnent les hommes, les guident, et jouent souvent les intermédiaires avec l'univers des dieux. Se pourrait-il que le yéti soit un ultime descendant de ces mystérieux esprits de la nature ?

Un yéti en Amérique ?

Le yéti d'Himalaya aurait de la famille relativement proche en Amérique du Nord, sur les montagnes Rocheuses. Aperçu par de nombreux témoins et protagoniste d'un film, le mystérieux être des forêts s'appelle dans ces régions Sasquatch ou Bigfoot : il existerait bien des moulages de ses empreintes (quelque 40 centimètres de long) mais les doutes concernant leur authenticité persistent. On évoque une créature d'environ 2 mètres pesant plus de 300 kilos, mais il ne s'agit là que d'un « portrait-robot » ne se basant que sur les déclarations de quelques témoins, qui ne sont corroborées par aucune preuve tangible retrouvée sur le terrain.
Moins connues que le fameux « homme des neiges », les créatures des montagnes des États-Unis ont beaucoup de points communs sur le plan de l'apparence avec leur parent asiatique : elles sont généralement décrites comme des êtres recouverts d'une épaisse fourrure rougeâtre, qui se nourrissent de végétaux et de petits animaux. Tous les témoins s'accordent sur le fait qu'ils dégagent une odeur désagréable. Comme le yéti, ils émettent des sons assimilables à des sifflements et vivent en petits groupes. En général les premières apparitions sont signalées au début du siècle dernier. Mais s'il s'agissait de créatures réelles, elles auraient probablement été observées par les Indiens d'Amérique et feraient peut-être déjà partie de leur panthéon.

INDE ET SRI LANKA

PATALIPUTRA : LA CITÉ DES AMAZONES

Une aura mythologique entoure le grand souverain indien Chandragupta, stratège habile devant lequel les hommes d'Alexandre le Grand durent battre en retraite. Les mythes concernant la cité qu'il a fondée, Pataliputra, sont également florissants. On raconte qu'elle mesurait 3 kilomètres de large et 15 de long ; que sur ses murs s'élevaient pas moins de 570 tours et qu'ils étaient percés de 64 portes. Le roi disposait d'une armée composée de 60 000 fantassins, de 30 000 cavaliers et de 8 000 éléphants de guerre : ce contingent imbattable impressionnait quiconque se dirigeait dans la vallée de l'Indus, vers le centre de la péninsule indienne. Sur les ruines de Pataliputra s'élève actuellement Patna. Les fondations de la ville recouvrent le gynécée, demeure légendaire des mythiques Amazones. Selon les versions les plus anciennes de la légende, ces femmes guerrières appartenaient à un peuple barbare, étranger à la civilisation grecque, et étaient célèbres pour leur comportement peu compatible avec leur sexe : elles revêtaient en effet des vêtements masculins et maniaient les armes, la lance, l'arc ou l'épée, combattant valeureusement à pied ou à cheval. Sur l'origine des Amazones et sur la signification de ce mythe, les anciens avaient déjà des avis divergents : d'après les Grecs, les Amazones étaient les descendantes du dieu Arès et de la nymphe Harmonie, alors que d'autres les considéraient comme des Amazones scythes séparées du reste de leur peuple. On racontait également qu'Héraclès, leur ennemi juré, les avait

Fresques sur un mur de Sigiriya, au Sri Lanka © Biosphoto / Abu Ala Russel / Majority World

Pierres gravées d'un mantra (« om mane padme hum »), dans le village de Zangla, en Inde © Biosphoto / Brigitte Marcon

détruites et contraintes à l'exil, dans des régions septentrionales. Dans d'autres légendes plus récentes, la patrie d'origine des Amazones est transférée dans des régions plus occidentales (Thrace, Illyrie, Vindélicie) ou plus méridionales (Libye).

LA COLONNE DE DELHI

Haute de 7 mètres, d'un diamètre légèrement inférieur à 50 centimètres, la colonne s'élève dans la cour d'un temple de Delhi, en Inde. Elle est recouverte de gravures hindoues. Les chercheurs estiment qu'elle date du Ve siècle apr. J.-C. environ. La colonne reste aujourd'hui énigmatique puisqu'on n'a pas encore établi avec précision la composition du métal de sa structure.

LE STUPA D'ANURADHAPURA

Le stupa est une des expressions les plus caractéristiques et les plus importantes de la tradition religieuse bouddhiste © Biosphoto / Thomas Kelly / Still Pictures

Le Sri Lanka est grand comme deux fois la Sardaigne mais il est bien plus peuplé (18 millions d'habitants). Les vestiges de son passé comptent quelques bâtiments curieux : figure emblématique de ces constructions, le grand stupa d'Anuradhapura a déjà fait couler beaucoup d'encre et les Occidentaux, en particulier, continuent de se poser de profondes questions sur cet édifice. Le stupa, ou tumulus situé au-dessus des cendres d'un moine important, s'est transformé avec l'aide du temps en symbole de la doctrine bouddhiste. La tradition raconte qu'à la mort de Bouddha, les cendres de ce dernier furent distribuées à huit tribus qui, à leur tour, ont divisé les cendres en 84 parts qu'elles devaient cacher dans des stupas construits spécialement pour remplir cette fonction. Les stupas présentent en général une base cylindrique ou carrée surmontée d'une coupole ; leur périmètre est entouré de pierres et d'ouvertures cachées vers les quatre points cardinaux. Ces temples reliquaires se prêtent, grâce à leur plan, à la déambulation des fidèles qui tournent lentement à l'intérieur du monument, toujours vers la droite, suivant l'ancienne pratique du pradaksina, un rituel qui avait le pouvoir d'apporter force et protection.

Les stupas ont été ensuite décorés de constructions plus complexes reprenant le modèle du temple. Ces dernières ont rapidement occupé une position importante, à l'intérieur du stupa. On peut les comparer aux maîtres-autels des églises chrétiennes : elles portent le nom de *caitya*, et avec le temps se sont transformées en un ensemble de cellules et de cloîtres dans lesquels trônent d'innombrables statues de Bouddha. Le symbolisme ésotérique souligne une certaine analogie entre la forme du stupa et le corps de Bouddha : les différents étages de la construction, comme les parties du corps, indiqueraient chaque niveau de l'existence, le point suprême étant constitué du faîte qui s'élève vers le ciel.

Le stupa a en outre une valeur de symbole cosmique : c'est en effet l'« œuf du monde » (les cendres représentant le germe), mais il symbolise également l'axe du monde qui établit directement un lien entre la terre et le ciel.

Le jardin occupe une place d'importance dans la tradition symbolique du bouddhisme

LES JARDINS MANDALA DE SIGIRIYA

Au ve siècle apr. J.-C., le prince Kasyapa fit réaliser le grand palais princier de Sigiriya, au Sri Lanka. Pour réaliser ce monument étonnant, les capacités de construction se sont mises au service de la recherche symbolique. Cette dernière est surtout concrétisée par les jardins grandioses reprenant un motif qui semble se référer au langage du mandala. Par le biais d'un symbolisme extrêmement complexe, le mandala permet une sorte de « voyage initiatique » qui favorise la croissance intérieure en visant la connaissance profonde. En pratique, donc, le mandala est une représentation de l'univers incluant toutes les forces de la nature et la relation qui les unit, ainsi que les rapports entre des choses qui, pour des non-initiés, semblent distinctes mais qui, au contraire, font partie d'un tout harmonieux. Les bouddhistes reconnaissent cependant que les vrais mandalas ne peuvent être que des représentations mentales extrêmement diverses : les images physiques ne font que représenter le vrai mandala qui doit se former dans l'esprit. Le mandala physique, en tout cas, n'est peint et consacré que pendant la période où on l'utilise pour une cérémonie. Par la combinaison de cercles, de carrés et autres figures symboliques, le mandala témoigne des liens matériels et spirituels qui unissent les plans cosmique, anthropologique et divin. Par ailleurs, le mandala joue un rôle important pour maintenir et rétablir l'équilibre psychique, à tel point que, en Occident, Jung et ses disciples en ont fait un objet d'étude approfondie.

Ci-contre, la forteresse rocheuse de Sigiriya et ci-dessous, la figure d'une jeune fille peinte sur la roche (photo office du tourisme du Sri Lanka)

LE MONT ARARAT

À LA RECHERCHE DE L'ARCHE DE NOÉ

La construction de l'Arche. Gravure du xve siècle

Un déluge, une immense arche, un grand songe. Rêve tout humain, d'un jour retrouver cette embarcation extraordinaire qui, comme l'indique la Genèse, était « en bois résineux [...], sa longueur de trois cents coudées (133 mètres), sa largeur de cinquante coudées (32 mètres), et sa hauteur de 30 (13 mètres) » (6, 14-15). Les vestiges du navire de Noé se trouveraient en Anatolie sur le mont Ararat, un des principaux volcans de Turquie, situé dans une zone instable, à la frontière avec l'Arménie et l'Iran. Les historiens, les philosophes, les mystiques et les savants du passé ont déjà recherché des traces concrètes qui permettraient d'attester la présence de l'Arche en quelque proche endroit de l'Orient : cependant personne n'a jamais fait de découverte aussi exceptionnelle. Ainsi ne reste-t-il que de nombreuses conjectures et théories, sans compter les blagues et les canulars, caractéristiques des époques où méthode et philologie étaient souvent étouffées par les superstitions mythologiques.

Puis, l'archéologie et l'histoire des religions ont progressé et inventé de nouveaux instruments de recherche plus précis. Les techniques d'alpinisme ont elles aussi évolué, permettant à l'homme d'atteindre l'endroit où se trouverait l'Arche de Noé : le glacier de l'Ararat et ses 4 800 mètres d'altitude. Par la suite, les photographies aériennes et prises par satellites ont fait leur apparition, tels des regards indiscrets, capables de pénétrer en des lieux inaccessibles pour tout un chacun.

C'est effectivement la photographie prise par le satellite Langer qui a récemment permis aux chercheurs de remonter la trace présumée de l'Arche de Noé *cum grano salis*, sans résultats concrets pour le moment. Les glaces auraient, selon certains chercheurs, rejeté des fragments qui pourraient provenir de l'embarcation, mais les archéologues restent sceptiques et la querelle continue.

Les interprétations fantaisistes, basées sur l'archéologie spatiale, en faveur pendant les années 1960, ne manquent pas. Ces théories établissent une corrélation entre l'Arche et les extraterrestres, avec tout ce que cela peut avoir comme conséquences au niveau de l'imaginaire. Imaginaire qui, à bien y regarder, n'est pas absent de l'idée que la majeure partie de l'humanité est issue de ce grand navire de bois recouvert de bitume. Une notion qui nous entraîne dans l'univers de la littérature et du cinéma sans passer par l'itinéraire biblique qui, pourtant, est le seul capable de proposer une clé de lecture équilibrée pour comprendre le sens du déluge universel.

LE SYMBOLE DE L'ARCHE

Certaines périodes sont marquées par le retour en force du thème du châtiment divin. Il se décline alors sur tous les tons en se nourrissant de superstitions et des peurs provoquées par le matérialisme. C'est alors que l'arche de Noé refait surface. Alors que l'on reparle des survivants mais surtout du grand navire dont les restes doivent « forcément » se trouver sur l'Ararat, mont réel que la Bible désigne sans le moindre soupçon d'ambiguïté qui pourrait être dû aux traductions ou à l'évolution des langues.

À notre époque, l'arche est peut-être un signe double : symbole d'une part de la puissance de Dieu et d'autre part de la possibilité de la survivance. Si nous voulons ajouter une innovation au mythe de l'arche de Noé, nous pouvons alors le considérer comme un instrument important pour la conservation de la biodiversité. En effet, le grand navire, séparé en trois ponts, était imaginé comme un énorme conteneur divisé en une multitude de salles de dimensions diverses abritant les animaux terrestres (pont 3), les provisions (pont 2) et les oiseaux (pont 1). Athanasius Kircher (1602-1680), jésuite allemand ayant fait preuve d'une immense curiosité dans l'étude des aspects les plus importants de l'histoire humaine, dessina l'arche avec une grande précision, prévoyant une place pour chaque espèce existant alors ou considérée comme existante.

Sinaï, le mont aux mille emplacements

Tout le monde sait que le mont Sinaï est le célèbre relief de la presqu'île du même nom sur laquelle Dieu donna les Tables de la Loi au peuple juif. En effet, l'Ancien Testament, et plus particulièrement la partie appelée Oreb, rapporte que Dieu se manifesta à Moïse sur cette montagne (Exode, 3, 2-4), le chargeant de libérer le peuple de l'esclavage égyptien. Pendant des siècles, spécialistes de la Bible et des religions sont restés convaincus que le mont Sinaï se trouvait à l'endroit où s'élève actuellement le monastère de Sainte-Catherine, dans le Sinaï du Sud. Or, depuis une vingtaine d'années l'archéologue Emmanuel Anati soutient que le relief sur lequel les Tables de la Loi furent données à Israël est le mont Karkom, au Néguev, où l'on a retrouvé des traces remontant à 50 000 ans. Ces découvertes ont permis à certains universitaires d'émettre une nouvelle hypothèse quant à la localisation du mont Sinaï : celui-ci se trouverait plus au nord que le site qui porte ce nom actuellement. Le nouvel itinéraire de l'exode ainsi proposé diffère en partie de celui reconstitué à partir des informations restreintes fournies par la Bible.

La construction de l'Arche. Icône russe du xviie siècle

PAGAN

LA GLOIRE DE BOUDDHA

La plaine de Pagan, sur la rive gauche du fleuve Irrawaddy, en Birmanie, offre un spectacle unique au monde : quelque 5 000 stupas, pagodes et monastères consacrés à la gloire de Bouddha et réalisés entre la moitié du XIIe siècle et la fin du XIIIe siècle apr. J.-C. L'artisan de ce grand miracle urbanistique de Pagan, de ce magnifique chef-d'œuvre fruit d'une savante symbiose entre nature, architecture et décoration, le roi Anawratha, a su transformer une zone semi-désertique en un des lieux de culte les plus importants du monde. On dit même que pour célébrer dignement les constructions, le roi pratiquait des sacrifices humains afin d'empêcher les esprits malveillants de détruire sa grande œuvre.

À première vue, le complexe de Pagan ne semble pas organisé selon un arrangement bien précis. Pourtant il est orienté de manière à se placer sous la protection des « quatre grands rois », c'est-à-dire des dieux gardant les points cardinaux. Les grands rois, ou *lokapala*, ont également la fonction de protéger Bouddha, et chacun d'entre eux est accompagné d'une suite. Ils sont représentés vêtus en guerriers et leur tâche la plus ardue est celle de lutter contre les démons qui continuellement tentent de pénétrer sur terre.
Les *lokapala* sont fréquemment pourvus d'une auréole flamboyante certifiant leur appartenance au rang des élus.
Dhrtarastra est le gardien de l'Est et gouverne les musiciens divins (*gandharva*), qui doivent jouer haut dans le ciel : Dhrtarastra est représenté jouant d'un

Vue de la grande plaine de Pagan © Biosphoto / Vida Skornsek / Lineair

Vaches devant le temple de Payathonzu à Pagan en Birmanie © Biosphoto / Jean-Léo Dugast / Lineair

instrument à corde et en général accompagné d'un *gadharva* jouant de la flûte.

Virudhaka est le gardien du Sud : son aspect est effrayant en raison surtout de la petite trompe qui lui sort de la tête. Il est en général représenté en train de dégainer son épée et de se lancer sur l'ennemi. Il est accompagné d'un *kumbhanda*, c'est-à-dire un démon brandissant un trident décoré de poils de yack. En effet, Virudhaka commande également ces démons nains au museau de buffle.

Virupaksa est le gardien de l'Ouest ; il doit protéger les reliques de Bouddha : il a en général dans sa main droite un petit stupa rayonnant placé à l'intérieur d'une amande.

Vaisravana est le gardien du Nord, et ce privilège le rend en quelque sorte « supérieur » : il est en effet le seul à être adoré en dehors du cercle spécifique des points cardinaux. Le nord (en sanskrit *bijapurana* ou « riche en semence ») est, de fait, le symbole de la fertilité et de la richesse de la terre. C'est donc peut-être pour cela que Vaisravana est considéré comme le gardien des grands trésors, avec l'aide des *yaksa*, lutins habitant les profondeurs de la terre.

Les divinités contre le mal

Selon la tradition orientale, huit divinités « converties » (c'est-à-dire des anciens démons) luttent contre les créatures maléfiques. Ce sont des sortes de combattants qui ont pour but de sauver les hommes, les défendant contre le pouvoir du mal.

Yamantaka est celui qui met un terme au dieu de la mort (Yama) : son museau de buffle est pourvu du troisième œil, il porte un collier de crânes et une ceinture de serpents, il a pour monture un taureau qui plie sous son poids.

Devi, l'unique déesse parmi ces divinités, a un visage démoniaque et chevauche un âne sauvage. Elle est entourée d'une multitude d'objets symboliques qui en font une créature particulièrement complexe sur le plan iconographique.

Sitabrahman, la divinité la moins représentée, chevauche un dragon et porte une épée dans la main droite.

Beg-t'e est la divinité de la force et son aspect rappelle celui d'un guerrier. Sa représentation est par ailleurs issue de la tradition religieuse tibétaine pré bouddhiste.

Yama, le dieu de la mort, a le devoir de juger les morts et d'établir pour chacun le type de réincarnation qu'il a mérité. Il est souvent représenté debout sur un taureau, en train de s'accoupler avec une femme.

Kubera, être maléfique par excellence, tout comme Vaisravana, est le gardien du nord et le dépositaire des secrets permettant d'atteindre la richesse. Il est en général représenté en train de chevaucher un lion.

Mahakala rappelle la divinité hindoue Shiva. Il est figuré entouré d'une série d'objets symboliques liés à la pratique funéraire : couperet, calotte crânienne, collier de crânes. Il est quelquefois accompagné de l'oiseau divin Garuda.

Enfin Hayagriva, « celui qui a le cheval en tête » (entre ses cheveux apparaît en effet une tête chevaline) : parfois représenté en train d'écraser les hommes avec ses pieds, il est également pourvu de pièges pour lier les démons et plus généralement tous les ennemis de la vraie religion.

PALMYRE ET LE ROYAUME DE SABA

LA VILLE DES PALMIERS

Le roi Salomon fut le fondateur de Palmyre : « au bout de vingt ans, Salomon avait bâti le temple du seigneur et sa propre résidence, il reconstruisit aussi les villes que lui avait données Huram et y installa les Israélites. Puis il marcha contre Hamat de Soba et s'en empara. Il bâtit Palmyre dans le désert et toutes les localités servant d'entrepôts dans le pays de Hamat, » (2 Chroniques 8, 1-4). Située à mi-chemin entre la Méditerranée et l'Euphrate, la « ville des palmiers » devint rapidement une étape importante des pistes caravanières puisqu'elle se trouvait au carrefour des mécanismes d'échange entre Orient et Occident. Palmyre est mentionnée pour la première fois en 41 av. J.-C., quand Marc Antoine envoya sa cavalerie dans la ville afin de voler de l'argent pour ses troupes. En effet, comme le rappelle Pline l'Ancien dans son *Historia Naturalis*, « la ville de Palmyre est célèbre en raison de sa situation, de la richesse de son sol et de la qualité de son eau. Tout autour s'étend le désert de sable. La ville possède des terres cultivées et fait donc exception dans ces parages. Maîtresse de son propre destin, elle est la première préoccupation des deux grands empires qui l'entourent, Rome et Parthes, dans la lutte qu'ils se livrent. »

Les colonnades et, en arrière-plan, la citadelle arabe © Biosphoto / Ingeborg Lippmann / Peter Arnold

LE SONGE DE LA MYTHIQUE ZÉNOBIE

Aglibol, le dieu de la lune © *Biosphoto / Ingeborg Lippmann / Peter Arnold*

Les noms des rois de Palmyre ne sont parvenus jusqu'à nous qu'à travers quelques rares fragments. Des épigraphes sépulcrales nous apprennent les noms de Worod, d'Airanes ou d'Odheinat : au cours du règne de ce dernier, Palmyre étendit son pouvoir sur la Syrie, la Mésopotamie et une partie de l'Arabie. Toujours à la même époque elle endossa un rôle de premier plan en Orient, et devint une des cités les plus puissantes et les plus redoutées. En 267 apr. J.-C., quand Odheinat mourut pendant la guerre contre les Goths, le sceptre passa dans les mains de sa seconde femme, Zénobie, une des héroïnes les plus célèbres de l'Histoire. Son image est entrelacée de légendes et de traditions et elle représente le pouvoir parfait au féminin. Au cours de son règne, en effet, cultures et religions diverses coexistaient à Palmyre en toute harmonie, sans conflits ni affrontements.

D'après l'historien Pollion, Zénobie était « la plus belle et la plus chaste de toutes les dames d'Orient ; son teint était hâlé, ses yeux vifs, et sa dentition était si parfaite que beaucoup pensaient qu'il s'agissait de perles et non de dents. » Son habileté et sa cruauté au combat contribuèrent aussi à sa légende : elle considérait avant tout les batailles comme des opportunités d'étendre son pouvoir à d'autres territoires et, de fait, elle parvint à l'étendre en Égypte et sur une partie de l'Asie Mineure. Sa soif de conquêtes la porta même à s'autoproclamer *Septimia Zenobia Augusta* et à nommer son fils *Augustus*. Ce faisant, elle défiait directement l'empereur Aurélien.

Les Romains furent donc contraints d'attaquer Palmyre et l'audacieuse reine fut vaincue, non sans avoir donné du fil à retordre aux soldats de l'empereur Aurélien. Ce dernier, peut-être un peu embarrassé de se battre contre une femme, écrivit une missive emblématique au Sénat romain : « Je peux dire que c'est grâce à cette femme, prudente dans ses conseils, persévérante dans ses desseins, sévère envers les soldats, inexorable quand la discipline le requiert, que son mari Odheinat a réussi à affaiblir les Perses et à atteindre les murailles de Ctésiphon. Je peux affirmer que cette

HATRA : LA CITÉ PERDUE

Comme Palmyre, la cité mythique d'Hatra, où les Parthes avaient construit leur temple au dieu Soleil, perdit de sa grandeur après avoir atteint le sommet de la gloire au IIe siècle apr. J.-C. Dans ce lieu perdu dans les déserts de Mésopotamie, les Parthes battirent les Romains en 117 et 198 apr. J.-C. : Grâce à leur courage et à leur force, ils firent d'Hatra un des centres de culte et de commerce les plus florissants du Moyen-Orient. Cependant, les défaites infligées aux Romains ne représentèrent pas une garantie pour le futur. En 240, le roi sassanide Châhpuhr Ier prit en effet la cité, la pilla et la dévasta.

Cela ne fait qu'un demi-siècle que les archéologues cherchent à la ramener à la lumière, mais les fragments que le sable restitue sont des fétus comparés à la grandeur du passé. Jusqu'à aujourd'hui, Hatra continue donc à être une cité perdue, dont le véritable visage restera, peut-être, un mystère pour toujours.

femme inspire tant de terreur aux Orientaux et aux peuples d'Égypte, que ni les Arabes, ni les Sarrasins, ni les Arméniens n'oseront plus se soulever contre elle. »

LE DÉCLIN D'UNE LÉGENDE

Après quelques défaites sur le champ de bataille, Zénobie s'enferma dans son oasis de Palmyre, certaine de pouvoir résister longtemps aux assiégeants. La réalité fut tout autre et la grande reine combattante fut arrêtée par les Romains sur les rives de l'Euphrate alors qu'elle tentait de s'échapper vers l'est. Elle fut conduite à Rome et obligée à marcher pieds nus devant le char de l'empereur. Elle dut peut-être à son glorieux passé d'avoir la vie sauve. Mais elle fut condamnée à un exil doré dans les environs de Rome. En 272, Palmyre, qui s'était révoltée contre le joug romain, fut mise à feu et à sang et tous les habitants furent massacrés. Aurélien décrit ainsi cet événement tragique : « Il est inutile que les épées des soldats romains continuent à frapper. Le massacre des habitants de Palmyre a assez duré. Nous n'avons pas épargné les femmes, nous avons assassiné les enfants et étranglé les vieillards [...]. Je veux que le temple du dieu Soleil, mis à sac par les soldats de la troisième légion et par d'autres, soit reconstruit à l'identique. »
Mais les désirs d'Aurélien n'ont pu cependant résister à l'action dévastatrice du temps : peu à peu, le sable a envahi la grande Palmyre et l'histoire de la Reine Zénobie est devenue une légende.

Les fabuleuses richesses de la reine

La reine de Saba n'est pas qu'un mythe séduisant reliant la tradition religieuse et l'imaginaire, elle est avant tout une sorte d'« icône » païenne abritant des valeurs symboliques que les millénaires n'ont pas changées. L'Ancien Testament nous en donne la confirmation : « Elle arriva à Jérusalem avec une nombreuse suite, des chameaux chargés d'aromates, et une grande quantité d'or et de pierres précieuses. » (1 Rois, 10, 2) Les Yéménites se définissent comme Arab al Areba (les plus purs des hommes) et se réclament d'une généalogie qui remonterait à Qayhan (descendant lui-même de Sem, fils aîné de Noé), père d'Abd Shams, connu de fait sous le nom de Saba et chef de toutes les tribus du Yémen du Nord. La définition « Arabia Felix », qui désigne une terre peuplée de mythes, l'Arabie antique, aux frontières immenses et variables selon les interprétations, une sorte de paradis terrestre empli de richesses, n'est certainement pas sans fondements, mais le fruit d'un goût raffiné qui révèle une extraordinaire communauté entre les modèles typiques de la culture arabe et ceux caractéristiques de la tradition classique. Harmonie arrachée à la terre petit à petit, grâce aux fouilles archéologiques systématiquement mises en place à partir des années 1980. En observant les œuvres de l'art yéménite, on en arrive tout naturellement à constater l'étonnant degré de perfection atteint. Un des exemples les plus remarquables est une série de sculptures en albâtre fascinante et quelque peu inquiétante. Aux environs de Mareb, située à l'extrême sud de la péninsule arabique, les archéologues ont découvert les ruines d'Haram Bilqis, célèbre lieu de culte du royaume de Saba. La zone dans son ensemble a restitué des témoignages suggérant une relation historique avec le mythique royaume de Saba. C'est l'endroit d'où la non moins mythique reine de Saba partit pour rendre visite à Salomon. Les traditions issues de la Bible ont probablement été inspirées par la prodigieuse richesse du royaume de Saba. Au Moyen Âge, une légende voulait même que Balthazar (un des Rois mages) soit venu du pays mythique, dont l'on savait déjà qu'il était l'une des principales étapes de la route de l'encens. Le royaume d'Israël s'était formé à l'extrême nord de cette route capitale qui garantissait aux pays subarabiques un bien-être confortable. Il semble donc logique que la reine de Saba se soit rendue auprès de Salomon pour traiter avec le sage souverain des modalités commerciales et éventuellement de l'acquisition des droits de péages pour jouir de cet itinéraire absolument fondamental. La rencontre se solda d'après la Bible par le versement à Salomon de « 120 talents d'or, d'une grande quantité de parfums et de pierres précieuses. Il n'est plus jamais arrivé une telle quantité d'aromates pareille à celle que la reine de Saba donna au roi Salomon. » Le mythe de la richesse du royaume de Saba entrait dans l'Histoire.

Salomon et la reine de Saba – Le Tintoret, XVe siècle (musée du Prado, Madrid)

PÉTRA

LA CITÉ DES NABATÉENS

La fascination exercée par cette ville n'a épargné personne : cet étrange et mystérieux ensemble taillé dans la pierre est encore aujourd'hui le symbole des incroyables capacités de construction des hommes de l'Antiquité, qui ne se laissaient arrêter par aucun obstacle, même le plus difficile. Dans le passé, on pensait que Pétra, située en Jordanie entre la mer Morte et le golfe d'Aqaba, était la « roche » d'Édom mentionnée dans la Bible ; aujourd'hui on accorde cependant de moins en moins de crédit à cette hypothèse. Abstraction faite des Saintes Écritures, Pétra constitue une de ces réalisations qui allient force et grâce, en une étreinte pleine de fascination et de mystère. L'une des premières interrogations qu'elle soulève se rapporte aux motivations qui ont mené à sa construction.

Les habitants de Pétra, les Nabatéens, n'en étaient en aucun cas dépourvus : leur ville se trouvait à un des carrefours du système de transport oriental, vers lequel convergeaient les pistes caravanières qui reliaient l'Arabie à la mer Méditerranée et la mer Rouge à la Syrie. Grâce à cette position stratégique, les Nabatéens purent accroître leur prestige et s'enrichir considérablement. À tel point que Pétra devint rapidement un des lieux les plus prestigieux du Moyen-Orient.

Les Nabatéens étaient à l'origine des nomades d'Arabie qui se sédentarisèrent entre la mer Rouge et la Méditerranée. Ils firent alors fructifier cette langue de terre entre l'Égypte et la Jordanie et devinrent d'habiles caravaniers. La prépondérance de leur rôle les conduisit à influer de manière non négligeable sur les régions contiguës, jusqu'en Palestine.

L'Empire romain de Trajan fut le premier à tenter de mettre un terme à la puissance de Pétra. Puis, au XIIe siècle, les croisés firent de cette ville un de leur bastion afin de conserver un accès à la mer Rouge. Comme avant eux les Nabatéens, ils construisirent quelques forteresses pour consolider leur puissance. La ville fut ensuite abandonnée jusqu'à ce que des archéologues entreprennent de l'étudier au XIXe siècle.

Le trésor de Pétra © Biosphoto / Bill Raften / Peter Arnold

UN MONDE À PART EN PLEIN CŒUR DU DÉSERT

Le site de Pétra offre un spectacle fantastique : les grandes roches se transforment comme par magie en palais somptueux que d'aucuns comparent, en raison de l'effet qu'ils produisent sur les visiteurs, aux grandes constructions baroques.

Le spectacle ne s'arrête pas aux seules façades : en effet à l'intérieur même de la roche se déploient salles et pièces empreintes d'une incroyable atmosphère sacrée.

Au « monastère » d'Ed Deir on trouve le plus grand monument de Pétra. Haute de plus de 40 mètres et large de 50, sa façade est divisée en deux étages où colonnes, petites arches, niches et splendides corniches forment un monument unique. On pense qu'il abritait le mausolée de Rabbell II, roi des Nabatéens, mort au début du IIe siècle apr. J.-C., peu avant l'invasion des soldats commandés par Trajan.

Naturellement, Ed Deir n'est pas le seul monument de Pétra digne d'attention : le Khazneh, bien que de moindres dimensions, est tout aussi fascinant. L'ensemble se détache comme un avertissement dès que l'on sort de l'étroite gorge du Siq qui se jette à Pétra et qui ajoute au mystère du lieu.

Une légende locale narre que dans cet édifice est caché un « trésor du pharaon » qui n'a pas été mieux défini : personne ne sait de quel pharaon il s'agit mais certains soutiennent qu'il s'agirait d'Aménophis IV, ou Akhenaton, souverain hérétique qui instaura le premier règne monothéiste de l'histoire. À l'intérieur, on trouve une salle carrée de 22 mètres de côté où se trouvaient trois sarcophages aujourd'hui disparus. Personne n'a réussi jusqu'à présent à établir si des souverains égyptiens ont effectivement été inhumés en ce lieu.

Le monastère d'Ed Deir mesure 45 mètres de haut
© Biosphoto / Antoine Lorgnier

DES HABITANTS PARTIS SANS LAISSER DE TRACES

Le décor de Pétra a toujours été particulièrement propice au mythe. Même Indiana Jones, le très célèbre héros de cinéma, a trouvé à Pétra un écrin digne d'une de ses aventures.

Mais il existe des cas où l'histoire supplante la légende : nous ne disposons par exemple que de très rares traces relatives aux habitants de Pétra.

À tel point que le premier Occidental à pénétrer à Pétra, le Suisse Johann Ludwig Burckhardt, pensa qu'il s'agissait d'un grand centre consacré au culte des morts.

Les milliers d'habitants de cette cité, à l'abri du ventre de pierre gravé tel un sanctuaire, n'ont laissé aucun élément permettant aux archéologues de restituer le visage des Nabatéens. Ces gens vivaient probablement dans des constructions misérables dont le temps a effacé les traces ; le mystère entourant la ville est ainsi alimenté par le fait qu'aucun signe ou indice, témoignant du passage sur cette terre des habitants de Pétra, n'a été retrouvé.

On raconte que de nombreux habitants auraient fui la cité de pierre au moment où les cultes cruels imposant des sacrifices humains ont atteint leur summum : il semblerait que de telles pratiques se déroulaient surtout au sommet du Zib Atauf, où l'on a retrouvé un autel en pierre consacré à Dusares, dieu de la fertilité, et à Al Uzzà, dieu des sources. Le lieu de culte surplombe encore la silencieuse Pétra qui, siècle après siècle, a enfoui sous un cocon de pierres son histoire, ses mystères et ses secrets.

QUMRÂN

LA DEMEURE DES ESSÉNIENS ?

En 1947, un berger local découvrit par hasard les grottes de Qumrân situées en Israël au sud de Jéricho et au nord-ouest de la mer Morte. Depuis, elles n'ont cessé de livrer une riche documentation sur l'histoire et la tradition religieuse juive. Parmi les textes de première importance découverts à Qumrân se trouvent le recueil *Les Hymnes*, le *Commentaire d'Habacuc*, le *Premier rouleau d'Isaïe*, le *Second rouleau d'Isaïe*, la *Règle de la guerre*, la *Règle de la communauté*, un commentaire de la Genèse, un commentaire d'Isaïe, le *Livre des testaments* (forme primitive des testaments des 12 patriarches) et le *Rouleau des Psaumes*.
La pratique de certains rites, comme le baptême et l'eucharistie, a induit certains chercheurs à voir, dans la tradition cultuelle de la communauté de la mer Morte, c'est-à-dire des esséniens, des rapports explicites avec le christianisme. D'autres pensent que la communauté des Mandés de l'Irak pourraient être les lointains descendants de la secte de Qumrân.
Les découvertes de l'ensemble monastique de Qumrân ont permis aux chercheurs d'établir des liens entre le groupe habitant ce site et les manuscrits découverts dans les grottes : il est en effet possible de retrouver, dans le style de vie des habitants de cette zone, des références concrètes à ce qui est justement contenu dans les textes écrits.
Les vestiges archéologiques ont pu être interprétés de différentes façons : certains y voyaient les ruines d'un fort romain, d'autres les interprétaient comme les traces de la ville perdue de Gomorrhe.
Cependant, il est presque certainement établi que le site de Qumrân abritait la communauté qui a réuni la grande bibliothèque retrouvée dans les grottes.
Nous savons que le lieu fut habité à partir de 135 av. J.-C. et que le tremblement de terre de 31 av. J.-C. détruisit une grande partie des édifices. Il semble que durant la période de prédication du Christ, le centre ait connu une période de pleine activité, alors que, entre 68 et 73 apr. J.-C., durant la révolte juive, il dut plier sous le joug romain : craignant ainsi les actions dévastatrices des troupes conquérantes, les habitants de Qumrân ont alors caché leurs manuscrits.

ENTRE HISTOIRE ET MYTHE

Les esséniens font donc partie intégrante de l'Histoire, mais souvent leur dimension mystique fortement marquée par la culture et la religion juives a donné lieu à des suppositions douteuses et à des reconstitutions privées de rigueur scientifique donnant naissance à des lieux communs fantaisistes. Leur entrée officielle dans l'histoire moderne, en dehors du contexte scientifique, remonte à 1947, date de la découverte, sur le site de Qumrân, des manuscrits de la mer Morte.
D'après la majorité des sources canoniques contemporaines, les Esséniens n'existaient pas. Ou plutôt n'étaient pas connus sous ce nom-là : ils furent appelés esséniens par des écrivains du Ier siècle souvent extérieurs à leur dimension religieuse et culturelle tels que Philon d'Alexandrie, Flavius Josèphe et Pline l'Ancien. Certains interprètent le terme « essénien » qui qualifie ce groupe comme un dérivé de l'araméen *asya*, « médecin ». Ils s'appuient sur les textes de Flavius Josèphe qui les définit comme des guérisseurs du corps et de l'âme : « ils ont un intérêt extraordinaire pour les œuvres des auteurs anciens, choisissant plus particulièrement celles qui se rapportent à l'âme et

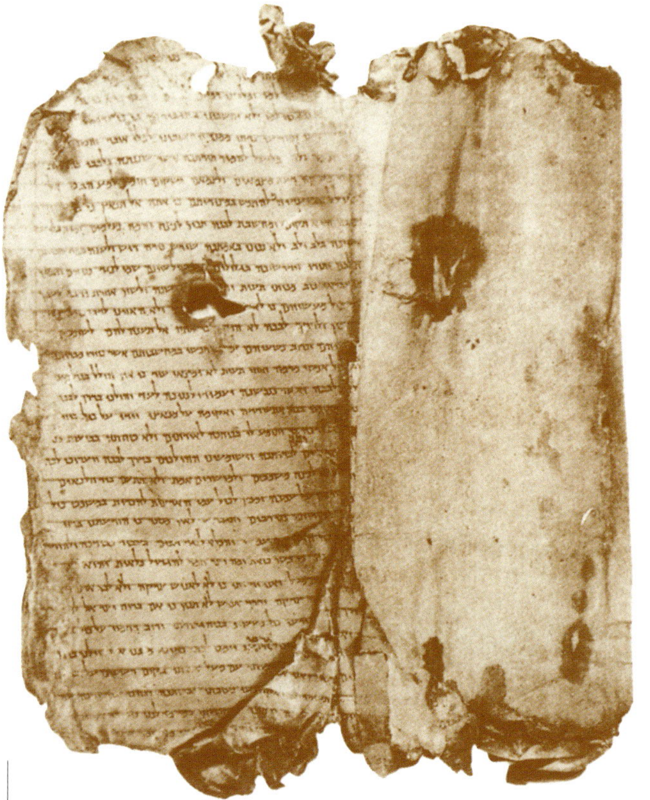

Un des manuscrits retrouvés à Qumrân

au corps ; pour guérir les maladies, ils étudient les racines et les propriétés des pierres ».
Présents partout en Judée, mais particulièrement nombreux sur le bord occidental de la mer Morte, les esséniens formaient une sorte d'ordre religieux caractérisé par une pratique ascétique très orientée vers une espèce de « socialisme » primitif. La conduite morale des adeptes fait penser à celle qu'adopteront les membres des ordres monastiques du christianisme médiéval. Repas et prières en commun complétaient l'expérience mystique qui, chaque jour, caractérisait leur travail et leur recherche spirituelle.
Il n'est évidemment pas facile de résister à la tentation de confondre les esséniens et les membres de la communauté de Qumrân. Mais comme nous l'avons déjà souligné, nous manquons de sources objectives. Malgré des spécificités significatives, on peut observer de nombreux points communs entre la doctrine essénienne et les choix théologiques et rituels de nombreuses communautés de l'époque. Les esséniens se distinguent des autres communautés par des aspects particulièrement importants tels que le célibat, le culte du soleil, mais également leur supposée activité littéraire.

LE CHRIST ET LES ÉVANGILES À QUMRÂN ?

Même si aujourd'hui la thèse liant le Christ aux esséniens est en grande partie remise en cause, il n'est actuellement pas exclu du tout qu'il ait existé une connexion entre le groupe et le Nouveau Testament. Selon certains exégètes, l'homme tenant un broc d'eau indiquant le lieu du repas pascal (Marc, 14, 12-15) serait en fait un essénien. Des études récentes portant sur la chronologie de la semaine sainte laissent entendre que le Christ se référait peut-être au calendrier essénien dont quelques fragments nous sont parvenus parmi les rouleaux de la mer Morte. Le Christ pourrait également avoir eu des rapports avec les esséniens, sans pour autant appartenir à cette secte, dans la mesure où, pendant les années de son activité publique, il est reconnu qu'il a eu des contacts avec les représentants des groupes sociaux et religieux les plus disparates.
Selon l'interprétation tendant à voir dans la communauté de Qumrân l'expression d'une tradition préchrétienne, le jésuite espagnol José O'Callaghan a exprimé une thèse selon laquelle le fragment 7Q5 (fragment 7 de la grotte 5) daté de 50 apr. J.-C. contiendrait quelques versets de l'Évangile de saint Marc (6, 52-53). Si cela pouvait être démontré objectivement, cela voudrait dire que les textes du Nouveau Testament étaient connus des hommes de Qumrân avant 68 apr. J.-C. quand la localité fut abandonnée. Cependant, l'étude philologique des documents permet de les situer chronologiquement vers la moitié du Ier siècle. Par ailleurs, les jarres de céramique dans lesquelles ils étaient conservés remontent, elles aussi, à la même période. Il est certain que si l'hypothèse de O'Callaghan se vérifiait, de nombreuses certitudes concernant les Évangiles seraient revues et corrigées. Mais la plupart des chercheurs traditionnels regardent cela avec circonspection.

CE QU'ILS ONT DIT D'EUX

Philon d'Alexandrie mentionne les esséniens dans Quod omnis probus liber sit *(75, 91) et dans* De vita contemplativa *(6, 46-71), Pline l'Ancien dans son* Historia Naturalis *(5, 17) et Flavius Josèphe les évoque plusieurs fois dans ses Antiquités judaïques, dans La Guerre juive et dans son autobiographie.*
Voici quelques extraits particulièrement significatifs de Flavius Josèphe : « Ils sont juifs de naissance, liés plus que tout autre par l'amour de leur prochain. Ils considèrent les plaisirs comme un mal, et comme des vertus la tempérance et la résistance aux passions […] ; ils ne recherchent pas la richesse et leur façon de pratiquer la communauté de biens est admirable, il n'est pas possible d'en trouver un qui possède plus que l'autre […]. Ils sont divisés en quatre catégories en fonction de l'ancienneté dans l'ordre […]. Leur longévité est remarquable puisque la plupart deviennent centenaires, grâce je pense à leur vie simple et rangée […]. Ceux qui jouissent de pouvoir interpréter exactement les lois forment la secte la plus importante et attribuent chaque chose à Dieu et au destin ; ils considèrent que bien ou mal agir dépend en majeure partie des hommes, mais que le destin y est pour une part également ; que l'âme est immortelle, mais que seule celle des bons passe dans un autre corps, alors que celle de celui qui a fait le mal est puni par un châtiment sans fin. »

TAKHT-I-SULAIMAN

LE TEMPLE DES ROIS MAGES ?

Dans *Il milione*, Marco Polo rappelle que le château des « adorateurs du feu » de Galatie (*Qal'ah-i Atapa-rastan*) se trouvait « à trois journées » de Sawah, le village d'où venait au moins un des Rois mages. Non loin de Sawah se trouvait Qazyat-al-Magus, « le village des mages », par lequel Marco Polo a certainement dû transiter. Cette relative proximité est sans doute une piste qu'il ne faut pas sous-évaluer et qui est confirmée par l'archéologie : en effet, l'interprétation historique de la tradition du feu sacré vénéré par les *Magusei* (c'est-à-dire les prêtres mages orientaux, experts en astrologie et astronomie) est adoptée par une théorie provenant justement de Takht-i Sulaiman (littéralement « trône de Salomon »), où s'élevait le temple du feu royal (*Athur Gushnasp*).
Le site de Takht-i-Sulaiman se trouve sur le présumé chemin de retour des Rois mages. Cet itinéraire longe le Tigre entre le lac d'Urmie et la mer Caspienne dans l'Iran actuel. Dans cette zone s'étendait, en outre, la piste caravanière provenant du royaume de Saba qui, après avoir traversé une partie de la péninsule arabique, franchissait la mer Caspienne en entrant en Perse. L'endroit où s'élevait le temple du feu était séparé nettement de la « route des processions », un trajet déjà très fréquenté bien avant la naissance du Christ et qui était emprunté par les voyageurs se dirigeant vers le sud du pays.
Le feu sacré aurait été allumé par Ahura-Mazdâ, dont l'origine remonterait selon les historien, à 150 av. J.-C., au début de la domination des Parthes.
À côté du temple du feu royal on trouvait le temple du feu des prêtres (*Ethur Farnbog*) situé en Perse, et celui des bergers et des paysans (*Athur Burzen-Mihr*) en territoire parthe : l'emplacement exact de ces deux sites ne nous est malheureusement pas parvenu.
Les relations du temple de Takht-i Sulaiman avec le culte du feu ont été établies grâce à l'interprétation des écritures présentes sur certains sceaux découverts sur le site : elles mettent en exergue le fait qu'Athur Gushnasp était le souverain et le grand prêtre du feu de ce lieu.
Le *Livre des abeilles* du Syriaque Mar Salomon contient un discours entre Zarathoustra et le roi Gushnasp où ils évoquent la naissance d'une vierge, la vie et la mort d'un futur grand roi, c'est-à-dire Zarathoustra. Quand Gushnasp demande à Zarathoustra si le futur roi sera plus puissant que lui, il répond : « Il sera issu de la même source que moi, je suis lui et il est moi. »

LE CULTE DU FEU

Le feu sacré décrit par Marco Polo brûlait donc à Takht-i Sulaiman. On pense que l'endroit accueillait déjà un temple consacré au culte du feu bien longtemps avant le voyage

L'adoration des Rois mages, évangéliaire du Xe siècle

L'adoration des Rois mages, gravure du xve siècle

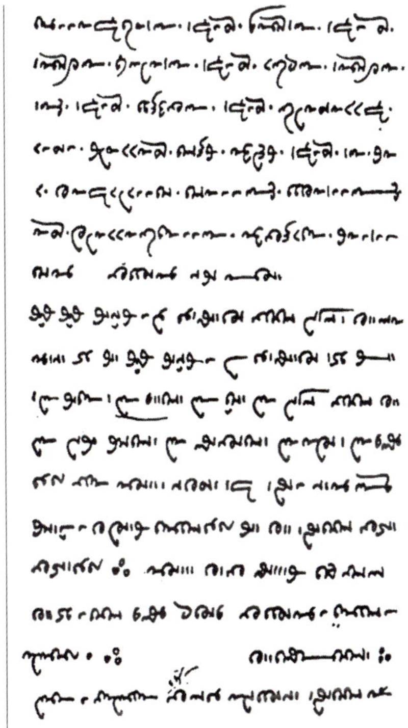

Un extrait de l'Avesta

des Rois mages. Les trois personnages, à la lumière des sources apocryphes et des versions hagiographiques médiévales, ne sont donc pas considérés comme les initiateurs du culte du feu sacré, mais plutôt comme des continuateurs, à la frontière entre la tradition mazdéiste et les exigences du christianisme – la doctrine de l'Avesta, bien ancrée, a très probablement fait obstacle à la diffusion de ce dernier. L'Avesta, du persan *apastak*, « texte fondamental » est l'ensemble des textes sacrés du zoroastrisme. Une légende moyen-orientale décrit les merveilles du temple d'As-Siz (correspondant à l'actuel Takht-i Sulaiman) où brûlait un feu perpétuel : de cet autel, les prêtres prenaient le feu sacré, qu'ils portaient comme don symbolique à l'occasion des célébrations. L'information, sous certains aspects, pourrait être mise en relation avec un texte apocryphe peu connu, le *Livre de Daniel*, où il est dit que les Rois mages, arrivés auprès de l'enfant, se prosternèrent et « posèrent le feu » avec les trois dons canoniques (or, encens et myrrhe). Le lien avec le culte célébré à Takht-i Sulaiman saute tout de suite aux yeux, mais n'implique aucun fondement historiquement valide.

Le symbolisme lié au feu comprend l'un des Rois mages : Gaspard, appelé aussi Vindapharnà ou Gondophares qui signifie « seigneur du Farr ». Par « Farr », on entendait un principe universel abstrait que l'on peut comparer à « la force qui soutient l'Univers, lui donne forme et vie. Elle est considérée comme innée car on la trouve aussi dans l'eau ; mais elle est bien plus que le simple feu. Celui-ci est personnifié, sur les pièces kushana comme un dieu : Farro. Il porte le feu à la main et des flammes jaillissent de ses épaules. Il s'agit de son signe distinctif, son essence manifestée » (M. Bussagli, M. G. Chiappori, *Les Rois mages)*. Gaspard est lui aussi souvent représenté à côté d'un feu, symbole indissociable de l'emblème des mages.

Gaspard : un personnage historique ?

Gondophares est un personnage historique qui régna à partir de 19 apr. J.-C. dans une zone comprise entre l'Afghanistan et l'Inde. Celui-ci pourrait-il être le plus jeune – un prince – des trois mages venus adorer l'Enfant Jésus ?
Le troisième roi mage, nommé Appelius par les Hébreux et Gathaspar par les Arméniens, était connu sous le nom de Galgalath ou Gondaphoros par les Grecs. Ces noms se réfèrent, semble-t-il, à un personnage désigné sous le nom de Vindapharnà, roi d'un territoire situé entre l'Afghanistan et l'Inde. Dans le texte apocryphe Les Actes de Thomas, *on parle également d'un certain Cudnafar, roi de l'Inde (1,2), un personnage historique qui régna effectivement sur une partie de ce pays au Ier siècle apr. J.-C. D'après les spécialistes de la religion iranienne, « il appartient à la vague d'envahisseurs iraniens qui, au cours du Ier siècle avant Jésus-Christ, s'installèrent sur le territoire indo-afghan [...] et il est le premier grand souverain indo-parthe. De culture hellénistique, puisque sur les pièces de son règne on trouve la chouette, symbole d'Athéna et de la sagesse grecque, il renforce son pouvoir et sa domination en se substituant – probablement sans grands remous – aux rois saces » (M. Bussagli, M.G. Chiappori,* Les Rois mages*). En outre, un ensemble d'inscriptions nous permet d'établir que ce souverain régna à partir de 19 apr. J.-C. Cela signifie qu'un des Rois mages pourrait effectivement être un personnage historique. Cette hypothèse est crédible et partiellement attestée.*

EUROPE

1. Bomarzo
2. Rome
3. Bergame
4. Carnac
5. Chartres
6. Paris
7. Fatima
8. La Salette
9. Lourdes
10. Medjugorje
11. Les géants de Grande-Bretagne
12. Pathmos
13. Delphes
14. Rhodes
15. Loch Ness
16. Naples
17. Les navires de pierre de Gotland
18. La tombe-observatoire de Newgrange
19. Jütland
20. La roche des ancêtres : Pierre Haina
21. Saint-Jacques-de-Compostelle
22. Le Mont-Saint-Michel

23-24-25-26. Sur la piste du Saint-Graal

27. Stonehenge
28. Avebury
29. Externsteine
30. Turin
31. Prague

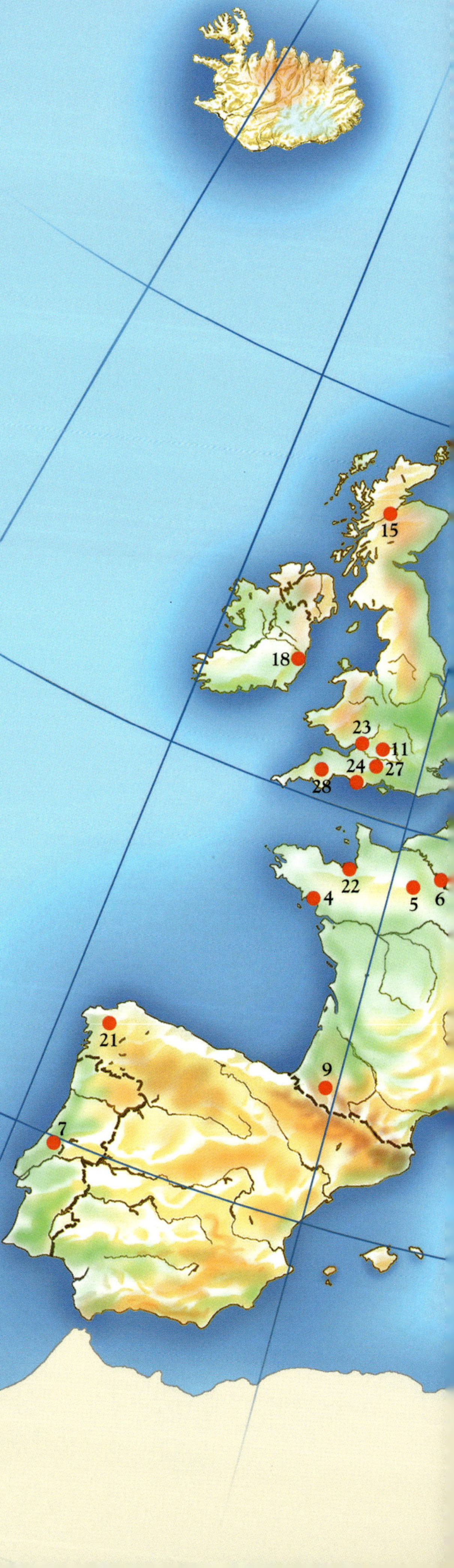

17
19
20
29
31
3
30
10
25
1
2
16
26
13
12
14

BOMARZO, ROME ET BERGAME : LES LIEUX ALCHIMIQUES

LE JARDIN DES MONSTRES DE BOMARZO

Au XVIe siècle, le noble Vicino Orsini se fit construire à Bomarzo, ancienne localité d'origine étrusque, un parc singulier situé dans la province de Viterbe. Ce parc est peuplé de statues étranges et de constructions régies par un symbolisme profond qui sont en parfaite symbiose avec l'environnement et donnent ainsi vie à un paysage que nous pouvons qualifier d'inquiétant.

On y trouve des êtres mythiques et monstrueux, une architecture symbolique et des formes évocatrices. Le parc est une succession, sans ordre apparent, de sculptures dont certaines sont recouvertes de mousse et de lichen : une sorte de gypsothèque à ciel ouvert enveloppée de mystère et se référant continuellement aux mythes de la religion païenne. Cela valut au parc d'être surnommé, dès le XVIe siècle, la « forêt sacrée ».

L'œuvre la plus singulière est sans aucun doute la maison penchée, qui ne se trouve pas dans cette position anormale en raison des caprices du terrain, mais par la volonté du concepteur.

À l'origine, le monument se trouvait à l'entrée du parc : Orsini voulait probablement donner au visiteur une sensation immédiate d'étrangeté ou peut-être l'encourager à observer le monde d'un point de vue original en enfreignant les règles et en rejetant les lieux communs.

Il y est sans aucun doute parvenu grâce au concours de figures allégoriques d'animaux encore mystérieux, du moins pour l'époque, comme la tortue et l'éléphant. Chacun de ces animaux est surmonté d'une structure verticale : le premier par une Victoire ailée, l'autre par une tour. On

Bomarzo : accès à l'antre du monstre © Biosphoto / Christopher Gallagher / GPL

trouve également des figures monstrueuses comme Cerbère, un dragon qui dévore les autres créatures, et des bêtes sauvages qui, en dépit des offenses du temps, continuent, 450 ans après, d'inspirer une bonne dose d'inquiétude.
L'environnement conditionne également cet état d'esprit, comme s'il s'agissait d'une sorte de duel entre les hommes et ces singulières structures de pierre que la nature enveloppe dans une embrassade mystérieuse.
La gigantesque tête d'ogre pétrifiée est sans doute le monument le plus énigmatique du Jardin des monstres. Grâce à une technique de construction géniale, sa bouche figée dans un hurlement donne accès à une petite grotte qui, vue de l'extérieur, évoque le *mondus* romain, c'est-à-dire le lieu des esprits.
Divinités, demi-dieux et héros du monde classique peuplent également le jardin, offrant au visiteur l'occasion de s'étonner et en même temps de percevoir qu'à la base de la fantaisie d'Orsini il devait y avoir un dessein préconçu, peut-être même un projet hermétique qui n'a toujours pas été décrypté.

Balade au cœur de la littérature, de la méditation et de l'allégorie

Ce lieu merveilleux serait une sorte d'itinéraire à déchiffrer en utilisant les clés alchimiques, un parcours initiatique accessible à ceux qui prendraient la peine d'aller au-delà des apparences pour saisir les nuances ésotériques ignorées du plus grand nombre.
Orsini a certainement voulu donner vie à un lieu de passage et de méditation : cela transparaît dans les nombreuses inscriptions présentes sur les bancs installés le long du parcours. En liant ainsi art et environnement naturel, cet homme d'armes original, mais aussi lettré, a peut-être souhaité transmettre une sorte de traité ayant pour référent principal le langage de l'alchimie. Cette science s'emploie à transformer l'homme en le plaçant sans relâche devant les images issues de la vision et du songe et qui alimentent peurs et croyances. Le résultat est là devant les yeux de tous mais accessible seulement à ceux qui souhaitent vraiment atteindre la connaissance et qui se laissent entraîner dans le dédale de la philosophie. Chaque représentation proposée a un référent littéraire : de Dante à Pulci, d'Arioste au Tasse.
Le rôle de ce jardin mystérieux, quintessence de l'environnement allégorique du jardin Renaissance, est d'obliger le visiteur à se plonger dans les réflexions, à évaluer sans relâche l'espace dans lequel il vit, dans le but de créer une symbiose entre l'homme et son environnement, entre la créature évoluée et la nature. « Connais-toi et vaincs-toi toi-même » : Vicino a sans doute voulu transcrire sur le plan de la représentation la devise qui gouvernait depuis des années les comportements de sa famille lorsqu'elle était confrontée à la réalité objective et peut-être même au mystère qui nous entoure tous. Pour toujours.

L'ÉNIGMATIQUE PORTE MAGIQUE DE ROME

Autre exemple mystérieux de l'art alchimique, la Porte magique de Rome fut construite sur les ordres d'un noble romain étudiant l'alchimie, Massimiliano Palombara. En 1680, il la plaça à l'entrée de son jardin de l'Esquilin.
La Porte magique est caractérisée par toute une série de signes et d'écritures en latin dont la signification semble mystérieuse : pour les déchiffrer il faut connaître le langage de l'alchimie. L'intérêt du marquis Massimiliano Palombara pour cette science n'est d'ailleurs pas un mystère : en 1656, il a en effet écrit un ouvrage ésotérique, *Le Mensonge*, regroupant les messages symboliques élaborés grâce aux recherches qu'il a effectuées depuis sa jeunesse. La tradition ancienne, confortée par de très récentes enquêtes historiographiques, établissait un lien entre les inscriptions de la Porte magique et la visite d'un mystérieux « pèlerin » qui, vers 1680, a visité Palombara et a réalisé, dans son laboratoire, la transmutation du plomb en or. À cette occasion, le marquis aurait fait inscrire, sur la « petite porte donnant sur la rue face à San Eusebio », les signes énigmatiques que lui aurait transmis le pèlerin et qui contiendraient le secret de l'alchimie. En réalité, il reste actuellement très difficile d'établir comment les événements se sont déroulés exactement, mais le peu d'informations que nous possédons sur la vie de Palombara nous amène à constater qu'ils cadrent parfaitement avec son expérience hermétique. Il est donc probable que le personnage du pèlerin ait été créé pour incarner les connaissances ésotériques de l'au-

Vénétie et Toscane

Le parc de la villa Valmarana de Saonara (dans la région de Padoue), construite à partir de 1813 par Giuseppe Lapelli, propose un parcours ésotérique comparable à celui de Bomarzo. On y trouve en effet des sculptures inspirées de celles du Jardin des monstres.
À Capalbio, en Toscane, l'artiste Niki de Saint Phalle a réalisé, près d'une carrière abandonnée, un ensemble directement inspiré de la « forêt sacrée » de Bomarzo. Cependant, elle a utilisé un langage complètement différent qui, tout en conservant l'aura de fascination et de mystère, fait la synthèse entre le jardin ésotérique et la vitalité des œuvres de Gaudí. C'est là sans doute un ensemble extraordinaire, en raison des dimensions de chacune des œuvres qui ont été réalisées avec des matériaux aux couleurs et aux formes typiques de l'art contemporain.
Ce qui demeure inchangé, c'est le désir d'affirmer encore une fois la valeur ésotérique du jardin, dans lequel apparence et sens se fondent dans des ensembles formels riches de symbolisme.

La Porte magique aujourd'hui : un des rares exemples de monument alchimique encore existants. Elle est adossée à un mur dans un coin des jardins de la place Vittorio à Rome où elle a trouvé refuge après avoir été déplacée de la villa du marquis Massimiliano Palombara, au cours des travaux de restructuration urbanistique au XIXe siècle © Roberto Tresoldi

La Porte magique. Première gravure : sceau du plomb © Roberto Tresoldi

La Porte magique. Troisième gravure : sceau du fer © Roberto Tresoldi

La Porte magique. Quatrième gravure : sceau du cuivre © Roberto Tresoldi

La Porte magique. Cinquième gravure : sceau du mercure © Roberto Tresoldi

La Porte magique. Sixième gravure : sceau de l'antimoine © Roberto Tresoldi

La Porte magique. Septième gravure : sceau du vitriol © Roberto Tresoldi)

La Porte magique. Inscription hébraïque et texte de l'architrave © Roberto Tresoldi

teur, fruits de longues années d'études.

Les décorations et les inscriptions se réclament d'un code symbolique commun à de nombreux textes alchimiques et ne sont compréhensibles que pour ceux qui connaissent l'antique science, aussi connue sous le nom de « roi des arts ».

Les inscriptions en latin, correspondant chacune à un symbole alchimique, sont encore aujourd'hui le sujet de discussions et d'enquêtes, mais leur signification précise reste obscure. Réussir à les interpréter permettrait peut-être de transformer le plomb en or : un objectif poursuivi par beaucoup mais qui reste inaccessible.

À BERGAME, LE SECRET ALCHIMIQUE DE LORENZO LOTTO

La basilique Santa Maria Maggiore à Bergame n'est pas qu'un chef-d'œuvre de l'architecture où traditions médiévale et baroque se mêlent ; elle est le réceptacle d'un grand trésor hermétique : les marqueteries de Lorenzo Lotto (1480-1556) pour les stalles de la partie antérieure de l'autel.

Le témoignage artistique exceptionnel de Lorenzo Lotto s'inscrit dans une série d'œuvres où l'ésotérisme semble régner sans partage.

En 1524, l'artiste fut chargé de réaliser des dessins représentant certains épisodes de l'Ancien Testament : ces cartons appliqués à la marqueterie par Giovanni Francesco Capoferri devaient être protégés par une série de « devises », toujours de Lotto. « Devises », dans la tradition héraldique, signifie images symboliques unissant une devise à une représentation thématique, de façon que, présentées côte à côte, l'une intègre et explique l'autre et inversement, en recourant, si besoin est, à la logique des contraires. C'est dans ce contexte symbolique complexe que l'on peut repérer des références directes à l'univers de l'alchimie, dont la présence en ce lieu est en contradiction totale avec la tradition artistique chrétienne.

Références aux thèmes alchimiques dans les marqueteries de Lorenzo Lotto dans la basilique Santa Maria Maggiore de Bergame (ci-dessus et en bas)

Des spécialistes de la Bible et des experts en alchimie ont très probablement collaboré avec Lotto. En effet, de nombreux adeptes de la science ésotérique étaient actifs à Bergame quand l'artiste réalisa ses dessins.

Beaucoup d'encre a coulé au sujet des symboles et des allégories des marqueteries, mais les thèses dépassent rarement le stade de l'hypothèse puisque, comme c'est souvent le cas dans le langage alchimique, il est quasiment impossible d'arriver à une certitude.

Selon les ésotéristes, les marqueteries de Lotto sont conçues comme un itinéraire mystique, par lequel l'homme pouvait (et peut encore ?) créer une harmonie avec le divin. Les marqueteries et les devises du chœur de Santa Maria Maggiore se présentent précisément comme un itinéraire visant à exalter l'ascèse et établissant un lien étroit entre certains épisodes bibliques et la métaphore que la tradition hermétique a adoptée pour crypter ses préceptes philosophiques et moraux.

Un langage ancien et indéchiffrable

L'alchimie est probablement la science qui a le plus utilisé le langage symbolique de l'ésotérisme. Cela donne un ensemble encore très mystérieux pour l'homme d'aujourd'hui. En effet, pour rester discrets, les alchimistes utilis aient des symboles, et ont ainsi créé une forme de langage destiné à un petit nombre et qui n'a pratiquement jamais été transcrit. Quand cela se produisait, les textes étaient écrits dans un langage énigmatique dont les métaphores et les allégories faisaient perdre le fil à ceux qui n'étaient pas habitués aux subtilités ésotériques de l'alchimie.

Les origines de cette science remontent à la nuit des temps : il semble que les première sources y faisant allusion datent du monde antique et qu'au nombre de ses fondateurs figurent des personnages à la frontière entre histoire et mythe, comme Hermès Trismégiste, Marie la juive, etc.

D'après certains interprètes, l'alchimie serait un dérivé de la chimie, mais cette thèse ne satisfait pas tout le monde dans la mesure où la science sacrée (comme la définissent les ésotéristes) opère à différents niveaux et où ses pratiques sont considérées comme une métaphore de la condition humaine.

Le but essentiel de l'alchimie, ou tout au moins celui qui est apparent et connu de tous, est la recherche de la pierre philosophale, qui permet de transformer la matière vile (le plomb) en matière noble (l'or). En réalité il faut lire cela de manière métaphorique : derrière la transmutation se cache la recherche d'une perfection intrinsèque, que l'alchimiste poursuit en suivant la voie de la connaissance.

Comme pour le processus physico-chimique, la matière évolue par étapes. L'alchimie définit des phases qu'il faut traverser afin d'atteindre le grand œuvre (la transmutation de la matière): la transformation du plomb en or.

CARNAC

LES MENHIRS SACRÉS

Site mégalithique à Carnac © Biosphoto / Vincent M. & E. Studler

Le Ménec, petit village français à un kilomètre de Carnac, dans le Morbihan, est le point de départ de quatre routes bordées de milliers de menhirs divisés en onze alignements. Près de Kermario se trouve le tumulus dit « Kercado » où l'on a retrouvé des sépultures datant de 4700 av. J.-C. : une donnée archéologique qui revêt un remarquable intérêt scientifique pour définir une chronologie du site de Carnac dans son ensemble.
De nombreux menhirs ont été abattus, pourtant il est encore possible aujourd'hui d'observer ces alignements mégalithiques qui s'étendent sur plus de 4 kilomètres. La structure la plus complexe est celle du Ménec : les pierres forment une ellipse composée de 70 menhirs qui mesurent dans l'ensemble un peu moins d'un mètre et demi. À l'est s'élèvent 1099 pierres formant onze alignements qui composent un spectacle fascinant et unique au monde.

Vue panoramique de Carnac, un des ensembles sacrés où le génie des anciens bâtisseurs est encore visible © Biosphoto / Vincent M. & E. Studler

Une atmosphère fascinante entoure les menhirs © Biosphoto / Olivier Sauzereau

En 1827, le chevalier de Fréminville décrit ainsi le site de Carnac : « Ce régiment de pierres, cet incroyable enchevêtrement de roches informes à l'alignement parfaitement symétrique, m'ont laissé sans voix [...] ; le grand nombre de masses disposées bizarrement, la hauteur de certaines de ces formes recouvertes de lichen, grises et longues, qui se détachent sur la terre brune dans laquelle elles sont plantées profondément, ainsi que le silence qui les entoure exaltent l'imagination et emplissent l'âme d'une vénération mélancolique pour ces témoignages des temps révolus. » Ces impressions sont encore d'actualité : il est toujours impossible de demeurer insensible devant ce temple préhistorique conçu pour donner un visage et une signification à la sacralité de la pierre, symbole d'éternité et matériau essentiel dans la vie de ces hommes qui allaient construire l'Europe.

Que signifient les menhirs ?

Le menhir (de men, *« pierre » et* hir, *« longue ») est probablement l'élément le plus énigmatique de la culture mégalithique.*
Constitué d'une simple pierre verticale fichée dans le sol, cet étrange monument, très présent dans le monde culturel celte, retient depuis toujours l'attention des archéologues et fait l'objet d'études approfondies. Comme toutes les autres pierres marquées par la main de l'homme, les menhirs entretiennent des liens étroits avec le sacré.
Cependant, on n'a pour le moment jamais réussi à définir sa fonction rituelle précise. Lorsque l'on n'a pas retrouvé à leur pied d'objets permettant de les dater, il est très difficile de savoir précisément quand ils ont été édifiés. Il s'agit cependant en général d'œuvres réalisées à partir du néolithique, et qui ont par la suite été intégrées à la tradition religieuse celte.

QUAND LE PAGANISME RENCONTRE LE CHRISTIANISME

La tradition locale prétend que les pierres debout de Carnac sont des soldats romains pétrifiés par saint Cornélius afin de barrer la route à leurs cultes païens avant d'avoir à se frotter à leurs épées ensanglantées. Le paganisme est pourtant encore présent sous le vernis chrétien, à tel point que dans l'église paroissiale de Carnac, le saint est représenté à l'intérieur d'un cromlech (un cercle de pierres constitué de plusieurs menhirs) en train de bénir deux bœufs.
Aujourd'hui encore, tous les 13 septembre, les habitants viennent faire bénir leurs animaux dans l'église locale, répétant ainsi un rite plus ancien peut-être que le christianisme : certains soutiennent en effet qu'à Carnac, les rituels avec les animaux étaient déjà diffusés avant l'arrivée des évangélisateurs, et que ce furent ces derniers qui absorbèrent dans le nouveau culte une tradition bien antérieure et ancrée dans la religion locale. L'aspect change mais, au fond, il s'agit bien de l'ancien symbolisme qui perdure. Comme saint Cornélius, sainte Geneviève est représentée à l'intérieur d'un cromlech et entourée de nombreux animaux domestiques. La persistance du culte païen est encore une fois mise en exergue dans la religion locale : on invoque cette sainte pour favoriser l'accouchement et pour faire tomber la pluie.
Il s'agit là des restes d'antiques cultes de la fertilité pratiqués par les autochtones qui, avant l'arrivée du christianisme, trouvaient parmi les pierres le lieu le plus propice pour demander de l'aide à leurs divinités. Enfin, les chercheurs ont établi récemment que le site de Carnac aurait eu également une fonction astronomique : il aurait été conçu pour observer la lune.

Le secret de Schimmer Es

Le site mégalithique hollandais de Schimmer Es reste en partie énigmatique : il est formé de deux dolmens disposés à l'intérieur d'une grande clôture constituée de hauts menhirs et dont la forme rappelle celle d'une barque.
On ne sait toujours pas quel était son rôle mais on remarque des similitudes avec des monuments analogues en Scandinavie. Il s'agit peut-être de la tombe d'un dignitaire et de sa suite. Pourtant l'absence de restes humains et d'objets appartenant aux morts invalide presque cette théorie. On a suggéré également une fonction astronomique en raison de la présence de nombreux menhirs s'élevant aux environs : mais les recherches dans cette direction n'ont produit aucun résultat valable. Le mystère continue donc à régner en maître sur le site de Schimmer Es.

Lune au-dessus des menhirs de Kermario © Biosphoto / Olivier Sauzereau

CHARTRES ET PARIS

CHARTRES : UNE CATHÉDRALE MYTHIQUE

On raconte qu'à l'endroit où s'élève aujourd'hui la cathédrale de Chartres, se trouvait un mystérieux temple celtique : cette hypothèse non fondée a été démentie par les recherches archéologiques. Elle a tout de même le mérite de rendre l'atmosphère du lieu encore plus énigmatique.

Au IIIe siècle, quand les premiers chrétiens atteignirent cette région, ils trouvèrent une statue noircie par le temps qu'ils vénérèrent sous le nom de Vierge noire. C'est pourquoi l'église primitive, ainsi que celles qui lui ont succédé, fut consacrée à la Madone. La niche dans laquelle fut déposée la Vierge noire porte le nom de « grotte des Druides » et se trouve à l'intérieur de l'église. Le site reçut, pour des raisons qui nous sont inconnues, le nom de « puits des Saints-Forts ».

Six églises y furent construites : quatre ont brûlé en 743, 858, 962, 1020, et la première cathédrale fut détruite par le feu en 1194. On ne possède pas de documents certains sur la construction de l'actuelle cathédrale gothique, ce qui a nourri la tradition légendaire.

La naissance de la cathédrale de Chartres est liée au personnage de Bernard de Clairvaux, fondateur de l'ordre cistercien et proche des Templiers : il est en effet fondamental de se référer à cet ordre de chevalerie. En effet, entre 1128, date du retour des Templiers de la Terre sainte, et le début du siècle suivant, 80 monuments gothiques environ furent construits en France. Bien qu'aucun témoignage direct ne nous soit parvenu, on présume que les Templiers ont inspiré le gothique. Certains soutiennent même

Façade de la cathédrale de Chartres © Fotolia / Muigya

Portail royal de la cathédrale de Chartres © Fotolia / Gautier Willaume

que Chartres est l'exemple le plus emblématique de leurs connaissances. Ces dernières ont, en effet, été habilement utilisées par les cisterciens, hommes de culture capables de transcrire en langage architectural le savoir ramené en Europe par les chevaliers du Temple.

Nous ne saurons peut-être jamais avec précision comment se sont déroulés les travaux. Ce dont nous sommes sûrs, c'est qu'après l'incendie de 1194 une trentaine d'années suffirent à donner naissance à cet édifice extraordinaire, voué à fasciner en raison de sa qualité artistique et de sa richesse ésotérique.

Architecture et mystère

D'après les spécialistes du symbolisme, la structure de la grande cathédrale, son orientation et sa position ne seraient pas dues au hasard. Elles seraient le fruit d'un projet fondé sur le langage symbolique de l'alchimie. L'interprétation ésotérique affirme également que la structure architecturale suivrait un plan élaboré en utilisant une tradition symbolique inconnue de la majorité : ce qui semble être la normalité aux yeux du simple spectateur contient pour l'alchimiste des secrets et des mystères que les adeptes se transmettent de siècle en siècle. Le centre de l'édifice se trouve entre la deuxième et la troisième travée du chœur et correspond à l'emplacement de l'autel originel, qui fut déplacé au XVIe siècle ; le niveau de l'eau du puits souterrain est de 37 mètres sous l'autel. Sur l'autel s'élève, à 37 mètres également, la clé de la voûte gothique où, avec une légèreté extraordinaire, les ogives se croisent.

Parmi les nombreux mystères, on trouve l'énigmatique plaque en pierre rectangulaire installée obliquement par rapport à la pierre du pavement de l'aile ouest du transept sud : le jour du solstice d'été, à midi, un rayon de soleil pénètre à travers un endroit transparent du vitrail représentant saint Apollinaire et illumine avec une précision surprenante la plaque de pierre. Tout cela laisse penser que l'architecte, le vitrier, le tailleur de pierres avaient passé un accord, mais aussi que les connaissances astronomiques ont sans doute, pour des raisons symboliques, été prises en haute considération.

Le plan de la cathédrale fut, en outre, conçu en fonction des proportions de ce que l'on appelle le « nombre d'or » (1,618) : en effet, les distances entre les colonnes et les longueurs de la nef des transepts et du chœur sont toutes multiples de ce chiffre.

Le nombre 72 est également dominant. L'astrologie affirme que tous les 72 ans, le Soleil se déplace d'un degré sur le zodiaque ; en outre, une légende celtique raconte que le temple du Graal comptait 72 chapelles. Et ce sont justement 72 pierres qui ont été nécessaires à la réalisation de la rosace de Chartres.

Le nombre 72 représente aussi un cinquième de cercle et cela rappelle immédiatement la sacralité du chiffre 5 qui a acquis un rôle important dans l'ésotérisme symbolique de l'architecture. D'après la tradition ésotérique, le 5 serait la représentation de l'homme (bras et jambes écartés) et dans le même temps l'expression de l'univers équilibré : deux axes, un vertical et un horizontal, qui passent par le centre, lieu de perfection et d'équilibre. Les sculptures de la cathédrale recèleraient également, d'après certains, les indices pour découvrir l'Arche d'alliance, dont on dit qu'elle fut ramenée en Occident par les Templiers.

Le nombre d'or

Si on multiplie par 1,618 la distance qui, chez l'adulte, sépare le nombril du sol, on obtient sa taille. De même, si l'on multiplie par 1,618 la distance entre le coude et la main avec les doigts tendus, on obtiendra la longueur du bras. Par ailleurs, le nombre d'or déterminerait également les proportions du monde animal et végétal. Le concept de nombre d'or dérive de la relation établie par Pythagore entre les mathématiques et l'harmonie musicale, qui suggère par extension que l'idée de la beauté peut être exprimée par un rapport mathématique. D'où le concept de section d'or, que les Grecs appelaient « proportion divine ». Pour trouver la section d'or d'un segment (AB), il faut y sélectionner un point (C) de façon à calculer la proportion suivante AC : CB = CB : AB, ce qui revient à dire que la plus petite section est à la grande ce que celle-ci est à la section entière.

LE LANGAGE DE PIERRE DE NOTRE-DAME

De nombreuses années furent nécessaires à la réalisation de Notre-Dame de Paris : les travaux commencèrent en 1160 pour ne s'achever qu'au cours du XIIIe siècle. Sa structure complexe suivrait un itinéraire dominé par le symbole.
Les chercheurs affirment que tous, des papes aux souverains, en passant par les jacobins et les communards, le savaient et qu'ils ont tous, mais pas de la même manière, investi l'imposante église d'un rôle artistique et religieux éminent, mais aussi de significations liées au langage de l'alchimie et de l'ésotérisme.

Chimères sculptées de la cathédrale Notre-Dame de Paris © Biosphoto / Jean-Claude N'Diaye

« Et d'abord, pour ne citer que quelques exemples capitaux, il est, à coup sûr, peu de plus belles pages architecturales que cette façade, où successivement et à la fois, les trois portails creusés en ogive, le cordon brodé et dentelé des vingt-huit niches royales, l'immense rosace centrale flanquée de ses deux fenêtres latérales comme le prêtre du diacre et du sous-diacre, la haute et frêle galerie d'arcades à trèfles qui porte une lourde plate-forme sur ses fines colonnettes, enfin, les deux noires et massives tours avec leurs auvents d'ardoise ; parties harmonieuses d'un tout magnifique, superposées en cinq étages gigantesques ; se développent à l'œil, en foule et sans trouble [....]. Et ce que nous disons ici de la façade, il faut le dire de l'église entière ; et ce que nous disons de l'église cathédrale de Paris, il faut le dire de toutes les églises de la chrétienté au Moyen Âge. Tout se tient dans cet art venu de lui-même, logique et bien proportionné. Mesurer l'orteil du pied, c'est mesurer le géant. »

Les toits de Notre-Dame de Paris © Biosphoto / Jean-Claude N'Diaye

Dans cet extrait de *Notre-Dame de Paris*, Victor Hugo marie langage symbolique et poésie, affirmant la réalité du rôle ésotérique de cet édifice. Ainsi, le terme « parvis », qui désigne l'esplanade devant l'église, dériverait, selon les dictionnaires étymologiques, de « paradis ». Il ne nous appartient pas de dire cependant s'il s'agit du paradis typique de la culture chrétienne, l'Éden d'où furent chassés les premiers pécheurs et dans lequel les âmes des justes trouveront la vie éternelle.

Il est possible que les quelque 15 millions de visiteurs annuels qui foulent le sol de Notre-Dame sentent inconsciemment l'écho de cette spiritualité archaïque qui alimente la foi populaire. Il n'est pas moins impensable que le secret de cet intérêt porté à l'église par des personnes de toute culture et de toute foi réside dans l'aura de mystère qui émane de la cathédrale parisienne. Quelle que soit la réponse, à Notre-Dame, le langage symbolique ne s'exprime pas seulement dans l'hymne à la pureté et dans le triomphe de la foi en un dieu de lumière. Les richesses décoratives de l'église comprennent en effet des éléments particulièrement mystérieux et quelque peu inquiétants, entourés d'une aura diabolique. De ce point de vue, le mystérieux Baphomet – une sculpture qui représente un démon dont l'aspect hybride unit l'iconographie diabolique et celle des divinités païennes – qui observe avec attention la ville du haut des gouttières est emblématique. Son secret est aujourd'hui perdu, mais il sert peut-être à rappeler que le mal est toujours aux aguets, prêt à se jeter sur ses victimes, qu'il ne faut jamais le sous-estimer. Le mystère de Notre-Dame réside probablement dans cet enseignement simple mais fondamental qui, sans recourir au langage alchimique, rappelle aux hommes que Satan veille constamment sur la ville et sur les gens.

FATIMA, LA SALETTE, LOURDES ET MEDJUGORJE : LES LIEUX DE LA RÉVÉLATION DE MARIE

LES TROIS SECRETS DÉVOILÉS À FATIMA

Le village portugais de Fatima serait probablement inconnu si, en 1817, la Vierge n'était pas apparue et n'avait pas révélé à trois enfants de paysans locaux – Lucia dos Santos, 12 ans, Francesco, 9 ans et Giacinta Marto, 7 ans – des mystères plus grands qu'eux. Les phénomènes ont eu lieu, pour être plus précis, à la Cova da Iria, non loin de Fatima. La première apparition eut lieu le 13 mai 1817. Il y en eut six au total jusqu'à la fin octobre de la même année, le treizième jour de chaque mois.

L'aura de surnaturel entourant Fatima est surtout déterminée par les trois grands secrets que la Madone confia à Lucia dos Santos. Ces secrets font aujourd'hui partie du domaine public, mais, malgré cela, ils continuent à faire l'objet de discusions et d'analyses, faisant de Fatima un lieu consacré à la foi et à l'esprit mais aussi un endroit où le mystère, sous toutes ses formes, est presque palpable, tant il est enraciné dans les choses et dans les consciences.

Le sanctuaire de Fatima © Fotolia / Fjaccord

La grotte où eut lieu l'apparition de la Vierge à Lourdes © Biosphoto / Robert Mulder / Lineair

L'AVERTISSEMENT DE LA VIERGE DE LA SALETTE

La Salette, localité voisine de Grenoble, entra dans l'Histoire le 19 février 1846 quand deux enfants, Mélanie Calvat, 15 ans, et Maximin Giraud, 11 ans, virent une masse lumineuse et incandescente près d'une fontaine, alors qu'ils faisaient paître leur troupeau : ils s'approchèrent prudemment et découvrirent que l'intense luminosité était la couronne d'une belle femme en pleurs.

Rapidement, les apparitions suscitèrent une grande attention et attirèrent un nombre toujours plus important de fidèles qui baptisèrent cette localité « nouveau Sinaï ». Les enfants rapportèrent, entre autres, que la Madone voulait faire part à tous les fidèles de la nécessité de faire pénitence et d'observer avec foi les préceptes du christianisme. En certaines occasions, la Vierge fut particulièrement claire : « Il faut que le peuple se soumette, sinon je serai contrainte de laisser libre le bras de mon Fils. » Cet avertissement inquiétant n'a pas eu semble-t-il grand effet dans notre monde ravagé par la guerre et désintéressé par les choses de l'esprit.

LA GROTTE DES MIRACLES DE LOURDES

Les apparitions de Lourdes sont de peu postérieures à celles de La Salette. Bernadette Soubirous, 14 ans, fut témoin de ce grand miracle. Au cours des dix-huit apparitions qui eurent lieu entre février et juillet 1858 dans la grotte mystique – rebaptisée « grotte de Bernadette » –, elle eut le privilège de connaître les souhaits et les secrets de la Mère du Christ.

Outre ses invitations à la paix et à la prière, la « Belle Dame » de Lourdes a laissé un témoignage fondamental de son pouvoir en transformant l'anonyme localité française en un lieu d'espérance et de guérison pour des milliers de fidèles.

Depuis 1858, des pèlerinages se succèdent à Lourdes : chaque année, des malades, dont certains très graves, viennent dans la grotte de Bernadette ; parmi eux, certains retrouvent miraculeusement la santé après s'être immergés dans les eaux de Lourdes. Dans la mesure où nombreux sont ceux qui crient au miracle, un bureau spécial de contrôle veille sur les cas de guérison : la plupart du temps, ils peuvent avoir une explication naturelle, mais d'autres sont entourés de mystère et laissent sans voix les scientifiques même les plus sceptiques.

LES PHÉNOMÈNES MIRACULEUX DE MEDJUGORJE

La dernière apparition de la Vierge eut lieu à Medjugorje en Bosnie, le 24 juin 1981.

La Madone apparut à un groupe de mystiques locaux pour leur communiquer des messages et, depuis, le phénomène a acquis des proportions énormes : les fidèles affluent du monde entier en quête d'une réponse, d'un miracle, d'un témoignage.

Sur ce lambeau de terre martyrisé par la guerre, le flux des pèlerins ne diminue pas et l'on signale de nombreuses guérisons, dont aucune, pour le moment, n'a été reconnue officiellement.

Les phénomènes miraculeux ne se limitent pas aux guérisons puisqu'on signale également des rotations solaires, des apparitions d'images de la Vierge sur les pellicules des appareils photo et des messages apocalyptiques reçus par certains mystiques : toute une série de manifestations qui font de Medjugorje une des localités où le mystère fait partie intégrante du quotidien.

GRANDE-BRETAGNE : LA TERRE DES GÉANTS

LES GÉANTS DE CERNE ABBAS ET DE WILMINGTON

Sur les collines s'étendant entre Londres, Oxford, Yeavil et Brighton, on trouve des représentations mystérieuses destinées à être observées du ciel.

L'œuvre la plus originale se trouve près du village de Cerne Abbas, dans le Dorset, et représente un homme haut de 55 mètres. Il est nu, son phallus en érection est bien visible et il porte une massue noueuse (longue de 37 mètres) dans la main droite. Cette image insolite a fait l'objet de nombreuses interprétations et légendes. On raconte qu'à une époque les mots *Jehova/Jesus hoc destruxit* (« Jésus l'a détrôné ») avaient été tracés entre les pieds du géant par les évangélisateurs du Ier siècle pour exorciser les effets négatifs de cet extraordinaire vestige du paganisme.

Ce monument singulier, réalisé avec maestria, remonterait à la culture celte et représenterait une divinité autochtone rappelant l'Hercule grec, dont l'histoire et le culte ont pu atteindre cette partie de l'Europe par l'entremise des légionnaires romains. Le géant pourrait également représenter le dieu celte Ogmios, protecteur de l'éloquence et inventeur de l'écriture, assimilé à Hercule et représenté avec une peau de fauve et une massue.

Ce genre de représentation n'est pas rare dans le nord de l'Europe : il est donc possible que le géant, disposant de ces prérogatives iconographiques, soit un symbole récurrent des cultes locaux. La tradition populaire rappelle en effet que, dans ces régions, vivait un géant dangereux qui semait la terreur et qui avait la fâcheuse habitude de détruire les cultures et de calmer son insatiable faim avec les moutons élevés par les habitants. Un jour, il s'arrêta pour se reposer sur la colline de Cerne Abbas et s'endormit. Les hommes de la région le tuèrent et tracèrent à la craie le contour de sa silhouette, pour que tous gardent en mémoire quels risques avaient courus leurs

Le géant de Cerne Abbas © Biosphoto / Skyscan / Science Photo Library

ancêtres pour libérer leur terre du géant.
Sur la colline de Windover, près de Wilmington, dans le Sussex, on trouve un autre mystérieux géant. Appelé localement « l'homme long », il mesure 70 mètres et ses bras en croix tiennent deux bâtons pointus. D'après les chercheurs, cette œuvre restaurée en 1874 daterait d'environ 2000 à 2500 ans. Dans la région, certains prétendent qu'il s'agit d'une représentation de saint Paul ; d'autres pensent qu'il s'agit vraiment d'un géant.
D'aucuns ont récemment émis des hypothèses faisant le rapport entre cette œuvre et les extraterrestres.

Le cheval d'Uffington © Biosphoto / Skyscan / Science Photo Library

LES CHEVAUX GÉANTS D'UFFINGTON ET BRATTON

À Uffington, dans le Berkshire, et à Bratton, près de Westbury, nous trouvons deux autres représentations gigantesques mettant en scène cette fois des chevaux.
Le premier, long de 111 mètres, fut probablement réalisé pendant l'âge de fer, vers 100 av. J.-C. et est donc attribué à la culture celte : on a en effet retrouvé des effigies de chevaux stylisées sur les pièces celtiques. En outre, près de cet endroit, se trouve une place forte celtique de la même époque. Traditionnellement, tous les sept ans, lors de la semaine de Pentecôte, le contour en calcaire du cheval d'Uffington est désherbé et débroussaillé par les habitants du village voisin : une pratique de conservation qui s'accompagnait d'une fête où se déroulaient jeux d'adresse et banquets. La tradition fut interrompue à la seconde moitié du XIXe siècle, même si le rite du lancer de roues le long d'une pente persista encore quelque temps. Ce jeu provenait probablement d'un rite peut-être préceltique célébrant le solstice. Il trouve sa principale expression dans le lancer de grandes roues en bois brûlant et souvent recouvertes de guirlandes qui, figurant le soleil, voulaient marquer de manière rituelle le début de la nouvelle année astronomique, ouvrant la voie à un cours favorable de l'astre.
Le deuxième cheval est, au contraire, une œuvre récente – seconde moitié du XVIIIe siècle – réalisée sur les quelques traces encore visibles d'un dessin plus ancien.
Pour certains archéologues, la figure la plus archaïque remonterait au IXe siècle ap. J.-C., mais d'autres soutiennent qu'elle serait plus ancienne, et probablement celtique.

Pour favoriser la fécondité

En général, on considère que les représentations de géants sont un témoignage excessivement ancien, datant de la période préchrétienne, à mettre en relation avec le culte de la fécondité. Cette hypothèse est étayée par la persistance de certaines pratiques rituelles, encore pratiquées par les paysans locaux, à l'aube du XXIe siècle.
Le rite le plus diffusé et le plus marquant est celui auquel se livrent les femmes stériles : elles s'étendent sur le phallus du géant pour favoriser leur fécondité. Les grandes pierres sacrées font souvent l'objet de ce genre de pratique dans l'Europe du centre-nord. Les femmes avaient l'habitude de s'y frotter le ventre ou de s'y glisser dans le but de favoriser leur fertilité.
Par ailleurs, la bonne conservation de ces « constructions » témoigne de leur rôle important au sein de la communauté locale.

GRÈCE

PATHMOS, L'ÎLE OÙ DIEU ANNONÇA LA « FIN DU MONDE »

Jean, l'auteur de l'Apocalypse, fut arrêté et exilé à Pathmos lors des grandes persécutions voulues par Domitien. C'est dans cette île de l'archipel égéen, d'à peine 34 km², à 60 kilomètres d'Éphèse, que l'évangéliste reçut le message symbolique qui lui permit de rédiger le livre qui conclut le Nouveau Testament. Ce fut plus précisément dans la grotte de l'Apocalypse, le lieu le plus évocateur de Pathmos. La grotte, transformée en petite église orthodoxe, garde une part de mystère qui ne peut échapper même au visiteur le plus distrait.

L'île de Pathmos. Reproduction du XVIIe siècle

Temple d'Apollon, à Delphes © Biosphoto / Bill Raften / Peter Arnold

La prédiction de l'Apocalypse

Jean reçoit l'Apocalypse. Gravure de Dürer

Un malentendu herméneutique affecte le contenu de la révélation de l'Apocalypse. En effet, l'Apocalypse n'est pas un texte crypté regroupant de manière allégorique les aspects principaux de la fin du monde, mais un itinéraire théologique indiquant la fin de l'Histoire. L'idée de la punition et de la peine n'est pas la seule évoquée dans le livre de Jean. Il y parle également de l'espérance dans la foi et dans Dieu. D'un certain point de vue, Jean peut être considéré comme l'auteur qui a donné à l'Antéchrist des caractéristiques concrètes au sein même du Nouveau Testament : il voulait léguer un stéréotype à la tradition eschatologique qui lui succéda. Le livre est divisé en 22 chapitres répartis en trois sections : introduction, prophétie et épilogue. Après une première vision introductrice dans laquelle l'auteur expose ses intentions et l'inspiration divine qui sous-tend l'œuvre, le livre s'ouvre sur les messages aux sept Églises d'Asie, suivis de la vision des sceaux qui précède la bataille entre Dieu et Satan. Les quatre premiers sceaux sont ceux des cavaliers de l'Apocalypse, personnages riches de référence symboliques : « Il leur fut donné pouvoir sur le quart de la Terre, pour occire par le glaive, la famine et la peste, et par les fauves de la Terre. » L'ouverture du septième sceau donne le signal au retentissement de la première des sept trompettes qui entraînent une cascade de punitions que l'on peut structurellement comparer aux plaies d'Égypte.

Entre la septième trompette et les coupes de la colère de Dieu, les chapitres décrivent l'attaque des forces infernales qui veulent s'opposer à Dieu. L'épisode suivant est celui de la victoire de Michel sur le dragon tentant de dévorer l'enfant de la Vierge, le futur Messie. Le dragon recourt alors à deux terribles bêtes pour essayer de lutter à nouveau contre Dieu : la bête qui surgit de la mer est considérée comme le symbole de l'Antéchrist, alors que celle qui surgit de la terre est un pseudo-prophète chargé de préparer la venue de l'Antéchrist. C'est à ce moment précis que la voix céleste s'empare de la narration et annonce le jugement désormais proche ; le ciel se teinte alors d'un signe extraordinaire : « Je vis encore dans le ciel un autre signe grand et admirable : sept anges porteurs de sept fléaux, les derniers, car en eux est assouvie l'indignation de Dieu. » (Apocalypse, 14-15). La septième manifestation de la colère de Dieu – les coupes – fait connaître aux pécheurs les effets de leur conduite et de leur décadence morale.

Dans la rencontre finale, la bête et le faux prophète subissent une ultime défaite et sont jetés dans l'abîme de feu. À ce moment, Satan est enchaîné pour une période de 1000 ans au terme de laquelle il sera relâché et cherchera, avec l'aide des gens de Gog et Magog, de nouveaux alliés pour réorganiser la lutte contre Dieu. Mais son pouvoir sera limité, et à la fin même le démon sera jeté dans l'abîme de feu où se trouvent l'Antéchrist et le faux prophète.

Après la défaite du Malin, viendra le temps de la résurrection universelle, du jugement final, avec l'avènement de la Jérusalem céleste. En attendant ce moment, il faut méditer le contenu de l'Apocalypse qui offre l'occasion de regarder le futur avec objectivité. Jean ne menace pas seulement ceux qui cherchent à occulter ou à déformer le message contenu dans son œuvre, il intime également : « si quelqu'un le surcharge, Dieu le surchargera des fléaux décrits dans ce livre ; et si quelqu'un en retranche, Dieu retranchera sa part de l'arbre de vie et de la ville sainte décrits dans ce livre » (Apocalypse, épilogue).

Il est difficile d'affirmer que c'est précisément en ce lieu que Jean a été visité par l'ange du Seigneur : ce qui est sûr, c'est que la caverne de Pathmos est habitée par un mythe vieux comme l'homme, gorgé de suggestions et de réminiscences ataviques.

Dans la grotte, une étrange fissure porte les « signes de la divinité ». Connue sous le nom de « canal », elle est à présent usée par les mains de milliers de fidèles qui au cours des siècles ont visité le lieu.

C'est à travers cette fissure que Jean écoutait les paroles prononcées par la « voix puissante ».

DELPHES ET LE NOMBRIL DU MONDE

Delphes est un lieu placé sous les auspices du sacré : située sous les falaises du mont Parnasse et au-dessus de la vallée du fleuve Plistus, l'île connut son heure de gloire entre 700 et 200 av. J.-C. Ce fut un lieu de premier plan pour la religion grecque.

À 570 mètres au-dessus du niveau de la mer, l'oracle de Delphes siégeait dans le temple d'Apollon : la Pythie entrait en transe et communiquait avec les divinités. Sa voix, pas toujours intelligible, était traduite par les prêtres qui transmettaient ensuite les messages à ceux qui en faisaient la requête.

D'après la légende, Zeus avait ordonné à deux aigles de voler l'un vers l'autre à la même vitesse, en partant chacun d'une extrémité du monde, à l'est et à l'ouest. Les deux aigles se seraient rencontrés à l'endroit considéré à partir de ce moment comme le « nombril du monde », *omphalos* en grec, c'est-à-dire le temple d'Apollon à Delphes. C'est dans ce temple qu'aujourd'hui sont conservées deux copies de la pierre qui

Sanctuaire d'Athéna © Biosphoto / Kevin Schafer / Peter Arnold

Puisque les plantes des pieds sur la base étaient déjà plus grandes que celles des autres statues, on ne pouvait

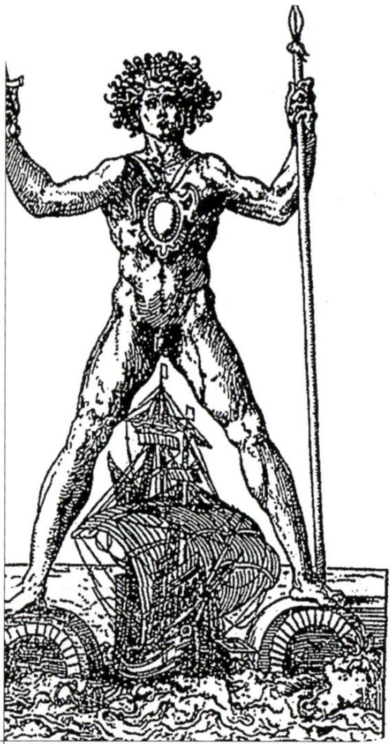

Le colosse de Rhodes. Gravure du XVIe siècle

représente le centre de l'univers. Cette pierre est en forme de demi-œuf et est recouverte d'un réseau de fils noués sculptés sur la surface. On dit que cette pierre pourrait être celle donnée par Rhéa à Chronos à la place de Zeus et recrachée par le dieu. Il pourrait également s'agir de la pierre tombale de Dionysos.

AU COMMENCEMENT ÉTAIT LE COLOSSE DE RHODES

« Rhodes est une île. Elle est restée submergée pendant très longtemps, puis Hélios la découvrit et demanda aux dieux de la lui donner. Sur cette île se trouvait un colosse haut de 36 mètres qui portait les attributs d'Hélios. » Ainsi Philon, dans sa description des sept merveilles du monde, parle-t-il du mythique colosse qui, pour certains auteurs contemporains, n'aurait jamais existé et ne serait que le fruit de l'invention et de la mythologie. Philon continue : « On construisit un podium de marbre et, sur cette base, les pieds jusqu'à l'os de la cheville. On avait déjà conçu mentalement les proportions de la statue du dieu. pas construire la statue à part et poser dessus. Les chevilles devaient être coulées par-dessus, comme on le fait pour construire des maisons, le travail part des fondations et, petit à petit, s'élève. »

Le colosse qui n'existe pas est cependant toujours l'objet de l'attention de nombreux touristes et passionnés de mystères, qui dans cette île des Sporades méridionales, entre la Turquie et la Grèce, cherchent les vestiges d'une histoire antique empreinte de mythologie. La tradition rapporte que le colosse de Rhodes était orienté vers la mer : représentation masculine immense et solitaire, dont les jambes écartées servaient de pont à l'entrée du port. Un pied sur la terre ferme et l'autre sur la jetée où l'on peut encore voir aujourd'hui les ruines de la forteresse des « ordres de chevalerie ».

Bien que nous n'ayons aucune trace archéologique objective, cette « merveille du monde » a cependant suscité beaucoup de témoignages. Ils proviennent particulièrement des voyageurs et des pèlerins qui, au cours de leurs périples vers la Terre sainte, faisaient escale sur l'île de Rhodes, dernier avant-poste occidental avant de basculer dans l'inconnu du monde oriental.

LE LOCH NESS

LE « MONSTRE » DES LACS LE PLUS CÉLÈBRE AU MONDE

Le loch Ness est un très beau lac d'Écosse, étroit et long, aux rives parsemées de centaines d'espèces de fleurs. Il fait partie du canal chalcédonien réalisé au XIXe siècle pour faciliter le commerce et qui a donné naissance à une série de lacs naturels.

Le monstre du loch Ness a des points communs avec la mythologie des monstres marins

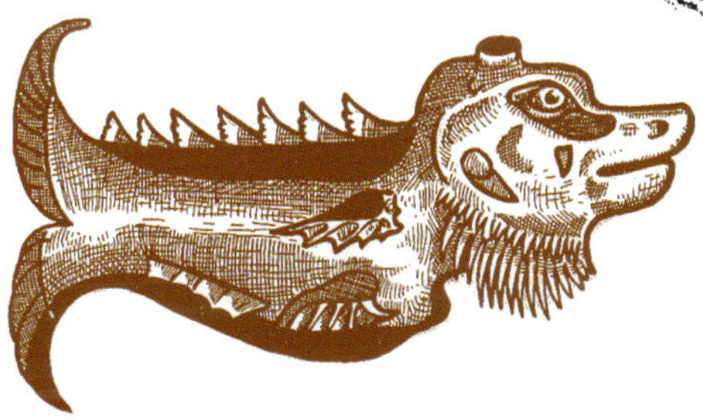

Les apparitions du monstre du loch Ness, ou Nessie, comme l'appellent amicalement les habitants du lieu, ne datent pas d'hier : la première apparition sur laquelle on dispose de documentation remonte à 565 apr. J.-C.
Elle est racontée dans la biographie de saint Columbus qui vit un homme se faire dévorer sur les rives du lac par un monstre étrange sorti des eaux.
L'histoire moderne de Nessie ne commence en revanche que dans les années 1930, quand divers témoins affirment avoir vu, près du lac, un être monstrueux : l'événement eut un retentissement tel qu'un directeur de cirque offrit 20 000 livres sterling à qui capturerait le monstre ; la police s'intéressa à lui, et un député demanda même que l'on ouvre une enquête pour clarifier le mystère du loch Ness. Le nombre de témoignages augmenta de façon exponentielle et le cercle de ceux qui avaient vu Nessie s'agrandit ; à un moment, le monstre apparaissait jusqu'à deux fois dans la même semaine !

En 1934, Nessie fut photographié pour la première fois par le médecin Robert Kennet Wilson qui diffusa son cliché dans les cercles scientifiques : les zoologues virent des points communs entre le monstre de la photo et un plésiosaure (animal éteint depuis plus de 65 millions d'années).
Quelques années après, un témoin eut l'occasion d'observer le monstre : la description qu'il fournit sembla confirmer que les caractéristiques anatomiques de la créature étaient en effet comparables à celles d'un des grands sauriens du pléistocène.

ENCORE DES VISIONS

Plus récemment, même la technologie a fourni des instruments pour vérifier l'existence de Nessie : le sondeur à échos d'un pêcheur qui naviguait sur le lac a en effet signalé, à la profondeur d'environ 50 mètres, une silhouette longue d'au moins 15 mètres qui, selon les témoins, ressemblait à « un grand lézard plein de pattes ». Au début des années 1960, les universités d'Oxford et de Cambridge organisèrent deux expéditions pour sonder le fond du lac à l'aide d'instruments *ad hoc* : les visions insolites furent nombreuses ainsi que les « formes de grande dimension » qu'il ne fut toutefois pas possible de définir avec précision. Dans le même temps, quelques pêcheurs et témoins sur terre signalèrent la présence de Nessie, mais personne malheureusement ne put le photographier.
En 1968, un sonar du département ingénierie de l'université de Birmingham signala la présence d'un corps en mouvement qui se déplaçait au fond du lac à la vitesse de 10 nœuds (19 km/h environ).
Puis, en 1972, le monstre fut photographié pour la deuxième fois – l'image obtenue présentait de nombreuses analogies avec celle de Wilson – ; en 1975, on prit une série de photographies sous-marines : les images n'étaient pas très claires mais sur certaines d'entre elles on entrevoyait une forme qui ressemblait à nouveau à un plésiosaure. Les photographies tracent le portrait d'un animal pourvu d'une petite tête sur un long cou qui émerge de l'eau : cette particularité anatomique renvoie encore une fois assez clairement aux plésiosaures.

HYPOTHÈSES, HYPOTHÈSES, RIEN QUE DES HYPOTHÈSES....

Qu'une créature de type plésiosaure ait survécu dans le lac semble peu crédible et difficilement acceptable du point de vue scientifique.
En effet, les grands reptiles préhistoriques pondaient leurs œufs sur la terre ferme. Pour ce faire, le monstre du loch Ness devrait donc créer un mouvement qui ne manquerait pas d'attirer l'attention des habitants : il n'existe cependant aucun témoignage allant dans ce sens. La survivance d'un groupe d'animaux de ce genre paraît tout aussi improbable même si certains ont suggéré que l'espèce pourrait avoir survécu en devenant ovovivipare (c'est-à-dire que l'œuf reste à l'intérieur du corps de la mère) comme les ichtyosaures (les dinosaures marins).

« Le monstre dodelinait de la tête »

Arthur Grant, étudiant en médecine à Édimbourg, décrivait ainsi Nessie, qu'il avait vu dans la nuit du 5 au 6 janvier alors qu'il circulait à motocyclette le long des rives : « peu avant une heure du matin, je traversais Abriachan quand surgit, à 50 yards de moi [un peu plus de 45 mètres, NDA], une grosse masse obscure, allongée sur le côté droit de la route. Quand la masse a bougé, j'ai pensé tout de suite qu'il s'agissait du monstre. J'ai arrêté ma moto et j'ai dirigé mes phares sur lui. Le monstre dodelinait de la tête. D'un bond, il a rejoint le milieu de la route. Il avançait en s'aidant de ses pattes postérieures qui, à la différence des antérieures, étaient palmées. Sa nuque triangulaire rappelait celle d'un serpent. Le corps m'a semblé disproportionné par rapport à la tête.
« La partie postérieure de l'animal était large et grosse. La queue était épaisse et légèrement pliée au bout avec des anneaux. La longueur totale de l'animal, de la tête à la pointe de la queue, avoisinait 18 pieds, (environ 50 mètres, NDA) mais ne dépassait pas 20 pieds [un peu plus de 6 mètres, NDT].
La peau, gris-noir, rappelait celle d'une baleine. J'ai vu ensuite la bête ramper sur le terre-plein séparant la route du lac et se jeter d'un coup dans l'eau. Laissant ma moto, je l'ai suivie, mais je n'ai rien vu d'autre que des remous qui semblaient avoir été provoqués par une vedette à moteur. »

Isis et Osiris

Des parents proches du monstre du loch Ness ont été signalés dans le lac Zegrybski en Pologne et dans le lac Labinkir en Sibérie. Le premier est décrit comme « une bête énorme, avec une grosse tête noire et des oreilles comme celles des lapins », le second comme un gigantesque serpent de mer, émettant un étrange cri « semblable aux pleurs d'un enfant ». Il s'agit peut-être de lointains parents d'un être improbable qui aurait créé des colonies en des lieux moins visités et pas encore envahis par les hordes de touristes comme le loch Ness. Aux abords du lac Storsjon, en Suède, on signala dès le XIX*e siècle d'autres « monstres ».*

Il ne faut pas non plus oublier que, pour survivre, une population même restreinte doit compter plusieurs individus : comment expliquer alors la rareté des apparitions s'il y a effectivement plusieurs animaux de grande dimension formant une communauté ?

Nessie serait, d'après une autre hypothèse, un cétacé ayant les caractéristiques d'un basilosaure – ou primitif, espèce éteinte il y a 25 millions d'années.

D'autres chercheurs, en raison des apparitions dans certains lacs d'Amérique du Nord, soutiennent au contraire que les basilosaures auraient survécu jusqu'à nos jours, en subissant des modifications et des variations.

Il a même été avancé que Nessie était en réalité un sous-marin nazi infiltré dans les eaux tranquilles du lac pour de mystérieuses missions d'espionnage.

La bête du Gévaudan

Au XVIIIe siècle, les campagnes françaises du Gévaudan furent hantées par une mystérieuse « bête » qui fit de nombreuses victimes sans jamais se faire prendre par les chasseurs qui la traquaient. On parle d'un loup gigantesque, mais on ne sait toujours pas en fait ce qu'était la « bête du Gévaudan ». Dans sa chronique, Histoire de la bête du Gévaudan, *l'abbé Pourcher rend palpable la peur collective et fait transparaître nettement l'angoisse que provoque l'inconnu sans nom qui fait ressurgir nos incertitudes naturelles. La chasse dura 22 ans, pendant lesquels plus de cent personnes furent massacrées par cette créature que la plupart appelaient animal mais derrière laquelle, à mesure que le temps passait, la majorité commençait à cerner quelque chose de dangereusement humain.*

Il suffit de regarder les journaux de l'époque pour se rendre compte de deux aspects anthropologiques très importants : le premier concerne la forme de l'animal, qui est représenté et décrit debout, position humaine par excellence ; par ailleurs ses proportions dépassent de beaucoup celles d'un loup normal.

La bête du Gévaudan, dans une gravure du XVIIIe siècle. Avant d'établir que la bête était une sorte de lynx, on a longtemps pensé qu'il s'agissait d'un loup-garou

NAPLES

L'INQUIÉTANTE CHAPELLE DE SAN SEVERO

La Désillusion, *de Francesco Queirolo*

Vers 1748, Frédéric II de Prusse envoya une lettre de félicitations à un gentilhomme napolitain pour le complimenter sur son essai *Pratique d'exercices militaires pour l'infanterie*, lui reconnaissant des mérites extraordinaires, supérieurs à ceux des généraux prussiens. Le destinataire de la lettre était Raimondo de Sangro, prince de San Severo, né le 30 janvier 1710 à Torre Maggiore di Foggia : un homme de grande valeur, un esprit génial qui se consacrait avec succès à de nombreuses sciences et inspirait la curiosité et la crainte chez ses contemporains. Ces derniers créèrent une sorte de mythe qui est en partie parvenu jusqu'à nous, en particulier sous la forme d'histoires courant sur son fantôme qui serait apparu dans la chapelle portant son nom. La chapelle, contiguë au palais San Severo, est une œuvre du XVIe siècle située dans le centre historique de Naples. Appelée « La Pietatella », elle fut érigée pour accueillir le mausolée de la famille vers 1590 par Giovanni Francesco de Sangro qui voulait ainsi remercier la Vierge d'une grâce reçue. C'est cependant son petit-neveu Raimondo qui la rendit unique en la faisant restaurer entre 1749 et 1771. Selon les spécialistes, l'édifice n'est pas seulement un chef-d'œuvre du baroque tardif, c'est aussi et surtout un parcours ésotérique ponctué par un déferlement de symboles dans lesquels l'art et l'alchimie semblent faire corps pour former un langage unique empreint de mystère. Les statues telles que le « *Christ voilé* », la « *Désillusion* » et la « *Pudeur* » sont particulièrement importantes, non seulement en raison de leur valeur artistique indéniable, mais aussi parce qu'elles sont des allégories ésotériques très précises, faisant allusion à l'univers initiatique dont le prince était un adepte prestigieux.

Biographie d'une légende

À 10 ans, Raimondo de Sangro est envoyé par son père au collège jésuite Clemetino, à Rome, où il étudie les mathématiques, l'hydrostatique, la philosophie, la perspective et le droit civil et canon. Il obtient en 1744 l'autorisation papale de lire certains « livres interdits », déterminants dans sa formation. Polyglotte – il connaît l'arabe et l'hébreu –, il étudie les sciences et devient expert en mécanique et en anatomie. Le collège est pour lui une sorte de deuxième maison (en fait sa maison était reliée au collège par un passage qui s'écroula soudainement et sans raison apparente en 1889).
Inventeur éclectique, il réalise des instruments réellement innovants pour l'époque comme l'emblématique « lumière éternelle », une lampe spéciale qui pouvait rester allumée pendant des mois « sans que diminue le poids de la substance qui alimentait la flamme ».

Dans un de ses Mémoires, le prince nous apprend qu'il fit cette découverte par hasard au cours d'une expérience et que le combustible employé était réalisé avec « les os de l'animal le plus noble qui soit sur Terre ; les meilleurs (que j'ai d'ailleurs utilisés) étant ceux de la tête. » Selon la tradition populaire de l'époque, le prétendu « animal le plus noble » était l'homme : cela jette un voile inquiétant sur les expériences menées par le prince, que l'Église de l'époque observait avec une certaine appréhension.

La crypte de la chapelle, principal théâtre des apparitions de son fantôme, abrite le témoignage inquiétant d'une autre expérience menée par le prince. Dans cet antre souterrain, on trouve en effet les mystérieuses « machines anatomiques », c'est-à-dire deux corps de type négroïde (un homme et une femme), à l'état de squelettes, sur lesquels apparaît, avec une précision surprenante, tout le système vasculaire. On ne sait pas comment fut menée l'expérience, ni si les deux « modèles » étaient déjà morts au moment où elle fut réalisée. Certains, par ailleurs, croient qu'il s'agit d'une reproduction fabriquée par un médecin anatomiste avec de la cire d'abeille et d'autres matériaux. Mais la tradition veut qu'il s'agisse de personnes décédées accidentellement, dans lesquelles de Sangro inocula une substance capable de « métalliser » le système circulatoire et certains organes. D'autres objectent que, pour permettre à une substance de solidifier les deux appareils circulatoires, la circulation sanguine devait fonctionner et le cœur battre. En effet, une légende raconte que le prince lui-même injecta un liquide mystérieux dans les veines de ses serviteurs encore vivants pour réussir à pétrifier les veines, les artères et les vaisseaux capillaires de ces deux êtres humains qui, encore aujourd'hui, sont là comme deux statues horribles et, au-delà des âges, confirment le mystère de Raimondo de Sangro, prince de San Severo.

CUMES ET LA GALERIE DES VOIX

Cumes, située sur le golfe de Naples, était la plus ancienne colonie grecque de l'Italie continentale : ses ruines surgissent à une vingtaine de kilomètres du chef-lieu parthénopéen. Cumes abrite encore aujourd'hui la grotte que la tradition attribue à la sibylle. Cette œuvre est constituée de deux tunnels : l'un est long de plus de 180 mètres et pourvu de puits de lumière et de citernes d'eau. Il se termine par un vestibule où l'on trouve des sièges creusés dans la pierre. L'autre tunnel mesure un peu plus de 100 mètres. L'atmosphère du lieu était probablement pour beaucoup dans l'état de transe et dans la volonté de se mettre en contact avec l'entité mythique, cachée dans le ventre de terre et de pierres où les secrets connus seulement par les divinités pouvaient être dévoilés au commun des mortels. « L'immense flanc du rocher eubéen s'ouvre sur un antre : / cent amples passages, cent portes y conduisent ; / il s'en échappe de nombreuses voix, les réponses de la Sibylle » : c'est avec ces vers brefs mais précis que Virgile décrit cette atmosphère pleine d'inquiétudes, dans laquelle les « effets spéciaux » produits par les puits de lumière et par l'écho des tunnels devaient fortement impressionner ceux qui pénétraient dans l'antre obscur à la recherche de réponses sur leur futur.

La prophétesse

Le personnage de la sibylle fut très important dans le monde antique, tout comme ses prophéties. Inspirée par les divinités, elle offrait des oracles puissants et l'écho de ses paroles franchissait les barrières du temps. D'après l'étymologie définie par Marco Terenzio Varrone et acceptée par les auteurs suivants, le terme « sibylle » dérive du dialecte éolien *sisis* « dieux » et *boullan*, « conseil ». La sibylle de Marpessos, devineresse et prophétesse éolienne, aurait donné son nom à toutes les femmes oracles.

La légende attribue à la sibylle une durée de vie extraordinaire : la sibylle d'Érythrée, fille de Theodorus et d'une nymphe, devint adulte tout de suite après sa naissance, commença à prophétiser et, contre sa volonté, fut consacrée à Apollon par ses parents : elle aurait vécu neuf vies, de 110 ans chacune. D'après certains auteurs, la sibylle de Cumes est la même que celle d'Érythrée qui serait venue vivre à Cumes puisque Apollon lui avait donné le pouvoir de vivre autant d'années qu'elle pouvait tenir de grains de sable dans sa main, à condition qu'elle ne touche jamais plus la terre d'Érythrée : elle mourut en recevant une lettre dont le sceau était fait de terre d'Érythrée.

Les paroles du philosophe

À propos du prince de San Severo, Benedetto Croce écrivait, dans son livre Histoires et légendes napolitaines *: « Il assassina sept cardinaux et, avec leurs os, il fit des sièges qu'il recouvrit de leurs peaux tannées [...]. Quand il sentit la mort s'approcher, il chercha à s'assurer de sa résurrection : il se fit mettre en pièces par un esclave maure qui installa ensuite son corps recomposé dans une caisse d'où il serait sorti vivant et sain au jour prévu. Toutefois, sa famille, à laquelle il avait tout caché, rechercha la caisse. Elle l'ouvrit avant que les morceaux du corps ne soient complètement soudés. Le prince, comme réveillé dans son sommeil, se souleva mais retomba aussitôt en poussant un hurlement horrible. »*

EUROPE DU NORD : LES GRANDES PIERRES DU MYSTÈRE

LES NAVIRES DE PIERRE DE GOTLAND

De l'âge du fer jusqu'au Moyen Âge, la grande île de Gotland au large de la Suède a occupé un rôle prépondérant : elle se trouve en effet dans une zone d'important transit maritime dans la mer Baltique.
Les navires sont ainsi devenus un sujet fondamental de l'imaginaire collectif, qu'il s'agisse de ceux des mythiques Vikings ou de ceux qui, dans le passé, sillonnaient les mers gelées avec leurs chargements d'épices et de marchandises précieuses. C'est peut-être pourquoi on a créé à Gotland un véritable « cimetière de bateaux » : une énigme autour de laquelle on a évidemment

Tombe en forme de navire © Biosphoto / André Maslennikov

Norvège

Pour confirmer le rôle significatif des navires de pierre, on peut rappeler que l'on trouve d'autres témoignages capitaux du même genre sur les collines artificielles de Gokstad, Oserberg, Tune et Borre situées le long du fjord d'Oslo. À Oserberg, sous l'un des navires, on retrouva une femme – certainement de noble extraction à en juger par les objets retrouvés à ses côtés –, tandis que dans les autres, on découvrit des squelettes d'hommes eux aussi accompagnés de riches objets.

brodé différentes hypothèses et qui continue à faire les beaux jours des débats entre archéologues. Les « tombes en forme de navires » de l'île sont environ 350 : il s'agit de constructions symboliques réalisées à partir de pierres dressées qui représentent la silhouette d'un navire avec la proue en haut et les flancs inclinés.
C'est en fait un modèle qui rappelle les navires vikings dont les constructeurs de ces embarcations de pierre se sont certainement inspirés.
Les tombes en forme de navires, nombreuses, peuvent atteindre des dimensions extraordinaires, comme celle de Gnisvard qui mesure 43 mètres de long et 7 de large.
Les navires de pierre avaient probablement une fonction rituelle dont nous savons peu de choses : ils furent construits pour voyager outre-tombe et donc se perdre dans le mythe où roulent les eaux de l'imagination.

LA TOMBE-OBSERVATOIRE DE NEWGRANGE

La tombe de Newgrange aux environs de Dublin en Irlande date de 3000 av. J.-C. : à l'origine, elle était recouverte d'un grand tumulus ovale de haut 14 mètres (il en mesure aujourd'hui 9) dont le diamètre approchait les 80 mètres. La colline sur laquelle elle se trouvait était constituée d'environ 200000 galets provenant du fleuve voisin, le Boyne. Le long du périmètre extérieur, on peut encore observer une centaine de pierres marquant la limite – dans le passé le tumulus était entouré d'un autre cercle de pierres.
À l'entrée, on trouve une grande masse – longue de 3 mètres et haute de 1,50 mètre – sur laquelle sont gravées des spirales ; sur les pierres des parois internes, on trouve d'autres décorations.

Le secret du labyrinthe de Cnossos

Depuis l'Antiquité, le labyrinthe permet de représenter avec force certains thèmes fondamentaux tels que la naissance, la mort, le giron maternel, l'initiation, etc. C'est un symbole d'éternité, une métaphore de l'univers et de l'homme considérés comme des entités en perpétuel devenir.
Les labyrinthes sont en général basés sur un dessin unique, tracé dans diverses régions du monde de la même manière et à partir de la même période : la spirale.
*Les spirales les plus anciennes sont gravées dans la roche et présentent sept circonvolutions ou spires. Nous retrouvons d'ailleurs ce dessin sur les pièces de Cnossos conservées au British Museum, à Londres, et réalisées entre le IV*e *siècle av. J.-C. et le I*er *siècle de notre ère. Actuellement, les scientifiques tendent à considérer que les spirales sont apparues en diverses parties du monde au même moment, mais qu'elles ont été réalisées indépendamment les unes des autres.*
C'est avec la légende de Thésée et du Minotaure, située précisément à Cnossos, en Crète, que le labyrinthe a acquis son ticket pour l'éternité.
Le mythe raconte que les Athéniens devaient verser tous les neuf ans un coûteux tribut (14 vies humaines, 7 jeunes filles et 7 jeunes gens) au Minotaure, un monstre mi-homme, mi-taureau.
L'être assoiffé de sang se terrait dans le labyrinthe construit par l'architecte Dédale. Le héros athénien Thésée se proposa comme quatorzième victime et grâce à l'aide de Dédale et d'Ariane, la fille de Minos, il tendit un fil le long du parcours, réussissant ainsi à retrouver la sortie du labyrinthe après avoir tué le Minotaure.
Dans ses Métamorphoses, *Ovide rappelle que : « Le plus célèbre des architectes, Dédale, en a tracé les fondements. L'œil s'égare dans des sentiers infinis, sans terme et sans issue, qui se croisent, se mêlent, se confondent entre eux. » Le plan du palais de Cnossos est toujours visible et porte le nom de* labrys, *terme dérivant de la hache à deux lames que l'on retrouve dans de nombreuses décorations de l'art crétois et qui était utilisée comme instrument rituel dans le culte du taureau.*
Sa forme s'inspire, iconographiquement parlant, des cornes de l'animal. La plus ancienne acceptation du mot labyrinthe est donc « maison de la hache à double tranchant », ce qui permettrait d'expliquer comment le terme « labyrinthe », qui à l'origine définissait la spirale, une figure plate, en est venu à désigner un enchevêtrement tridimensionnel dont l'affirmation dans plusieurs cultures très différentes ne s'est jamais démentie.

*Le combat de Thésée contre le Minotaure à l'intérieur du labyrinthe tel que l'imaginait un enlumineur du XII*e *siècle © Antonella Roversi Monaco*

L'accès au grand tumulus de Newgrange

Sur le site de Ølandsgaarden se trouve aussi un tumulus à l'intérieur duquel sont gravés dans la pierre deux grands navires entourés de cercles concentriques. Les hypothèses sont une nouvelle fois nombreuses et quelquefois farfelues pour expliquer ce qui a poussé les Danois de l'Antiquité à réaliser ces œuvres. Il s'agit peut-être de l'héritage d'une culture de la navigation, présente dans ce coin de terre depuis les temps les plus reculés. Mais les choix décoratifs peuvent plus concrètement s'expliquer par l'invasion d'un peuple réputé agressif et dangereux venant de la mer. Les navires seraient des « images photographiques » synthétisant cette invasion. En effet, ce fut la venue de ce peuple qui mit peu à peu un terme à la culture mégalithique danoise : une grande saga s'achevait définitivement.

À l'aube du solstice d'hiver, le 21 décembre, les rayons du soleil pénètrent à l'intérieur du tumulus par une fissure taillée au-dessus de l'entrée et illuminent pour une vingtaine de minutes la chambre interne : les mystérieuses décorations – spirales, losanges et zigzags – s'animent et semblent se détacher de la pierre pour acquérir une voix propre et participer à la célébration du mystère de la succession des saisons.
L'importance de ce tumulus devient encore plus évidente si l'on observe une carte de la région : on découvre en effet que, situé dans la vallée du Boyne, il constitue la partie centrale d'un ample complexe astronomique que les archéologues considèrent comme particulièrement intéressant.
Les tumulus de Dowth Knowth et Newgrange sont, avec d'autres tumulus plus petits des environs, alignés avec les points cardinaux et les principaux points relatifs aux positions de la lune et du soleil.

LE PETIT PEUPLE DU JÜTLAND

Dans le Jütland, au Danemark, on trouve la Troldkirken, qui signifie littéralement « église des gnomes ». Il s'agit d'un cercle de pierres dont le rôle n'a pas été clairement défini par les archéologues. La tradition, quant à elle, affirme qu'il s'agirait, comme le nom l'indique, d'un temple des gnomes. Toujours d'après le folklore danois, dans cette région se trouverait l'entrée d'une grande forge souterraine dans laquelle les gnomes travailleraient les métaux pour les héros depuis des temps immémoriaux.

PIERRE HAINA : LA ROCHE DES ANCÊTRES

La Pierre Haina, près de Wéris en Belgique, est localement appelée la « roche des ancêtres » : un nom qui ne laisse aucun doute sur le rôle joué par ce monolithe dans la tradition légendaire de la région. Dans ce nom perdure également l'aura sacrée qui semble habiter l'énorme masse autour de laquelle circulent des croyances qui ont peu à peu fait disparaître son origine historique (la culture mégalithique) pour faire prévaloir l'origine mythologique. Autour de ce complexe en pierre, les gens de la région ont bâti de nombreuses légendes qui, en général, dotent la masse de pouvoirs thérapeutiques liés à la fertilité : les femmes souhaitant donner naissance à un fils touchaient en effet la pierre magique en suivant des rites mystérieux, cherchant à en extraire des énergies ataviques plus puissantes que les remèdes appliqués par les hommes de science.
Jusqu'au XIXe siècle, à l'occasion du solstice d'hiver, la Pierre Haina était peinte en blanc et les habitants de Wéris dansaient autour selon un rite séculaire qui incluait un feu de joie.
Cette pratique a été mise en relation avec les Celtes qui, au cours des festivités célébrant le solstice, avaient pour habitude d'allumer des grands feux. Certains historiens racontent même qu'ils pouvaient y faire brûler des victimes sacrifiées aux divinités sanguinaires.

SAINT-JACQUES-DE-COMPOSTELLE ET LE MONT-SAINT-MICHEL

SAINT-JACQUES-DE-COMPOSTELLE : LE CHAMP DE L'ÉTOILE

La cathédrale de Saint-Jacques-de-Compostelle, en Espagne, recèle jalousement les reliques de saint Jacques qui font l'objet d'un culte regroupant des milliers de fidèles. C'est la raison pour laquelle elle est l'un des points clés où tradition religieuse et environnement fortement empreint de mystère s'associent étroitement. D'après la tradition médiévale, de nombreux pèlerins se rendaient à Saint-Jacques-de-Compostelle car ils avaient été visités en rêve par le saint qui les exhortait à le rejoindre : « Venez, suivez-moi en Galice.» C'est ainsi que saint Jacques s'adressait aux fidèles, les invitant à se rendre vers l'ouest, entre les montagnes où se trouvait son sépulcre.
Jacques, fils de Zébédée, apôtre et cousin du Christ, occupe avec Pierre et Jean une place de choix parmi les disciples : ils furent les trois seuls témoins de la Transfiguration.
La découverte de la tombe de Jacques remonterait à l'an 813, par un ermite du nom de Pelagio qui s'était retiré dans les bois de Galice pour mener une vie d'ascète. Sa découverte eut un tel retentissement que l'évêque Teodomiro décida même de transférer son siège au *lugar santo* où, petit à petit, on construisit Santiago. D'après une autre version, la tombe fut au contraire retrouvée par un paysan, et plus précisément par ses bœufs : les animaux s'arrêtèrent en effet sans raison dans le champ où ils étaient occupés à paître, une étoile apparut dans le ciel et un rayon puissant indiqua un point par terre.
On fouilla alors à cet endroit et l'on découvrit le sépulcre du saint : à partir de ce moment le lieu fut appelé *campus stellae*, le « champ de l'étoile », en espagnol *compostela*.

Au XIXe siècle, on découvrit dans une tombe située derrière l'autel de la cathédrale les restes de trois hommes parmi lesquels ceux du saint. Un fragment d'os conservé dans la cathédrale de Pise, et considéré comme un morceau du crâne de saint Jacques, apporta la confirmation qu'un des trois hommes était bien Jacques ; ce fragment fut examiné avec le crâne : il s'emboîtait parfaitement.

SUR LA ROUTE DES PÈLERINS

Le premier pèlerin officiel fut enregistré en 950, quand l'évêque Godescalc du Puy, en France, donna le coup d'envoi d'une tradition qui continue aujourd'hui.
Des foules de fidèles venant d'Europe, et même de l'Orient chrétien, se retrouvaient à Compostelle après un parcours de 1000 kilomètres. Le chemin de Compostelle (appelé également Voie lactée) est bordé

Abbatiale Sainte-Foy de Conques © Fotolia / Jean-Jacques Cordier

d'hôpitaux, de lieux de repos, d'églises et de monastères sous la tutelle de la puissante abbaye de Cluny. Saint-Jacques-de-Compostelle devint rapidement un des principaux lieux de pèlerinage après Rome et Jérusalem, les deux centres historiques du culte universel. En 1120, le pape Calixte II accorde une indulgence particulière garantissant le paradis aux chrétiens morts sur le trajet ou à leur arrivée au lieu de pèlerinage : par ce geste, il reconnaissait la grande valeur de cet exceptionnel lieu de culte où le sacré suinte non seulement des murs de la splendide cathédrale mais aussi de l'extraordinaire citadelle baroque qu'est la ville de Compostelle.

Le premier sanctuaire érigé par le roi Alfonso est construit sur le lieu même où s'élevait un autel romain dédié à Jupiter. Avant la réalisation chrétienne, le site était donc déjà entouré d'une atmosphère sacrée qui, encore aujourd'hui, prévaut dans ce lieu.

Sur les traces de Marie-Madeleine à Vézelay

À Vézelay, en Bourgogne, parmi les nombreux saints plus ou moins officiels, on trouve à une place de choix Marie-Madeleine qui, bien que sainte, n'était pas très bien considérée autrefois.

Son entrée officielle dans l'univers de la dévotion remonte à 1050, quand le pape Léon IX attesta que les reliques conservées dans le couvent bourguignon étaient bien celles de Marie-Madeleine.

Le lieu de prière, fondé 200 ans auparavant, connut alors des moments de gloire et de popularité. La confirmation que le corps de la prostituée rachetée se trouvait bien à Vézelay conduisit de nombreux fidèles en ce lieu pour demander une intercession, un miracle, ou encore un peu d'espérance. Par ailleurs, un flux ininterrompu de pèlerins en route pour Compostelle s'arrêtaient à l'abbaye avant de reprendre leur voyage de foi. Le 22 juillet 1120 (fête de la sainte), un incendie détruisit la partie la plus ancienne de l'église, entraînant la mort d'environ 1000 fidèles. Ce drame aux proportions exceptionnelles n'étouffa cependant pas la volonté des moines et des habitants de Vézelay. Presque immédiatement après le désastre, les travaux de reconstruction commencèrent. Ils se terminèrent en 1215 et la façade gothique fut achevée en 1250.

Entre les murs de l'abbaye, en mars 1146, Bernard de Clairvaux encouragea le roi Louis VII et l'empereur germanique Conrad III à armer une deuxième croisade.

Dans ce même lieu, Richard Cœur de Lion et Philippe Auguste mirent au point la troisième croisade.

Basilique Sainte-Marie-Madeleine de Vézelay © Biosphoto / Michel Gunther

Porche d'entrée de la basilique Sainte-Marie-Madeleine © Biosphoto / Michel Gunther

LE MONT-SAINT-MICHEL : LA MONTAGNE QUI DEVIENT ÎLE

La singulière citadelle du Mont-Saint-Michel doit sa construction à une vision que l'évêque d'Avranches, Oberth, eut de l'archange Michel : le saint homme fut en effet invité par le messager céleste à édifier une église sur le rocher de Mont-Tombe, haut de quelque cent mètres et entouré par l'océan quand la marée remonte et transforme le mont en île. L'évêque n'obéit pas immédiatement, alors l'archange réapparut et le toucha du doigt sur le front y laissant un signe indélébile, une sorte de blessure jamais cicatrisée, trace visible de la puissance divine.

Oberth ne tergiversa pas plus longtemps et organisa le chantier pour commencer la construction au cours de laquelle les anges prêtèrent plusieurs fois main-forte aux hommes aux prises avec la pierre et les forces de la nature qui souvent semblaient faire obstacle à leur travail.

Le Mont-Saint-Michel dans la brume © Biosphoto / Vincent M. & E. Studler

Moutons de pré-salés devant Le Mont-Saint-Michel © Biosphoto / Frédéric Didillon

Le Mont-Saint-Michel lors de la marée d'équinoxe © Biosphoto / Vincent M. & E. Studler

Le Mont-Tombe continuait à rendre justice à son nom car nombreux furent ceux qui y perdirent la vie, victimes des marées inlassables entre les flux et les sables mouvants. On raconte qu'au début de l'an mille, une jeune femme enceinte fut surprise par les eaux alors qu'elle se dirigeait vers le mont : elle fut sauvée par l'archange Michel qui la conduisit en volant vers la hauteur où elle accoucha d'un fils qui fut baptisé Péril.

De ce jour, le Mont-Tombe devint le Mont-Saint-Michel au Péril de la Mer.

Miracles et punitions

À la fin du xe siècle, l'oratoire érigé par l'évêque Oberth était déjà devenu une abbaye, organisée selon ses propres règles. Puis, peu à peu, la construction s'accrut, se faisant de plus en plus complexe. Mais l'espace disponible sur l'île était restreint.

C'est ainsi que, suivant la configuration naturelle du mont, l'abbaye se développa à la verticale : la nouvelle église se superposa à l'ancienne qui servit de fondation. L'ensemble primitif est inclus dans l'ensemble roman, lui-même inclus dans l'architecture gothique en une étreinte de pierre qui semble accentuer l'atmosphère sacrée de ce mont transformé en île par les caprices des marées.

À propos de sacré, on raconte qu'en ce lieu il y eut pléthore de miracles mais aussi de châtiments. L'un des plus remarquables remonte à quelques siècles après la réalisation de l'abbaye. Le 4 septembre 1636, la nature, dirigée par la colère céleste, se déchaîna sur les prêtres qui délaissaient alors la prière et la spiritualité pour se vouer entièrement à l'accumulation de richesses arrachées aux pèlerins qui se rendaient en confiance au Mont-Saint-Michel.

Ce jour-là, le ciel fut zébré de milliers d'éclairs, la mer monta sans arrêt et un feu infernal – de la grêle de sang – tomba sur les pécheurs ; une terrifiante montée du niveau des eaux fit le reste.

SUR LA PISTE DU SAINT-GRAAL

DE LA TERRE SAINTE À LA GRANDE-BRETAGNE

Le Saint-Graal est un symbole ésotérique particulièrement célèbre qui a su traverser les âges en fascinant les hommes, désireux de connaître son origine et surtout ses pouvoirs. L'histoire du Saint-Graal est compliquée, mais elle naît certainement au Moyen Âge sous la forme d'une saga celtico-française mâtinée d'éléments orientaux apocryphes.

Il y a longtemps, le Saint-Graal était, d'après la légende, conservé au Castell Dinas Bran au pays de Galles, château dont il ne reste presque rien. Son nom viendrait de *Bron*, le « riche pêcheur », qui fut le premier gardien du Graal, ou de *Bran*, divinité préchrétienne à laquelle le site était dédié. Bran possédait un chaudron magique qui pouvait contenir de la nourriture pour 500 personnes. Il s'agit peut-être d'une métaphore de la coupe divine qui veillait à la nourriture spirituelle des chevaliers de la Table ronde.

Les ruines de Glastonbury abbey auraient également abrité le Saint-Graal, apporté à cet endroit par Joseph d'Arimathie qui, avec l'aide de Marie-Madeleine, porta jusqu'en Europe la relique provenant de la Terre sainte. D'après la légende, Joseph aurait mis le Graal sous la protection de Glastonbury abbey et fondé la première église de Grande-Bretagne là où l'on trouve actuellement les ruines de l'abbaye. C'est là, au sommet de Wearyall Hill, qu'il planta son bâton et que le bois mort refleurit, alors que les pousses de la rouvraie de Glastonbury continuaient de fleurir chaque Noël.

La coupe du mystère

Selon la tradition chrétienne, le Saint-Graal est la coupe avec laquelle le Christ célébra l'eucharistie au cours de la Cène mais aussi celle où Joseph d'Arimathie recueillit le sang s'échappant de son côté quand, sur

Joseph d'Arimathie

Une icône de la deuxième moitié du XIXᵉ siècle, réalisée par un moine de la confrérie de Saint-Séraphin de Saron en Angleterre, est peut-être la représentation la plus emblématique de Joseph d'Arimathie d'après l'interprétation théologique et ésotérique. On trouve en effet dans cette œuvre les éléments les plus frappants ayant fait de ce personnage un protagoniste de la littérature sur le Graal et du mystère lié à certains symboles du christianisme.

Sur la peinture de Saron, on voit la grotte avec le Graal, Glastonbury abbey, le bâton de Joseph, miraculeusement fleuri, et le Suaire qui, dans la tradition chrétienne, constitue un sommet du triangle sacré, les deux autres étant la coupe sacrée et Joseph d'Arimathie.

L'apparition du Saint-Graal à la Table ronde. Miniature du XVᵉ siècle

la croix, il fut frappé par la lance d'un soldat romain : « Et aussitôt il sortit du sang et de l'eau » (Jean, 19, 34). Cette origine présumée a donné lieu à une interprétation un peu alambiquée du mot « graal » qui serait une abréviation de *sanguis realis* (le vrai sang) du Christ. En réalité, « graal » viendrait plutôt d'un mot du vieux français qui signifie « plat » et qui dériverait lui-même du latin médiéval *gradalis* avec une possible référence au grec *kratèr*, « vase pour boire ».

L'ÉPÉE DANS LA ROCHE

Si l'on se penche sur d'autres sources, elles aussi légendaires, on découvre que la piste du Graal nous entraîne également en Italie, à l'abbaye de San Galgano à Chiusdino, dans la province de Sienne.
À vrai dire, on ne trouve pas trace du Saint-Graal dans ces ruines, mais un autre mystère fascinant : une épée fichée dans la roche depuis le XIIe siècle.
Il n'est pas possible d'expliquer rationnellement comment on a pu la planter là ; il vaut donc mieux se pencher sur la version chrétienne de l'histoire.
On raconte que Galgano Guidotti, riche jeune homme de la région qui vivait sa vie sans aucune règle morale, eut une vision de l'archange Michel qui l'invita à renoncer aux plaisirs de la vie pour se consacrer à l'expérience mystique. La requête n'agréa pas le jeune noble qui, arrogant et présomptueux, affirma que, pour lui, renoncer aux plaisirs de la terre était aussi impossible que de planter une épée dans la roche.
Pour le démontrer, il lança l'arme contre un rocher, certain qu'elle se casserait : au lieu de cela, elle s'enfonça sans aucune résistance de la part de la pierre.
Dès que l'épée entra dans la roche, l'archange Michel disparut : immédiatement, autour de la grande masse de l'épée, arbres et haies poussèrent miraculeusement, formant une sorte de temple végétal entourant ce singulier et mystérieux signe de l'intervention céleste dans les choses humaines.

ARTHUR ET LA TABLE RONDE

L'histoire de San Galgano rappelle la légende de l'épée dans la roche liée au personnage du roi Arthur. D'après la mythologie, à la mort du roi Uther, souverain anglais sans héritier, on découvrit une épée enfoncée dans la roche par une main mystérieuse ; très rapidement on commença à raconter que celui qui l'extrairait deviendrait roi d'Angleterre. Pour arriver à un tel résultat, il fallait être d'une grande force physique et être très pur. Le seul à remplir ces critères fut Arthur, futur roi d'Angleterre et fondateur de la mythique Table ronde.

Une représentation de la Table ronde datant du XIVe siècle

L'épée dans la roche devint alors une croix, symbole de la conversion de Galgano.

DANS LE CHÂTEAU DE FRÉDÉRIC II

Personne ne connaît vraiment la fonction du Castel del Monte di Andria dans la province de Bari. Pourtant, au nombre des théories les plus diffusées, on trouve celle qui en fait la résidence de chasse de Frédéric II de Souabe. Dans ce château, il n'y a pourtant que seize pièces, toutes égales et anonymes : il s'agit donc d'une résidence par trop spartiate pour la cour de Frédéric II, courtisans cultivés souvent suivis de poètes, d'animaux exotiques, de philosophes et d'occultistes. Beaucoup pensent que l'édifice fut réalisé pour abriter le Saint-Graal mais il est difficile de dire si la coupe du Christ s'y trouva effectivement. Nous savons, en revanche, que le château ne fut jamais habité, même par Frédéric II, qui d'après certaines sources, mourut avant de le voir achevé.

Les ruines de l'abbaye de San Galgano. Gravure du XIXe siècle

Le projet des constructeurs était peut-être de faire de l'édifice un message clair et fort exprimant la puissance, l'autorité, la force souveraine. Ce n'est pas un hasard si la structure est octogonale, forme qui rappelle celle d'une couronne et qui, ici, est répétée trois fois. Il est significatif qu'en ajoutant 8 (pour les côtés sur lesquels portent les murs extérieurs) à 48 (pour le nombre de côtés des tours) on obtient 56 : l'âge auquel Frédéric II mourut. S'il s'agit d'un hasard, il est de nature à engendrer de nombreuses hypothèses formulant une lecture astrologique qui, évidemment, est à prendre avec circonspection. Le périmètre de l'édifice mesure également 56 mètres.

À l'origine, cette singulière réalisation architecturale était décorée de sculptures, de marbres et de mosaïques qui devaient contribuer à raviver le « message » contenu dans ses murs. La structure d'Andria fait également appel au fameux nombre d'or : 1,618 (voir p. 111), produit du rapport magique qui, selon les ésotéristes, déterminait les proportions du corps humain : une théorie issue de la nécessité innée et essentielle chez l'homme de trouver un ordre, s'exprimant déjà au niveau des simples sensations. À la lumière des recherches de la psychologie moderne, cette nécessité apparaît comme une activité mentale visant à structurer, synthétiser et proportionner la complexité hétérogène du monde réel.

On peut donc affirmer que Castel del Monte, en raison de la grande quantité de particularités symboliques, mathématiques, géométriques, architecto-astronomiques et géographiques qui le caractérisent, est une sorte d'édifice « philosophique », emblème d'une conscience ésotérique qui, bien que difficilement évaluable dans sa totalité, révèle une connaissance ample et raffinée.

STONEHENGE ET LES AUTRES ENSEMBLES MÉGALITHIQUES

Illustrations du XIXe siècle du site de Stonehenge : une représentation réaliste, en haut, et une représentation fantastique, en bas

UN OBSERVATOIRE ASTRONOMIQUE PRÉHISTORIQUE

Aujourd'hui, la grande majorité des gens, même ceux que le sujet ne passionne pas, connaît le rôle rituel, et peut-être astronomique, complexe dévolu aux mégalithes réalisés au néolithique. Stonehenge occupe la place centrale d'une zone située dans la plaine de Salisbury à une centaine de kilomètres de Londres et qui fut fréquentée entre 3000 et 1500 av. J.-C. Il n'est donc pas l'œuvre d'une seule génération mais de plusieurs.
Le complexe mégalithique le plus célèbre du monde a toujours fasciné les hommes, qui ont voulu essayer d'en déchiffrer le secret.
Il semble que Darwin lui-même s'y soit attaché sans toutefois réussir à émettre plus que des suppositions difficiles à vérifier.
L'écrivain anglais Samuel Pepys affirme lapidairement en juin 1668 : « Ces pierres sont aussi prodigieuses que le racontent les légendes, et méritent le voyage. Dieu sait à quoi elles servent. Il est difficile d'en raconter l'histoire, mais cela ne doit pas être impossible. »
Petit à petit, mystiques, ésotéristes

et plus récemment ufologues, ont rejoint scientifiques et poètes. En se basant sur l'hypothèse tendant à voir dans Stonehenge une sorte d'observatoire astronomique préhistorique, les ufologues ont essayé de rattacher le site à des extraterrestres qui seraient venus sur Terre il y a plusieurs milliers d'années.
L'hypothèse d'un observatoire astronomique qui trouverait son origine au début du XIXe siècle a été vérifiée à plusieurs reprises par les astronomes.
Dans les années 1960, Gerald Hawkins, professeur d'astronomie de l'université de Boston, étudia Stonehenge en se servant d'un ordinateur sur lequel il avait enregistré les positions du Soleil, de la Lune et des étoiles telles qu'elles devaient être vers 1500 av. J.-C.
Il découvrit ainsi que certaines masses étaient alignées, et il mit en évidence d'importants événements des calendriers lunaires et solaires. En outre, il réussit à démontrer que l'entière structure de pierre pouvait être utilisée comme un « ordinateur en pierre » pour prévoir les éclipses du Soleil et de la Lune.
Récemment, on a aussi supposé que ces grandes pierres n'étaient pas seulement à l'usage des prêtres celtes, les druides, pour prévoir les éclipses, mais qu'elles étaient aussi une sorte de viseur à travers lequel, dès le néolithique, les hommes pouvaient voir des points déterminés disposés sur les hauteurs alentour et effectuer toutes sortes de calculs astronomiques. Au XVIIe siècle, on pensa même que Stonehenge avait été construit par les druides mais cette hypothèse ne résiste pas à l'analyse scientifique dans la mesure où le complexe est antérieur aux populations qui peuplaient la Gaule (cependant, cette légende continue d'alimenter le folklore romantique du druide).
Le 21 décembre, à l'aube, un rayon de soleil traverse clairement les deux dolmens situés dans la partie interne du complexe et disposés en fer à cheval.
En revanche, le 21 juin, la lumière du soleil traverse complètement le cercle mégalithique et va frapper la Heel Stone (pierre du talon) qui se trouve en dehors du cercle, le long de la voie d'accès. Tout cela ne peut pas être le fruit du hasard mais de mesures précises.

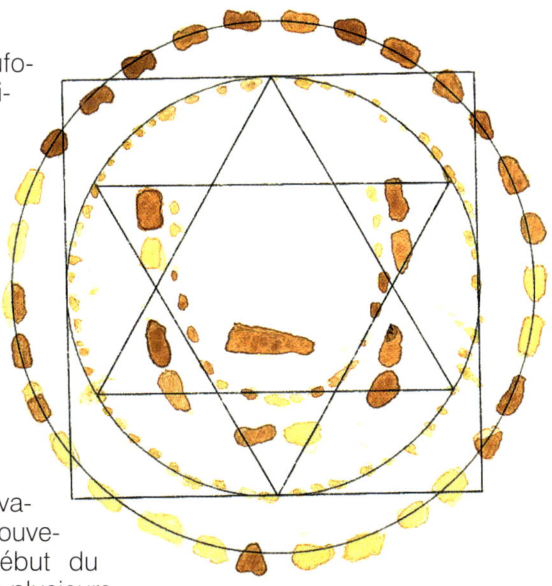

Plan du site de Stonehenge (dessin Michela Ameli)

UN BOUQUET DE MYTHES ET DE LÉGENDES

Plus prosaïquement, les nombreuses légendes locales évoquent les pouvoirs extraordinaires de ces pierres, véritables instruments

Les druides

Autour des druides (terme venant du gaélique dwir, *« chêne », ou du gaulois* druid, *« l'homme qui sait ») se sont développés de multiples mythes : les principaux artisans ayant contribué à les créer sont sans doute les auteurs romantiques qui ont fréquemment décrit ces personnages clés de la religion celtique sans se soucier de la réalité historique. Pour avoir une idée juste du rôle des druides, on peut toutefois recourir à un témoin au-dessus de tout soupçon : Jules César qui, dans sa* Guerre des Gaules, *a fait une description relativement précise de cette catégorie d'hommes occupant le sommet de la hiérarchie de peuples qui n'ont de barbare que le nom.*
César nous apprend que les druides s'occupaient des cultes, qu'ils pratiquaient des sacrifices et qu'ils étaient les dépositaires de toutes les pratiques liées à la religion. Ces sages instruisaient également de nombreux jeunes qui se regroupaient autour d'eux. Leurs connaissances étaient telles qu'ils étaient également appelés à juger les cas de litiges publics ou privés en un endroit que César appelle « terre des Carnutes, au centre de la Gaule ».
Ils n'utilisaient aucune forme d'écriture pour les sujets relatifs à la religion, mais se servaient de l'alphabet grec pour tout autre sujet. La base de leur enseignement, toujours d'après l'empereur romain, était « l'immortalité de l'âme et sa migration après la mort d'un corps vers un autre ».

Les ruines de l'abbaye de San Galgano. Gravure du XIXe siècle

thaumaturges capables de guérir les maladies – dont se servirent même les chevaliers de la Table ronde.
Certains parlent aujourd'hui d'énergies mystérieuses qui se diffuseraient dans les pierres, dotées de propriétés électromagnétiques et capables de produire des « champs de force » difficilement trouvables ailleurs. C'est peut-être ces particularités qui ont donné naissance aux traditions sur les pouvoirs thaumaturges des blocs de Stonehenge.
Dans le passé, on pensait que l'œuvre avait été réalisée par les Romains quand ils occupaient l'Angleterre, mais cette hypothèse ne tient pas debout : les envahisseurs latins auraient réalisé des monuments d'un autre genre. D'autres légendes voient dans les grandes structures mégalithiques une construction réalisée par les géants au « temps des origines » ; d'autres encore y voient l'œuvre de Merlin l'enchanteur qui, dans la tradition mythologique de ces régions, est souvent une sorte de *deus ex machina*.
Un autre mythe très répandu concerne les pierres utilisées pour construire le complexe. On était persuadé autrefois que les grands blocs avaient été prélevés à 200 kilomètres du site : en réalité, les enquêtes plus récentes démontrent que les matériaux provenaient d'une zone comprise entre 1 et 2 kilomètres autour du site. Une distance qui ne devait cependant pas paraître courte pour les moyens de l'époque.
Reste le fait que, pour réaliser un ensemble tel que celui de Stonehenge, il fallait posséder des connaissances techniques et des instruments remarquables puisque à l'époque la roue était encore inconnue.

Stonehenge au fil du temps

Stonehenge était simplement constituée à l'origine d'une enceinte circulaire avec un terre-plein et un fossé, dont l'entrée était flanquée de deux monolithes. Lors de la seconde phase, 56 trous furent réalisés le long du périmètre, probablement pour recueillir les offrandes.
La troisième phase vit l'érection de deux alignements de pierres disposées en fer à cheval et probablement la création de la route d'accès ; lors de la quatrième phase, la grande structure vit le jour : elle était constituée de 50 dolmens disposés en fer à cheval et situés

Stonehenge, près de Salisbury © Biosphoto / Mark Boulton

Les dolmens, des pierres mystérieuses

Le dolmen (de dol, *« table », et* men, *« pierre ») est une structure élémentaire constituée d'une table de pierre posée horizontalement sur deux pierres verticales qui font office de base.*
L'hypothèse la plus répandue concerne sa fonction, mais elle n'est pas partagée par tous les savants. Il serait une sorte de chambre funéraire : en effet, autour de nombreux dolmens situés dans les zones d'influence celtique, on a retrouvé des traces concrètes de pratiques rituelles du culte des morts. Il est à signaler qu'au Moyen Âge de nombreux dolmens furent détruits car on pensait qu'ils servaient de refuge aux démons.
On a également pensé qu'ils servaient d'autels sur lesquels on pratiquait des sacrifices humains mais l'anthropologie moderne a démenti cette hypothèse, la reléguant au rang de mythe.

Des alignements significatifs

Dans les années 1920, Alfred Watkins suggéra l'existence d'un système de leys *(lignes) qui divisait la campagne anglaise selon un dessin amplement mûri. La théorie, discutable sur le plan scientifique, présente néanmoins certaines particularités qui éveillent la curiosité : en pratique, la thèse du savant postulait l'existence d'un réseau de lignes reliant églises, restes de sites sacrés et mégalithiques. Une de ces lignes intéressait plus particulièrement Stonehenge et s'étendait du nord-nord-ouest au sud-sud-est à travers la campagne du Wiltshire et du Hampshire en Angleterre du Sud : cette* ley *longue de 30 kilomètres – son point de départ est marqué par un tumulus préhistorique – relie Stonehenge, la fortification datant de l'âge du fer de Old Sarum, la cathédrale de Salisbury, le site d'un campement de l'âge du fer près de Clearbury et la place forte préhistorique de Frankenbury Camp.*

Vue d'une des leys *du complexe d'Avebury © Biosphoto / Peter Lewis / OSF*

à l'intérieur des alignements de pierres. Aujourd'hui, l'ensemble est toujours majestueux, même s'il n'est plus conforme à l'original : au Moyen Âge, en effet, il devint une sorte de carrière de pierres et de nombreux menhirs furent utilisés pour la construction d'édifices civils et d'églises. Les menhirs sont en effet des pierres très lourdes : les plus petits pèsent environ 4 tonnes, et les montants des dolmens peuvent atteindre 45 tonnes, les architraves pouvant peser environ 25 tonnes. Les fouilles archéologiques ont révélé qu'autour du cercle de dolmens se trouvait une couronne constituée d'environ 60 menhirs aujourd'hui disparus.

AVEBURY

Le complexe mégalithique d'Avebury, en Grande-Bretagne septentrionale, est le plus vaste du monde : sa structure est délimitée par un fossé à l'intérieur duquel on trouve deux cercles de pierres.

À l'extérieur du fossé, autour du périmètre, cent pierres sont plantées.

Avant qu'on ne fasse le lien entre cette structure et l'observation astronomique, elle fut considérée comme un temple romain, puis comme un lieu où se déroulaient les rites des druides, puis comme un amphithéâtre.

Nous savons avec certitude qu'il était déjà utilisé en 2600 av. J.-C. même si l'on ne sait pas précisément pour quel type de pratiques.

Les premières mentions du site d'Avebury remontent au XVIIe siècle : un étudiant local, John Aubrey, écrit : « Avebury dépassait Stonehenge de la même manière qu'une cathédrale parisienne supplante une église. »

Du cercle extérieur originel constitué de cent pierres et réparti sur environ 12 hectares, il ne reste aujourd'hui qu'une trentaine de pierres entourant deux cercles eux aussi dépouillés de nombreuses pierres originelles.

William Stukeley dessina en 1721 une carte détaillée d'Avebury, et il définit ainsi le complexe mégalithique : « un temple dédié aux cultes solaire et lunaire ».

Il s'agit là d'une première tentative archaïque pour faire le lien entre le cromlech (de *crom*, « courbe » et *lec'h,* « pierre ») d'Avebury et l'observation astronomique.
Cette tentative pouvait être corroborée par la présence d'autres si- tes voisins : Silbury Hill – la colline artificielle la plus élevée d'Europe –, le tumulus de West Kennet et les cercles de pierres du Dorset.
Grâce aux dessins de Stukeley, on a pu retrouver nombre de fosses originelles dans lesquelles étaient fichées les pierres.
En outre, l'observation globale a permis d'établir qu'Avebury, remontant à la fin du néolithique, devait être considéré comme une longue voie qui s'achevait sur les hauteurs de Silbury.

EXTERNSTEINE, UN SANCTUAIRE DE ROCHE

Parmi les roches insolites d'Externsteine en Allemagne, on a retrouvé les demeures de moines et d'ermites qui, au sein de ces piliers de pierre, ont trouvé un lieu adapté à leur isolement spirituel. La partie supérieure de certains de ces piliers fut creusée pour réaliser des petites pièces dont la fonction n'est pas encore claire. Dans la plus grande de ces pièces de forme irrégulière, on peut même entrer : la porte se trouve à l'endroit même où le soleil surgit durant le solstice d'été.
Hasard, vous avez dit hasard ? On pourrait le croire s'il n'y avait pas d'aspects troublants permettant de voir dans Externsteine un lieu où le hasard n'existe pas.
Du reste, il suffit d'accéder à la chapelle située au sommet d'un des grands piliers de pierre pour se rendre compte que l'intention des constructeurs du site était effectivement de réaliser une structure aux fonctions astronomiques précises : en effet, la chapelle n'a pas de toit et son côté est possède une niche qui, à l'occasion du solstice d'été, est envahie par les rayons du soleil dès que l'astre dépasse la ligne d'horizon.
Il n'est peut-être pas dû au hasard non plus qu'Externsteine se trouve à la même latitude que Stonehenge.

Le site d'Avebury au petit matin © Biosphoto / Peter Lewis / OSF

TURIN ET PRAGUE, CITÉS DE L'OCCULTE

TURIN ET LE MYSTÈRE

Turin est considérée comme la ville magique par excellence. Cette tradition prend racine dans un terrain nourri de motivations historico-sociales qui ont permis de broder des lectures d'ordre ésotérique, toujours alimentées par la mythologie de la ville capable de se réinventer en permanence. On raconte que Jean-Paul II en visite à Turin s'est exclamé : « Là où se trouvent les saints vient aussi le démon. »
Cette déclaration aurait-elle officialisé Turin comme la ville magique ? C'est une question délicate à laquelle il convient de réfléchir ; le diable, nous le savons, a bien trop à faire pour s'occuper d'une seule ville. En outre, pourquoi Rome ou Naples par exemple ne seraient-elles pas aussi magiques que Turin ?
Cagliostro et Nostradamus se sont arrêtés à Turin, c'est un fait, mais cela ne signifie rien puisque ces personnalités ont exercé leurs activités ailleurs et souvent plus longtemps. Comme le soutiennent des sources catholiques qui font autorité, au moins 12 millions d'Italiens cherchent à résoudre leurs problèmes en faisant appel à Satan : on peut donc constater que le pourcentage d'adeptes turinois, même s'il est élevé, doit être plutôt limité comparé à la moyenne nationale.

La tombe de Maia conservée au Musée égyptien de Turin

LES LIENS AVEC L'ÉGYPTE

L'origine de la tradition « diabolique » de Turin remonte probablement à la fin du XIXe ou au début du XXe siècle. C'est alors que le mythe se diffusa avec ampleur. Il trouve encore aujourd'hui un écho en particulier dans les médias de masse, authentiques caisses de résonance des traditions, dans lesquelles l'Histoire se perd dans la légende. Un des endroits magiques par excellence de la cité de Satan est le Musée égyptien où il semble que certains visiteurs subissent des influences néfastes qui se traduisent par des accidents ou des malheurs. Fruit de la suggestion ? Peut-être pas. La collection du musée – la deuxième du monde après celle du Caire – n'aurait rien de magique si elle n'avait pas affaire à une des cultures les plus fascinantes et les plus marquées par l'obsession de la mort : la culture égyptienne, qui nourrit depuis toujours l'imaginaire collectif. Mais il y a quelque chose en plus dans la ville de Turin. En effet, d'après la tradition, elle fut fondée par les Égyptiens. Cette théorie n'est fondée sur aucun fait historique. Et pourtant, la croyance est bien ancrée dans la culture

LA LÉGENDE DE FÉTONTE

Le lien entre l'Égypte et Turin prend naissance avec le baron Filiberto Pingone (1525-1582) qui, au début de son ouvrage Augusta Taurinorum, soutient que, en 1529 av. J.-C., Fetonte – aussi appelé Eridano (le mythe antique rapporte que Fetonte déroba le char de son père, le Soleil, mais qu'il perdit le contrôle et finit sa course dans l'Eridano, c'est-à-dire le Pô, où il se noya) – arriva d'Égypte pour fonder de nombreuses colonies italiennes en Ligurie.

folklorique de la ville : en fait, les rapports avec les habitants des rives du Nil se limitent à l'égyptologie qui, au lendemain de la découverte des pyramides, a fait de Turin un des centres internationaux d'étude du monde égyptien.

Lieux magiques

Il n'y aurait donc rien de démoniaque dans les rues de Turin ? La renommée de la ville ne serait que le résultat d'une mythologie populaire qui au cours des siècles n'a jamais perdu de sa vigueur originelle ? Donner une réponse objective n'est pas chose facile car les éléments qui contribuent à accroître l'aura mystérieuse du chef-lieu piémontais sont innombrables.
Même si la ville dans laquelle Nietzsche est devenu fou est trop souvent considérée seulement comme un pôle industriel, elle est encore entourée d'un voile de mystère. À commencer par la place Statuto, au centre-ville, considérée on ne sait pourquoi comme un des lieux les plus magiques de la ville : l'aura symbolique qui entoure la cité possède en effet ici encore plus d'épaisseur et semble recouvrir comme de la neige les monuments, les lieux de promenade et même les esprits apparemment les moins influençables. Elle semble s'étendre jusqu'à la périphérie où l'on trouve le mausolée de la « belle Rosine » (l'épouse morganatique de Victor Emmanuel II, la comtesse de Mirafiori) que d'aucuns appellent le « parc des fantômes ».
Au cours de l'âge d'or de Turin la magique, on disait aussi que la moitié des habitants étaient des adeptes de sectes démoniaques qui se rencontraient dans le parc des fantômes pour célébrer les terribles messes noires. On disait d'ailleurs la même chose du cimetière de San Pietro in Vincoli, populairement surnommé « Saint Pierre des Choux » car, au XVIIe siècle, il y avait à cet endroit des jardins.

LE GOLEM DE PRAGUE

Parcourant aujourd'hui la rue des alchimistes à Prague, on entend encore d'étranges histoires concernant le Golem, une créature mystérieuse aux traits malveillants, créée avec l'aide de la magie par quelques rabbins spécialistes de la cabale.
Le Golem, dans la tradition hébraïque, est une créature faite par l'homme avec la méthode employée par Dieu pour créer Adam, mais avec le secours de la magie. L'ambiguïté qui le caractérise est déterminée par l'ambivalence de son comportement envers son créateur : il peut être un serviteur humble mais aussi un ennemi violent et malveillant. En Occident, on doit la diffusion de ce mythe, en dehors de la culture judaïco-cabalistique, à Gustav Meyrink (1868-1932), écrivain autrichien initié grâce à ses intérêts ésotériques et à ses activités au sein de la loge théosophique « étoile bleue » de Paris et qui, dans *Le Golem* (1915), raconte les aventures de cette mystérieuse créature, souvent évoquée de façon effrayante. Voilà comment il décrit l'être monstrueux : « L'origine de cette histoire remonte au XVIIe siècle. On dit qu'un rabbin, en se basant sur des écrits de la cabale qui, par la suite, se sont perdus, a réussi à donner la vie au Golem, un homme artificiel qui lui servait de serviteur, faisait retentir les cloches de la synagogue et s'occupait à sa place des tâches les plus ingrates. Ce n'était pas à proprement parler un homme comme nous, mais un être obscur, une sorte de créature végétale qui venait à la vie le jour grâce à une formule magique écrite sur un billet qu'on lui accrochait derrière les dents et qui attirait sur lui les forces sidérales errant dans l'univers. Un soir, après la prière, le rabbin oublia de lui retirer le sceau de la bouche et on dit que le Golem fut pris d'une colère sauvage et se mit à courir à l'aveuglette à travers les ruelles sombres, détruisant tout sur son passage. Enfin, le rabbin réussit à se jeter sur lui et à détruire la formule magique. Le Golem se serait alors écroulé à terre. De lui il ne resta plus rien si ce n'est une petite statue d'argile que l'on peut encore voir dans la synagogue Vecchia-Nuova. »

Vue de Prague avec en arrière-plan le château (photo Czech Tourist Authority)

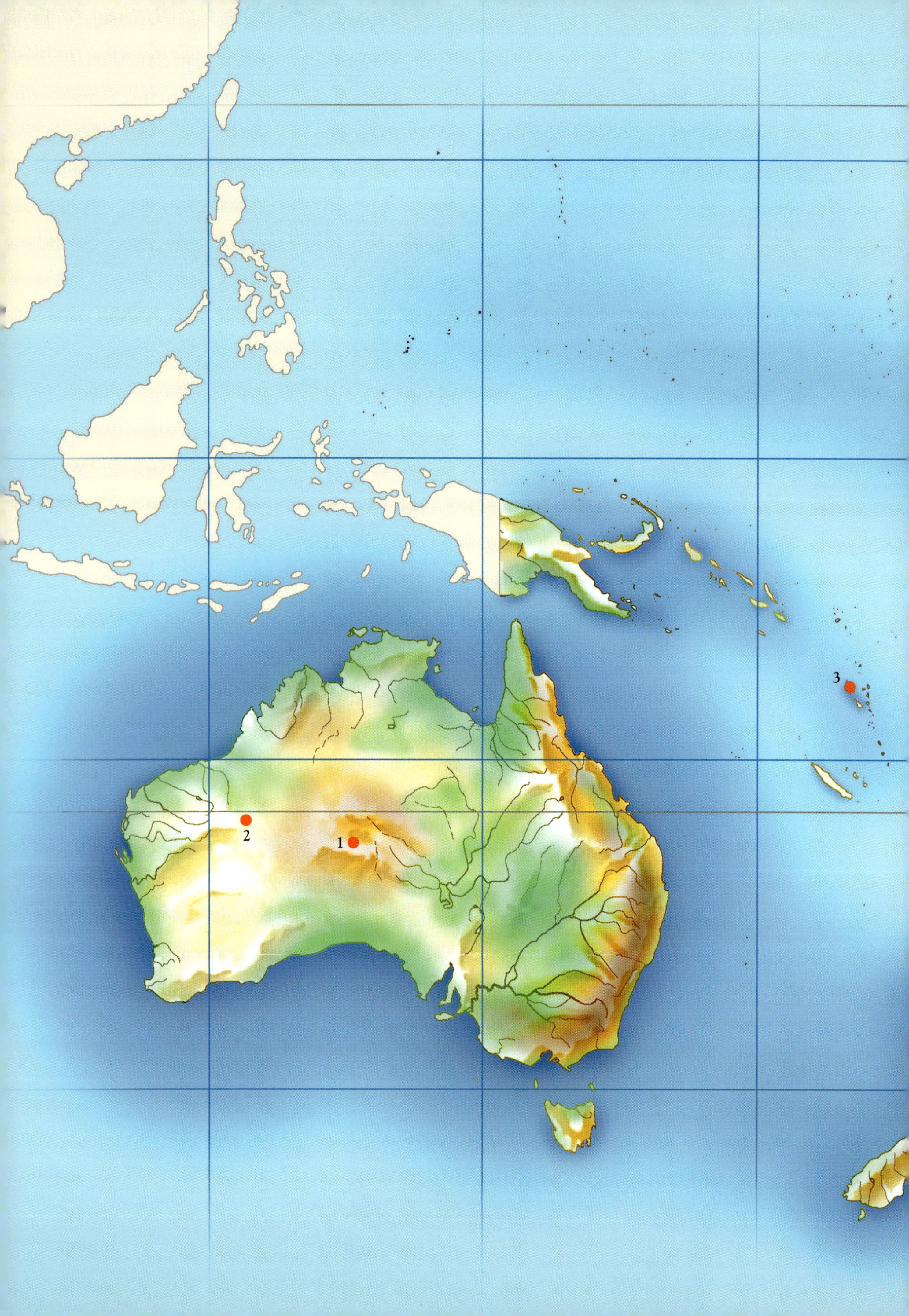
3
2
1

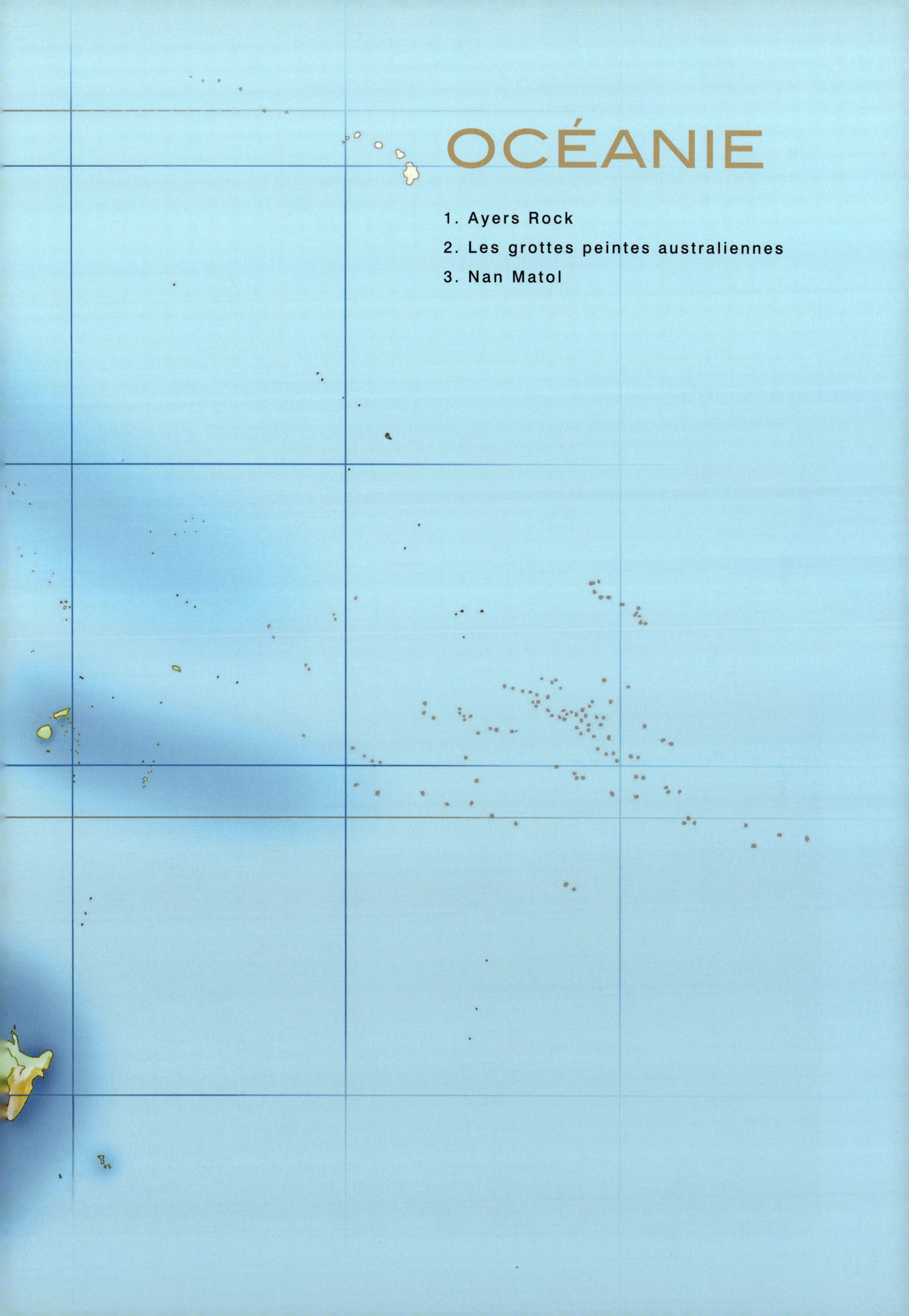

OCÉANIE

1. Ayers Rock
2. Les grottes peintes australiennes
3. Nan Matol

AYERS ROCK

UN PARALLÉLÉPIPÈDE DANS LE DÉSERT

Pour les Aborigènes, il s'agit de la demeure des dieux ; les Occidentaux l'appellent Ayers Rock : c'est une de ces montagnes typiques en Australie qui surgit au milieu du désert, sous la forme d'un énorme parallélépipède arrondi. Le sable rouge et le brun de la roche contribuent à la magie de cet environnement absolument unique.
Ayers Rock doit son nom au Premier ministre australien, Sir Henry Ayers, à qui il fut dédié après sa « découverte » en 1873, au milieu d'une région aride qui s'étend sur plus de 300 kilomètres entre le mont Olga et Alice Springs.
En fait, c'était plutôt une redécouverte : le massif faisait déjà l'objet de la vénération des autochtones qui l'appellent toujours Oluru, la montagne sacrée. Suivant un dessein impénétrable et en quelque sorte divin, la montagne lentement se dévêt et perd de toutes parts des blocs de pierre toujours égaux : la montagne ne change jamais de forme, elle se réduit peu à peu.

Monolithe d'Ayers Rock au lever du soleil © Biosphoto / J.-L. Klein & M.-L. Hubert

Coup de projecteur sur le mystère de Hanging Rock

Le voyage dans le « temps des rêves » qui fait partie intégrante de la culture aborigène fut évoqué en 1876 par le metteur en scène Peter Weir dans son film Pique-nique à Hanging Rock.
L'histoire est tirée d'un fait réel survenu dans le sud de l'Australie le 14 février 1900 : un groupe d'adolescents, pensionnaires d'un collège, se rend à la roche de Hanging (qui signifie « suspendue ») et assiste à la disparition de trois filles du groupe. Ces dernières furent en effet mystérieusement englouties par la monstrueuse montagne pleine d'anfractuosités et de grottes. Les jeunes filles ne furent jamais retrouvées.

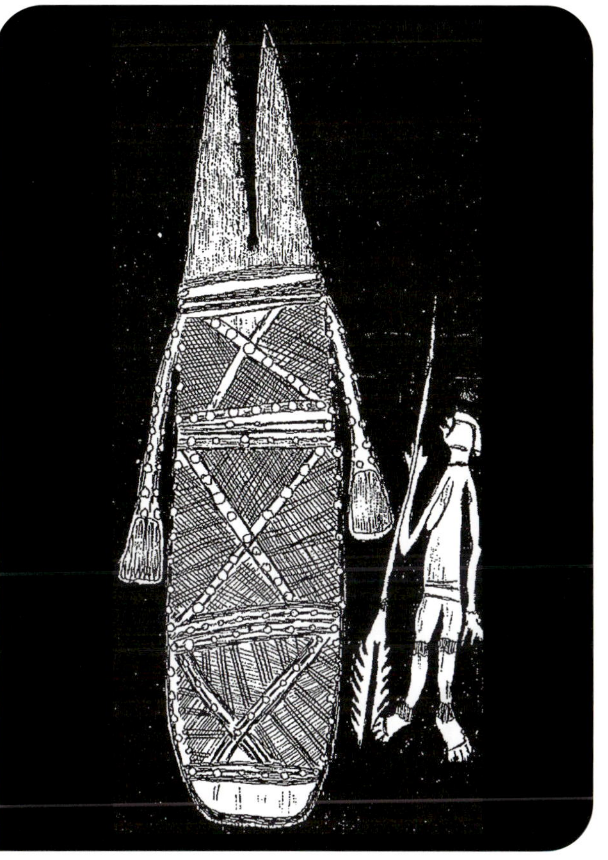

Dessin aborigène représentant un ancêtre à côté d'un mystérieux animal

La montagne du « temps des rêves »

La tradition aborigène narre que durant le temps des rêves, c'est-à-dire au temps des origines, quand la Terre était en train de se former et qu'à sa surface apparaissaient, petit à petit, les hommes et les arbres, les animaux et les montagnes, les tribus déjà installées dans cette zone se livrèrent des batailles féroces.
Selon un schéma que l'on trouve dans toutes les cultures, une des tribus, celle du Serpent diamantin, représentait le bien, tandis que la tribu du Serpent venimeux représentait le mal.
La bataille finale fut gagnée par la tribu des bons qui infligèrent la défaite aux mauvais grâce à la déesse Bulari. Les corps des vaincus furent jetés à l'intérieur d'Ayers Rock, où ils se trouveraient encore. Ce patrimoine mythique permet d'imaginer comment le mont Oluru a acquis ces caractéristiques qui, aujourd'hui encore, constituent l'humus où légendes et traditions, croyances et visions ont leurs racines. Pour les Aborigènes, accéder à ce lieu est un moyen de retourner au temps des rêves, pour retrouver les fragments d'un passé auxquels ils sont inextricablement liés et qui fait partie de leur quotidien.
Il n'est donc pas étonnant de trouver sur les parois d'Ayers Rock de nombreuses peintures rupestres proposant des images souvent mystérieuses et qui, par le seul fait d'avoir été réalisées en ce lieu, acquièrent une dimension sacrée, deviennent une part active et vivante du culte aborigène, entrent en possession de caractéristiques et de prérogatives qui ne

Une scène de chasse peinte par les Aborigènes

La naissance des Pléiades

Les Aborigènes racontent qu'un jour un homme, nommé Wurunna, arriva au campement de sept jeunes filles : frappé par leur beauté, il en enleva deux en usant d'un stratagème.
Les jeunes femmes n'avaient cependant aucune intention de rester avec lui, et elles montèrent sur un arbre magique qui, lentement, commença à croître. Arrivées au ciel, elles retrouvèrent leurs cinq amies auxquelles elles s'unirent pour toujours dans la constellation la plus lumineuse : Maya-mayi, ou les Pléiades.

sont pas sans rappeler les icônes du christianisme orthodoxe.
Dans les grottes d'Ayers Rock se trouverait également l'esprit du premier homme, Uli-Tarra, dont la mythologie australienne indique qu'il venait de l'Orient.
Il était le chef d'une tribu aborigène qui, un jour, partit pour combattre une autre tribu qui se trouvait sur l'autre versant de la montagne. La bataille fut cruelle, mais, à la fin, les hommes dirigés par Uli-Tarra remportèrent une grande victoire. Au retour, près de l'Oluru, le chef disparut. Les Aborigènes affirment qu'il est retourné au « temps des rêves » d'où il était venu.
Éternellement reconnaissants à Uli-Tarra de les avoir conduits à la victoire, les Aborigènes peignent encore son effigie sur les parois rocheuses d'Ayers Rock, certains que son esprit hante toujours une des profondes grottes de la montagne sacrée.

DES SONS POUR COMMUNIQUER AVEC LES DIEUX

Le lien avec les dieux peut être établi par la peinture mais aussi par d'autres moyens, tels que le son qui, à l'intérieur des grottes et des anfractuosités de l'Oluru, devient magique et emplit le lieu de mystère.
L'instrument utilisé par les Aborigènes est principalement l'*allongalla,* qui se présente sous la forme d'une petite planche de bois attachée à une cordelette et qui émet des sons grâce au frottement de l'air sur la surface du bois. Les variations sonores sont déterminées par la dimension de l'objet, par la rapidité de la rotation, par sa position par rapport au sol et par la longueur de la corde. Un instrument rituel élémentaire donc qui, outre ses fonctions musicales, possède des valeurs symboliques très précises, dans la mesure où il servirait à évoquer les divinités en émettant un son grave que nous pouvons qualifier d'inquiétant.
Chez les Sepik, par exemple, l'*allongalla* avait une fonction initiatique très précise puisqu'il servait à « épouvanter » les jeunes participant au rite : le son qu'il produisait était considéré comme la voix du dieu, qui les avertissait de la gravité du passage qu'ils s'apprêtaient à franchir pour entrer dans le monde des adultes.
Un mythe aborigène raconte qu'un jour, des jeunes garçons qui devaient suivre ce rite d'initiation se sont fatigués de faire tourner l'instrument. Alors Atnatu – l'être suprême qui avait une prédilection pour cet instrument dont il aimait écouter le son –, déçu par leur comportement, les attira dans le ciel et en dévora un : cet extrait de légende aborigène est au fond une indication très claire de l'importance reconnue au son de l'*allongalla* qui vibre entre les parois d'Ayers Rock comme un chant sacré que seuls les autochtones savent percevoir et interpréter.

La plus ancienne tribu

L'importance de la montagne sacrée et le pouvoir des esprits ne seraient pas aussi vivaces sans l'intervention des Arunta, la plus ancienne tribu indigène qui cultive un lien indéfectible avec la tradition.
La tribu se divise actuellement en cinq groupes, qui se distinguent par leurs langues et leur organisation sociale. Tous ces groupes, malheureusement, risquent de disparaître : leur nombre ne cesse de décroître, en particulier depuis les premiers contacts avec les Occidentaux qui ont apporté des maladies inconnues de leur système immunitaire et donc mortelles.
Mais les Arunta ont malgré tout résisté et, en dépit de leur organisation apparemment « primitive », ils continuent d'être une niche ethnologique de grand intérêt et non dépourvue de mystère.
Ce mystère trouve son apothéose sur l'Oluru, le gigantesque mont de grès de 300 mètres de haut où les esprits et les ancêtres demeurent et où il est possible de trouver le chemin vers le « temps des rêves », quand les dieux étaient sur terre, parmi les hommes.

LES GROTTES PEINTES AUSTRALIENNES

DES PEINTURES POUR LES DIEUX

La culture aborigène a laissé sur les parois rocheuses, dans les anfractuosités des grottes, de mystérieuses traces particulièrement intéressantes : des peintures rupestres représentant surtout des hommes et des animaux mais aussi d'autres images qu'il est difficile d'identifier et qui ont toujours stimulé l'imagination des chercheurs, par leur complexité mais surtout par la difficulté d'y associer une signification.

Les lieux où l'on trouve ce genre de peintures sont nombreux et disséminés sur tout le territoire australien. Par ailleurs, il en reste certainement beaucoup à découvrir pour les Occidentaux. Les plus anciennes peintures rupestres australiennes se trouvent près de Pilbara, dans la partie occidentale du continent, et sont vieilles de 26 000 ans. Les peintures de la caverne de Malangine dans le sud, près de l'océan Indien, datent de la même période. Dans les deux cas, il s'agit d'œuvres singulières représentant peut-être des personnages et des créatures mystérieuses du mythique temps des origines. Un temps qui ne vit plus que dans les légendes.

Sur le mont Agnes en Australie du Nord-Ouest, on voit encore d'étranges représentations hybrides constituées d'une figure humaine et d'un corps de rapace (aigle ou faucon) représentant peut-être des êtres mystérieux, divinités du temps des rêves (voir p. 147).

Les serpents d'Halcott sont d'autres créatures énigmatiques que certains chercheurs n'ont pas hésité à rapprocher d'une culture extraterrestre en raison de leur représentation vaguement anthropomorphe : bien évidemment, cette hypothèse n'a aucun fondement scientifique, mais elle a nourri les fantasmes et donné naissance à toute une

Mystérieuses peintures rupestres aborigènes de type « Wandjina » © Biosphoto / Alain Mafart-Renodier

série de théories on ne peut plus à contre-courant. En observant les motifs décoratifs de l'art aborigène, on se débat donc dans un complexe symbolique hautement structuré, fruit d'une culture plusieurs fois millénaire, où le sacré joue un rôle fondamental. Des grands ensembles de gravures rupestres aux peintures sur écorce, des structures décoratives complexes présentes sur les objets du quotidien en passant par les dessins labyrinthiques réalisés en terre et en pierre, l'univers artistico-symbolique aborigène constitue un ensemble magnétique et fascinant qui a frappé écrivains et artistes de tous les temps. Mais qui était, *ab origine*, l'artiste dépositaire de la culture figurative et magique, qui savait réaliser des œuvres comme celles redécouvertes par les artistes contemporains ? Il s'agissait d'un personnage appelé aujourd'hui chaman (*mekigar*), lien entre le monde des hommes et celui des esprits, entre la vie et la mort, entre les événements naturels et leur évocation par le biais du mécanisme du rite. C'est dans ce personnage que l'origine de l'art (et pas seulement dans la culture australienne) trouve son socle, une partie dominante qui se servait de l'art comme d'un langage magique pour communiquer avec les dieux.

L'ART POUR REVENIR AU « TEMPS DES RÊVES »

Afin de retrouver le lien atavique avec la culture des origines, un mouvement artistique a été fondé en 1971 à Papunya dans le désert australien. Avec des instruments et des techniques modernes, les artistes veulent faire revivre le patrimoine symbolique et rituel de l'antique art aborigène. Ce groupe de peintres a ainsi créé l'art du *dreaming*, terme anglais désignant les concepts aborigènes liés au thème de l'origine du monde et à ses multiples expressions mythologiques. L'engagement de ces artistes laisse sourdre impétueusement quelque chose d'aussi vieux que le monde que l'on peut surtout percevoir dans la capacité à entendre les voix de la terre et les sons de la nature. C'est-à-dire une espèce d'osmose chamanique avec les énergies les plus archaïques, ancrées dans l'inconscient collectif et qui s'expriment dans les œuvres d'aujourd'hui (peintures rupestres, décorations d'objets du quotidien…), avec la même vitalité que dans les œuvres aborigènes, comme une sorte de prière.
Le mouvement de Papunya, au-delà de sa volonté éminemment artistique, occupe un rôle fondamental dans le soutien à l'autonomie traditionnelle de la culture autochtone. Une culture vieille de 50 000 ans où l'on retrouve des éléments symboliques visant à sensibiliser l'observateur occidental non seulement sur les aspects rituels et culturels mais aussi plus directement sociaux. La dimension symbolique de cet art comprend des éléments parmi les plus caractéristiques de la culture primitive – le serpent, les cercles concentriques, le zigzag, la spirale et le réseau – qui ouvrent le chemin vers une dimension où les quatre éléments naturels sont insérés en un dialogue constant, dans lequel le temps de la réalité et celui du mythe s'unissent en une narration harmonieuse. Pour les artistes du *dreaming*, le rapport à la terre occupe une place importante. La terre recueille en effet les voix des ancêtres et, par ses évolutions à l'intérieur du mécanisme symbolique, restitue l'écho d'un passé dans lequel histoire et mythe se confondent en une narration qui, inlassablement, répète les gestes ataviques de l'artiste chaman. Depuis toujours et peut-être pour toujours.

LES PEINTURES AUX RAYONS X

Parmi les autres exemples d'art rupestre australien lié à ce que nous pouvons appeler l'« univers du mystère », on trouve aussi les « peintures aux rayons X », représentations sur lesquelles on peut voir apparaître la structure du squelette et des organes internes des hommes ou des animaux. Dans de nombreux cas, la disposition des parties est synthétisée et exprimée seulement par le biais de ce que l'on appelle « la ligne vitale », c'est-à-dire une trace essentielle visant à relier la bouche à un organe fondamental (cœur, estomac, etc.). Les toutes premières traces du style radiographique remontent à 13 000 ans : ces inscriptions seraient liées selon certains à la magie de la chasse, d'autres les considèrent comme faisant partie des pratiques rituelles liées à la renaissance du chaman, après son voyage à l'intérieur des corps au cours de l'initiation. Le chaman, après une longue concentration solitaire, doit être capable de visionner son propre corps privé de tissus, c'est-à-dire réduit à l'état de squelette, et apprendre à en connaître chaque morceau. Ceci serait possible simplement en atteignant l'illumination intérieure provoquée par un état de transe auto-induite et autocontrôlée. Mais il est aussi vrai que les connaissances anatomiques des chamans pourraient provenir de fréquentes visites dans les sépultures et de la pratique d'autopsies.

Un exemple de peinture rupestre « aux rayons X »

SPIRITUALITÉ ET QUOTIDIEN

Sur le mont Agnes et à Halcott, les Aborigènes ont laissé des traces qui nous parlent surtout de leur monde peuplé de mythes et de relations supranaturelles, particulièrement difficiles à comprendre pour les Occidentaux qui sont si attachés à la raison et à la rationalité.
Le terme « aborigène » vient du latin *ab origine* qui signifie « des origines » : il fournit une indication précieuse de l'ancienneté de ce groupe ethnique arrivé en Australie il y a plus de 50 000 ans.
À cette époque, les Aborigènes étaient divisés en plus de 500 peuples distincts, chacun possédant sa propre langue et son propre territoire qui s'étendait principalement le long de la côte. Ces groupes avaient mis en place des systèmes primitifs d'agriculture et d'élevage dont les techniques sont aujourd'hui perdues. Les Aborigènes racontent que l'homme a atteint l'Australie par le biais du dieu Imberombera qui se trouvait de l'autre côté des mers : il cheminait au fond de la mer, le corps plein d'enfants et il accosta sur une terre plate, sur laquelle il n'y avait aucune forme de vie. Il fit pousser la végétation et croître les animaux, les eaux et les montagnes, puis il déposa les enfants qui allaient devenir les Aborigènes.
À partir du XVIIIe siècle, avec l'avènement de la colonie européenne, l'Australie a perdu une grande part de ses traits caractéristiques : les installations occidentales, des grands élevages aux mines, ont en effet submergé l'ancienne culture aborigène et entraîné la réduction de la population autochtone. En 1770, lorsque James Cook aborda cette terre, le continent comptait un million d'Aborigènes : ils ne sont plus que 60 000 aujourd'hui. Leur terre natale est particulièrement importante pour les Aborigènes et l'on peut sans peine imaginer le traumatisme subi lorsque les Occidentaux ont commencé à s'installer en Australie. Leurs espaces sacrés se sont peu à peu réduits, se limitant aux zones les moins accessibles où les dieux en exil ont continué le dialogue avec les chamans artistes ayant réalisé les peintures rupestres qui, au cours des rituels, prennent vie et conduisent le sorcier vers le temps des rêves.
Tous les Aborigènes sont en contact avec les esprits ; même ceux qui ne sont pas chamans savent que la dimension spirituelle établit des liens continus avec la réalité collective, et sont conscients que les divinités participent à l'expérience quotidienne des hommes.
Par exemple, à la naissance d'un enfant, la mère marque le moment précis où l'enfant a vu le jour : les anciens et les chamans sauront lui dire quel est son ancêtre protecteur qui l'accompagnera tout au long de son existence. Au contraire, son nom changera tout au long de sa vie en fonction des aventures positives ou négatives qui lui arriveront.
Même les choses quotidiennes et simples, parties intégrantes de l'expérience rituelle aborigène, appartiennent à la sphère du divin et sont donc en rapport avec le « temps des rêves » : il peut ainsi arriver de trouver entre les mains du dieu Bobbi Bobbi le boomerang ou *didjeridoo*, un ancien instrument à vent dont l'origine remonte à plus de 40 000 ans.

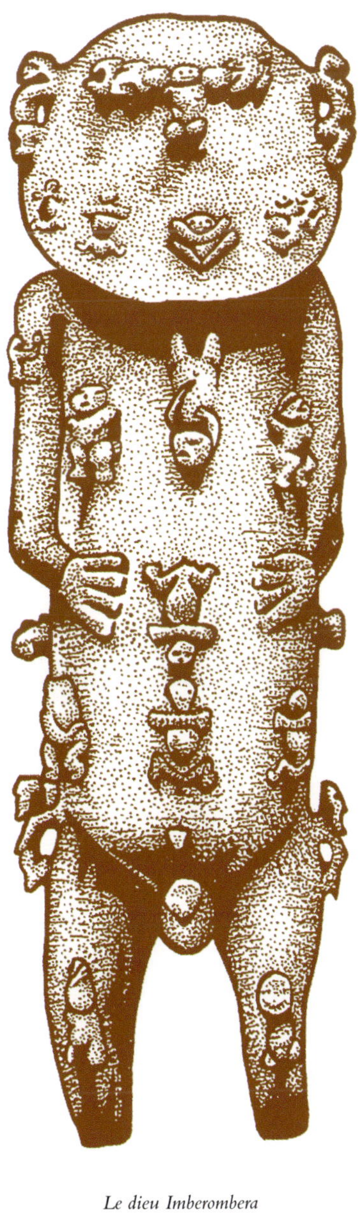

Le dieu Imberombera

Bobbi Bobbi et le boomerang

D'après les ufologues, les hybrides d'Halcott sont la représentation de créatures extraterrestres, en revanche les anthropologues soutiennent que ces étranges créatures pourraient représenter le dieu Bobbi Bobbi : cette divinité ressemblant à un serpent anthropomorphe, voyant les hommes en difficulté à la chasse, prit une de ses côtes et en fit un boomerang, qui devint une arme fondamentale pour les Aborigènes. Les hommes devinrent malheureusement trop orgueilleux de leur habileté à le lancer si loin qu'ils arrivaient à toucher le ciel : Bobbi Bobi se mit en colère et dévora les hommes qui avaient tenté de défier les dieux

Le didjeridoo

Traditionnellement, cet instrument taillé dans le tronc d'un eucalyptus creusé par les termites était utilisé en employant la technique de l'hyperventilation qui peut induire des états de transe : c'est pourquoi le didjeridoo occupe une place importante dans la relation avec les esprits et les divinités.

NAN MATOL

DES RUINES HABITÉES PAR LES ESPRITS

Nan Matol est une petite île de l'archipel des Carolines dans l'océan Pacifique. Elle renferme dans son écrin de roche et de végétation sauvage un mystère archéologique qui continue à engendrer des théories hardies. Aux alentours de l'île principale, il y a une cinquantaine d'îles artificielles. La superficie totale de l'île est de 17 kilomètres carrés où l'on trouve de nombreuses ruines d'édifices construits en basalte suivant une méthode de construction sans aucun doute de haute qualité.
Cette île fut découverte par les Européens au XVIe siècle par Alvaro de Mendana de retour du Pérou. Pourtant, elle s'est toujours trouvée en dehors des voies principales, ce qui a favorisé sa conservation mais aussi son mystère.
Les connaissances sur Nan Matol nous proviennent presque en totalité des mémoires d'un marin irlandais, James O'Connel, qui fit naufrage dans cet archipel en 1826 : « Ma plus extraordinaire

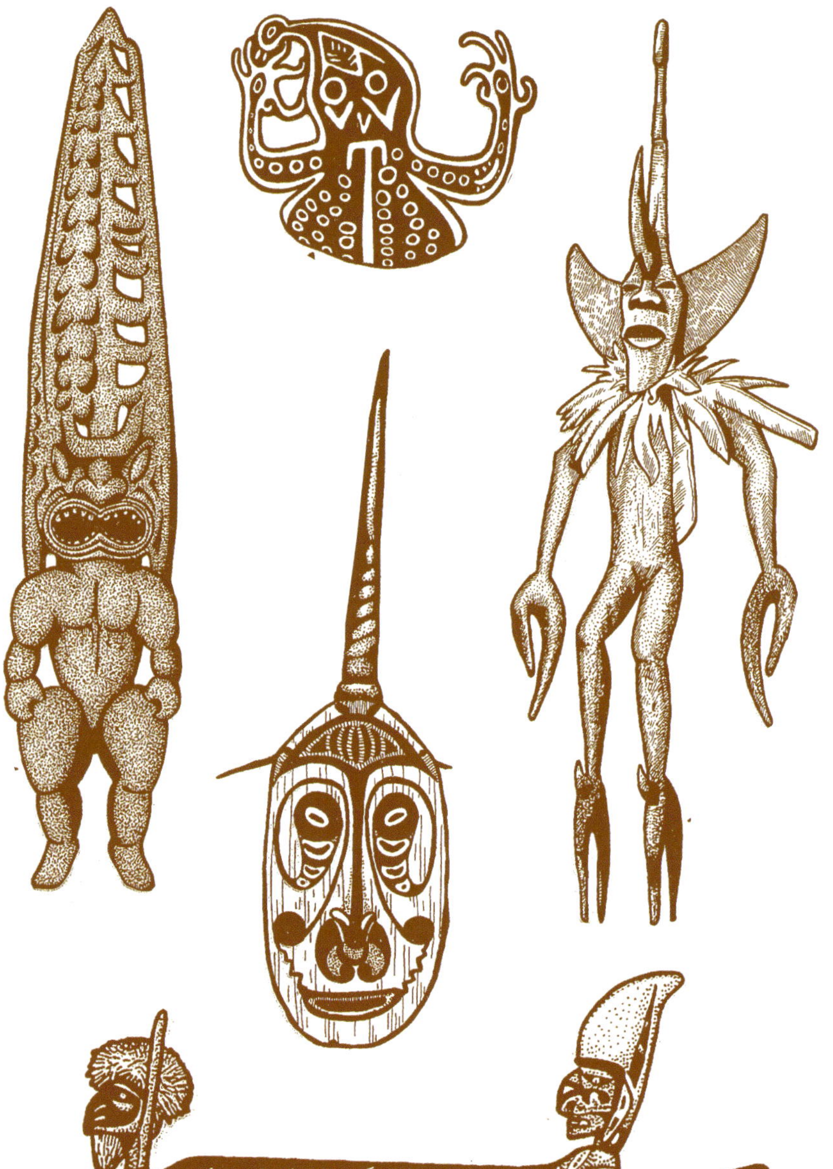

Décoration traditionnelle du Pacifique

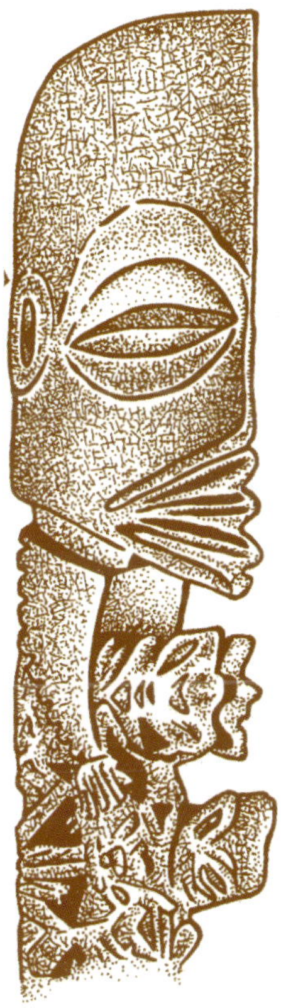

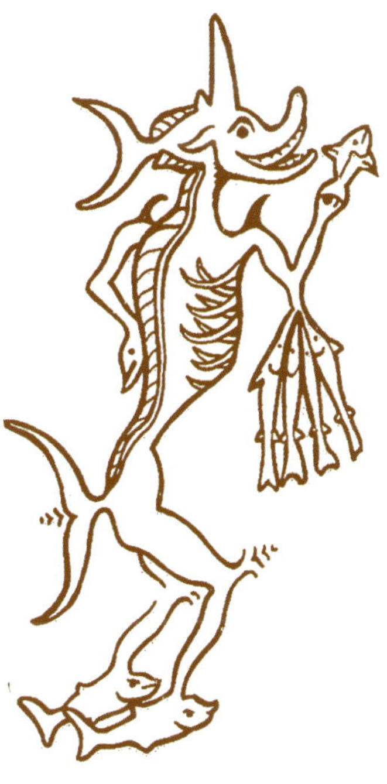

expérience (qui sera reçue avec incrédulité au cours du temps) fut la découverte d'une grande île inhabitée mais couverte de splendides ruines, de constructions qui n'avaient rien à voir avec les habitations des indigènes et dont le style était proprement prodigieux. Les fruits des arbres y disparaissaient sans avoir été touchés par la main de l'homme, car il était impossible de persuader les habitants de l'île Bonape [l'île voisine, NDA], de les cueillir ou même de les ramasser par terre. Vues de loin les ruines ont un peu l'aspect d'un fantastique amas de pierres, que la nature semblait quelque fois s'amuser à soulever : mais au fur et à mesure que nous nous approchions nous vîmes qu'il s'agissait sans l'ombre d'un doute d'une œuvre humaine. Les ruines étaient hautes de plusieurs mètres et, si elles semblaient par endroits très mal en point, elles étaient, dans la majorité, très bien conservées. Partout la solitude régnait : aucun signe de vie à part le vol de quelque oiseau effrayé par notre passage. Nous descendîmes à terre à un endroit où les murs s'éloignaient légèrement du canal : mais le pauvre indigène paralysé par la peur refusa absolument de sortir de l'embarcation. Nous découvrîmes que la muraille entourait des cours circulaires : nous pénétrâmes à l'intérieur d'une de celles-ci envahie par les plantes et par les arbres : rien à part la muraille ne témoignait de l'ancien passage d'êtres humains. Les murs étaient effectivement de pierres de dimensions variables de un à dix pieds de longueur et de un à huit pieds de largeur. [...] En retournant à la pirogue, notre accompagnateur indigène ne sut pas nous expliquer d'où provenaient ces ruines, il savait seulement que les lieux étaient habités par les esprits. »

Au fond, les « esprits » viennent rapidement à l'idée si l'on pense que le complexe de Nan Matol n'a restitué aucun rapport archéologique et que, à part les gigantesques murs, il n'y a rien qui puisse relier cette ancienne cité sur l'océan à une époque ou une ethnie. On ne compte bien évidemment plus les thèses faisant des îles autour de Nan Matol les vestiges de l'Atlantide ou de Mu, continents disparus dont s'est emparé la mythologie. Il y a sans aucun doute quelque chose de bizarre autour de cette île : il n'y a, comme nous l'avons déjà expliqué, aucun vestige archéologique, mais, par ailleurs, les blocs de basalte, roche volcanique, utilisés pour la construction, proviennent de plusieurs miles de distance du site où ils se trouvent. Leur transport a certainement dû réclamer une grande quantité de bois, matériau rare dans cette contrée, en dehors de la côte qui présente une végétation constituée principalement de cocotiers. Il y eut peut-être ici comme sur l'île de Pâques une destruction systématique ? Nous ne le saurons probablement jamais. Tout ce que nous savons c'est que, pour les indigènes, elle est la demeure des esprits et que leurs secrets sont tabous pour tous les hommes qui, voyant les grands murs de Nan Matol, se sentent petits, tout petits.

Mu, le continent légendaire

Mu, comme l'Atlantide et la Lémurie, est plus légendaire qu'historique : un mystérieux continent englouti qui a conduit à des conjectures et hypothèses, bien qu'aucune donnée concrète n'ait couronné ni les fouilles archéologiques ni des sources anciennes. Augustus Le Plongeon fut un des premiers à soutenir l'existence de Mu au cours de la deuxième moitié du XIXe siècle. Il fut en effet le maître d'œuvre des fouilles archéologiques du Yucatán qui ont mis au jour de nombreuses ruines de la civilisation maya. Cet érudit soutenait que le continent était situé dans l'océan Pacifique, et qu'il disparut suite à un événement destructeur, peut-être un tremblement de terre. Toujours d'après Le Plongeon, les Mayas et les Égyptiens descendaient des mystérieux habitants de Mu.

BIBLIOGRAPHIE

AA.VV., *Gli ultimi misteri della terra*, Milan, 1977

Bedetti S., *I segreti degli Indiani d'America*, Milan, 1998

Béguin G., *Dieux et démons de l'Himalaya*, Paris, 1977

Bell C., *The Religion of Tibet*, Londres, 1968

Berlitz C., *I misteri dei mondi perduti*, Milan, 1977

Bosi R., *I grandi regni dell'Africa Nera*, Milan, 1987

Braschi E., *Il popolo del grande spirito*, Milan, 1986

Bruchac J., *La capanna del sudore. Storia e leggende*, Milan, 1996.

Carmignac J., *Les Textes de Qumrân traduits et annotés*, Paris, 1961

Castellani V., *Quando il mare sommerse l'Europa*, Turin, 1999

Ceram C. W., *Civiltà al sole*, Milan, 1958

Cerny J., *Ancient Egyptian religion*, Londres, 1952

Cladstone B., *A History of Egyptian Archeology*, Londres, 1967

Clarke R., *Mito e simbolo nell'antico Egitto*, Milan, 1968

Crowder M., *History of West Africa*, Londres, 1971

D'Amico R., *Le terre del mito*, Turin, 1979

Daumas F., *Les Dieux de l'Égypte*, Paris, 1965

David A. R., *Il culto del sole*, Milan, 1981

Deschamps H., *Les Religions de l'Afrique Noire*, Paris, 1960

Di Nola A. M., *L'Islam. Storia e segreti di una civiltà*, Rome, 1998

Duhaime J., *Gli Esseni di Qumrân*, Milan, 1997

Dupont-Sommer A., *Les Écrits esséniens découverts près de la mer Morte*, Paris, 1951

Frankfort H., *La Royauté et les Dieux*, Paris, 1951

Frobenius L., *Storia della civiltà africana*, Turin, 1950

Gaddis V., *Miti e misteri degli Indiani d'America*, Milan, 1982

Graft-Johnson I. C. de, *Le civiltà scomparse dell'Africa*, Milan, 1957

Grinsell L.V., *Piramidi, necropoli e mondi sepolti*, Rome, 1978

Hadingham E., *I misteri dell'antica Britannia*, Milan, 1981

Hornung E., *Gli dei dell'antico Egitto*, Rome, 1992

Hultkranz A., *The Religions of the American Indians*, Californie, 1979

Hutin S., *Civiltà misteriose*, Rome, 1974

Jacquin P., *Storia degli Indiani d'America*, Milan, 1997

Keys D., *Catastrofe*, Casale Monferrato, 2000

Laperrousaz E. M., *Les Manuscrits de la mer Morte*, Paris, 1976

Mazzoleni G., *Miti e leggende dell'Africa Nera*, Rome, 1988

Morenz S., *Gli egizi*, Milan, 1960

Norbu N., *Il libro tibetano dei morti*, Rome, 1987

Pedrotti W., *La mappa delle tribù degli Indiani d'America*, Vérone, 1997

Pérez de la Hiz C., *Atlantide*, Madrid, 1992

Pinotti R., *I continenti perduti*, Milan, 1995

Posener G., *De la divinité du pharaon*, Paris, 1960

Rawson P., *Sacred Tibet*, Londres, 1991

Scarcia B., *Il mondo dell'Islam*, Rome, 1981

Scott-Elliot W., *L'Histoire de l'Atlantide*, Paris, 1924

Snellgrove D. L. et Richardson H., *A Cultural History of Tibet*, Oxford, 1980

Traunecker, *Gli dei dell'Egitto*, Milan, 1994

Tucci G., *Teoria e pratica del Mandala*, Rome, 1949

Versiluis A., *Gli Indiani d'America*, Milan, 1993

Westwood J., a cura, *The Atlas of Mysterious Places*, Londres, 1987

Wiesner U., *Königreich im Himalaya*, Essen, 1977

Zecca A.-D., *Regni di pietra*, Milan, 1973

TABLE DES MATIÈRES

ASIE

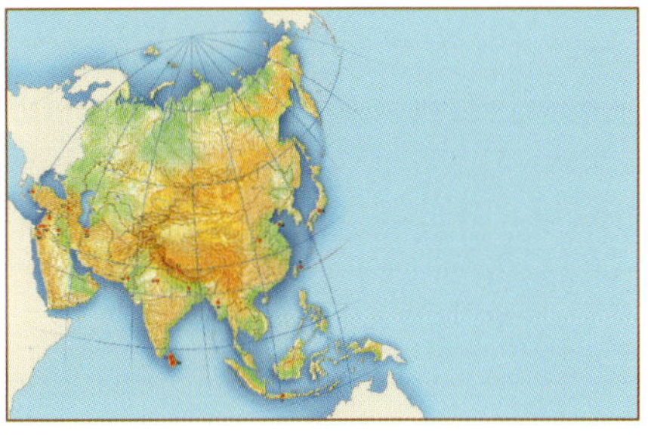

EUROPE

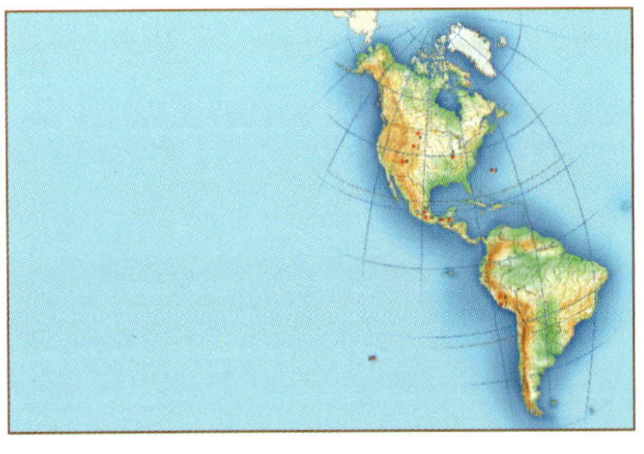

OCÉANIE

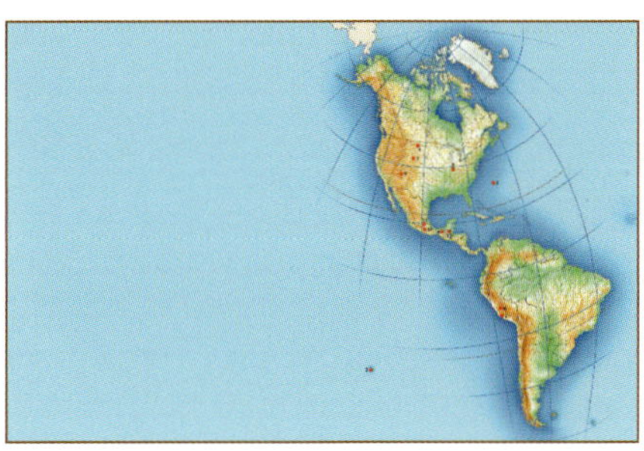

Achevé d'imprimer en août 2010
sur les presses de Pollina, en France

Dépôt légal : octobre 2010
Numéro d'éditeur : 10661

Numéro d'impression : L54481